COLLECTION BLÉRIOT

L. D'APPILLY

LÉGENDES
DE
L'HISTOIRE

LIBRAIRIE BLÉRIOT
HENRI GAUTIER, SUCCESSEUR
Quai des Grands-Augustins, 55
PARIS

LÉGENDES DE L'HISTOIRE

PREMIÈRE SÉRIE

L'ÈRE DES PERSÉCUTIONS

CHEZ LE MÊME ÉDITEUR

OUVRAGES DE M. D'APPILLY

LES AMIS DU PEUPLE, étude de mœurs démocratiques et maçonniques.

    1° LE RIRE DES SPECTRES.
    2° LA LÉGENDE DE 1848.
    3° LES HÉROS DE L'ÉMEUTE.
    4° LE LIVRE DE LA JUSTICE.

4 très-beaux volumes. — Prix de chacun. . . . . .   3 fr. 50

LES ENNEMIS DU CHRIST: Un très-joli volume in-18. . .   1 fr. 50

LÉGENDES DES LITANIES DE LA SAINTE VIERGE ; 5 beaux volumes in-12 ; chacun . . , ...   2 fr. »

Le même ouvrage (traduction espagnole) chaq, v. . .   1 fr. 50

LE LÉGENDAIRE DE LA VIERGE MARIE (approuvé par Mgr de Beauvais) 1 beau volume in-12 , ...   2 fr. »

BOUDON OU LA FOLIE DE LA CROIX en action dans un récit historique : 1 volume in-12 de 278 pages. · , . .   2 fr »

SAINTE PHILOMÈNE (vie, culte, miracles, principaux pèlerinages, litanies, neuvaine, messe) *nouvelle édition* enrichie de 50 faits récents et inédits. 1 beau volume in-12 raisin . . . . . , ...   1 fr. 20

Même ouvrage, 1 volume in-12   60

Même ouvrage, édition de propagande, 72 pages très-compactes   25

LES CONFESSIONS INVOLONTAIRES, comprenant :

    1° L'IDIOT.
    2° LA TACHE ORIGINELLE.
    3° LES CATACOMBES DE NAPLES.
    4° L'ÉCOLE DES AFFLIGÉS.
    5° LA MAISON SANS DIEU.

5 jolis volumes in-18, chac. . . . .   «   90

393 — Abbeville. — Imp. Briez, C. Paillart et Retaux.

Louis d'Appilly

LÉGENDES

DE

L'HISTOIRE

PREMIÈRE SÉRIE

L'ÈRE DES PERSÉCUTIONS

TOME PREMIER

Pilate. — Les Hérodes. — La première Martyre. — Pudens. — Simon le Magicien. — Les douze Apôtres. — Sénèque. — Triomphe de Néron. — Siége de Jérusalem.

PARIS

LOUIS CLAUET, ÉDITEUR

20, RUE CADET, 20

1870

AVANT-PROPOS

Voici ce que j'ai intention de faire :

Dans l'immense drame du passé, je me propose de choisir les scènes les plus propres à peindre les hommes et les choses. Je tâcherai de les dramatiser, sans emprunter aucun détail à une autre époque. Les principaux personnages de chaque siècle y joueront un rôle. Je m'efforcerai de leur conserver leur caractère, leurs idées, et à ceux qui ont laissé des écrits, leurs paroles même.

Le travail de l'imagination se bornera à grouper ces éléments, à les coordonner et autant que possible, à leur donner la vie.

Il m'a semblé que la légende me permettrait de multiplier et de varier les épisodes et de présenter un tableau par conséquent plus complet.

D'ailleurs, pour les premiers siècles, la forme *légendaire* m'était imposée par le fond même.

S'il est dans l'histoire un fait considérable, c'est à coup sûr la révolution opérée par « cette petite pierre « détachée de la montagne » qui renverse le monde ancien et le renouvelle. Les événements politiques roulent dans un cercle uniforme, parce que les passions humaines, toujours les mêmes, ont partout les mêmes effets et les mêmes suites. Depuis la création du monde il ne s'est rien accompli de semblable à l'établissement de cette religion, seule demeurée debout et vivace au milieu des ruines de tous les autres cultes.

Or le christianisme naît au sein des miracles, qui sont l'essence même de la légende. Que si on rejette ces miracles, on se trouve en face d'un miracle plus étonnant, la conquête du monde par douze artisans

sans étude et sans art. On ne peut échapper à cette alternative qu'en dissimulant ce grand événement, sans lequel devient inexplicable l'esprit des sociétés modernes que l'Évangile a conçues et portées dans ses flancs.

Chemin faisant, par un véridique exposé des faits, je présenterai la réfutation des mensonges historiques qui ont cours. Je dirai ou rétablirai la vérité avec indépendance.

Cet ouvrage sera divisé en quatre séries embrassant chacune une période des luttes de la civilisation et de l'Église.

1° *L'ère des persécutions* présentera le christianisme combattant par la sainteté, le miracle et le martyre contre la corruption et l'intolérance païennes.

2° Dans *l'ère barbare*, dont les invasions normandes sont le dernier épisode, nous le trouverons aux prises avec les passions brutales des peuples non civilisés.

3° Puis il impose son joug aux mille tyrans du moyen âge, protége et affranchit les serfs : *c'est l'ère féodale.*

4° Enfin les peuples, enivrés de leur récent affranchissement, se livrent à tous les vents de la révolte ; la réforme ouvre la guerre qui se prolonge jusqu'à nous ; c'est la dernière période, *l'ère démocratique*.

Telles sont, à mon avis, les quatre grandes phases de l'histoire chrétienne ; je m'y astreindrai.

L. D'APPILLY.

LÉGENDES DE L'HISTOIRE

L'ÈRE DES PERSÉCUTIONS

I. — PILATE

I

Les soldats veillaient toujours autour du prétoire ;
d'ailleurs le prestige du nom romain protégeait le procurateur, et, malgré la turbulence des Juifs, rien ne
faisait présager de révolte.

Qui eût, en effet, poussé les Juifs à la rébellion ?
N'avaient-ils pas conservé leurs mœurs, leur religion
et leur loi ? Il fallait payer tribut à César ; mais,
satisfaite de ce tribut et des prières que les prêtres
adressaient dans leurs sacrifices pour le salut de
l'empire, l'aigle impériale, en retour, assurait leur
tranquillité contre leurs ennemis pacifiés, comme eux,
dans la servitude.

D'ailleurs, par la débonnaireté de Pilate, ils n'avaient
perdu que le nom de l'indépendance. Le droit de
condamner à mort était le seul que les conquérants se
fussent réservé. Mais le procurateur ne l'exerçait que

selon leur caprice. Il tenait ses faisceaux abaissés devant eux, et ne semblait être leur gouverneur que pour leur obéir.

Aussi croyait-il leur être cher.

Cependant il était devenu inquiet. L'affection du peuple ne le rassurait plus. A son tribunal, il siégeait avec un front soucieux. Il était distrait et rêveur en rendant la justice, et partout il portait avec lui les alarmes dont il était agité.

A chaque heure il s'attendait à recevoir quelque message funeste. Le soir, il s'étonnait d'avoir passé le jour sans malheur. Il prolongeait ses veilles afin de dérober à l'insomnie une partie de ses nuits. Il ne voyait qu'avec effroi approcher l'aurore, et croyait toujours qu'avec elle arriverait le coup fatal qu'il appréhendait.

Sa femme n'était pas moins troublée, et, à ses craintes elle ajoutait la terreur de ses pressentiments.

— Oui, disait-elle, depuis que vous avez fait crucifier l'homme juste, je n'ai plus attendu que l'infortune... Je vous avais fait prier de ne point tremper dans sa condamnation. Les dieux m'avaient avertie par un songe.

— Ce n'est pas moi qui l'ai crucifié. J'ai déclaré que je le trouvais innocent.

— S'il était innocent, pourquoi le flageller ?

— J'espérais que ce supplice satisferait la rage de ses ennemis, et qu'à ce prix je pourrais sauver du moins sa vie.

— Vous en aviez toujours le pouvoir, puisque vous seul, en Judée, avez droit de condamner à mort.

— Ils poussaient autour de mon prétoire tant de cris et d'imprécations ! j'ai craint de me rendre odieux.

— Vous craignez de leur déplaire !... Ce sont ces mêmes gens qui vous ont poussé, par jalousie contre les Samaritains, à ces rigueurs qui vous causent tant de soucis.

— Les Samaritains conspiraient ; on me l'a assuré. Quant à Jésus, tout le peuple demandait sa mort.

— Tout le peuple ! N'était-ce pas plutôt une troupe de misérables que les princes des prêtres avaient soudoyés ? Jésus était cher au peuple, parce qu'il était doux et bienfaisant. Ses ennemis vous ont circonvenu et trompé.

— C'est le crime dont ils l'accusaient. Il séduisait le peuple, et c'eût été me proclamer l'ennemi de César que de l'épargner.

— Ils ont dit la même chose pour vous contraindre à condamner les Samaritains... Puissiez-vous n'être pas devenu ennemi de César en les écoutant !

— Je n'ai fait que suivre l'exemple de mes prédécesseurs, qui ont toujours puni les faux prophètes et les séducteurs publics.

— Ces imposteurs soufflaient la sédition et la révolte. Jésus, au contraire, ordonnait de rendre à César ce qui lui appartient. Il ne prêchait pas la guerre, mais la paix, et ne s'élevait que contre l'arrogance hypocrite de ces pharisiens que je hais et qui vous perdent.

— Sa présence jetait, malgré lui peut-être, la discorde en ce pays. J'ai pensé qu'il valait mieux sacrifier un seul homme, fût-il même sans crime, pour assurer le salut de tous.

— Les imposteurs ont emporté avec eux dans leur tombe leur influence et tout leur parti. Les disciples de Jésus, au contraire, se multiplient de jour en jour. La haine de ses ennemis, loin de s'apaiser par son supplice, n'a fait que s'aviver, et, comme ils ont persécuté le maître, ils s'acharnent sur ses amis. La guerre civile, que vous avez cru étouffer, menace d'éclater avec plus de fureur.

— Il paraît qu'en effet il a légué ses secrets à ses disciples, et qu'ils opèrent les mêmes prestiges.

— Oh ! les pharisiens sont bien maîtres de votre oreille !... Est-ce que le peuple entier n'a pas été témoin des miraculeuses guérisons qu'il a faites, sans autre remède que ses paroles ? Est-ce que moi-même je n'ai pas interrogé les paralytiques qu'il a fait marcher, les lépreux qu'il a purifiés, et les aveugles à qui il a ouvert les yeux ? Est-ce que toute la ville de Béthanie n'a pas connu les funérailles de Lazare, mort depuis trois jours, et qui vit et respire maintenant ?

— Jésus était un homme puissant, je l'avoue.

— Et ce deuil qu'a pris la nature entière au moment qu'il expira : le soleil qui s'obscurcit, le voile du temple qui se déchira, les pierres funéraires qui se brisèrent et d'où sortirent les morts qui marchent et confessent à haute voix qu'ils ont été ressuscités par son nom.... Sont-ce là des prestiges ? Et depuis son supplice, après que Joseph d'Arimathie vous eût réclamé son corps pour l'ensevelir, d'où vient que' malgré la garde que vous aviez, sur les instances des prêtres, posée autour de son sépulcre, d'où vient qu'il a disparu et qu'on n'a pu le retrouver ? Appelez-moi crédule et ignorante ; mais je m'écrierais volontiers, avec le centurion qui lui a donné le dernier coup : « Oui, il était vraiment le Fils de Dieu. »

— Il se pourrait bien.

— Ses disciples l'enseignent, et c'est ce qui achève de me confondre. Qu'Alexandre le Grand, à la tête de ses armées triomphantes, ait fait décréter par les nations enchaînées qu'il était le fils d'Ammon ; que l'adulation élève des autels à César, maître du monde, je n'en suis pas surprise ; mais ce que je ne puis comprendre, c'est qu'un pauvre charpentier ait pu concevoir le projet audacieux de se faire Dieu et d'exiger l'encens ; c'est qu'il l'ait obtenu dès sa vie, et que, malgré sa mort infâme, le nombre de ses adorateurs ne cesse de grossir ; c'est que son culte lui survive et s'étende de plus en plus.

— Ses disciples sont des ignorants, faciles à aveugler.

— Nicodème, Joseph d'Arimathie, Zachée, Lazare et bien d'autres ne sont pas des ignorants. Ceux mêmes qui l'étaient et qui l'ont abandonné pendant les trois jours qu'a duré son supplice ne sont plus ni lâches ni ignorants. Ils annoncent hautement sa doctrine et bravent les persécutions, le cachot et la mort. Ils parlent avec une éloquence à laquelle on ne résiste point. Des milliers d'auditeurs ont déjà embrassé leurs croyances. Ils ont paru hardiment devant le conseil des anciens et ont si bien confondu les sages du peuple que, faute de pouvoir les réfuter, on les a mis en prison.

— S'ils guérissent les malades à la vue de toute la ville, on ne peut le nier.

— Et cet Étienne qu'ils viennent de lapider, avec quelle force ne s'est-il pas défendu ! Il a fait trembler ses juges et rougir de honte ses impudents accusateurs.

— Tous ces récits vous viennent de Joseph ou de Gamaliel, qui sont en secret attachés à Jésus.

— Et parce qu'ils sont vertueux, faut-il récuser leur témoignage ? Est-ce que devant votre tribunal la déposition de Gamaliel ou de Joseph n'aurait pas de poids ? Ils blâment la rage de leurs compatriotes.

— Je le sais. Gamaliel a même empêché qu'on ne maltraitât les nouveaux chefs de la secte, après qu'ils eurent guéri le boiteux à la porte du temple. C'est lui qui les a fait remettre en liberté.

— Si les Juifs l'écoutent, lorsqu'il combat leurs propres sentiments, ne pouvez-vous en rien déférer à ses avis?

— Il le peut sans danger ; il n'est pas investi d'une magistrature. Il ne hasarde point de la perdre,

— Mais quand on usurpe sur les prérogatives de votre charge, n'est-ce pas un devoir pour vous de vous y opposer ? Avant de lapider ce jeune Étienne qui n'avait commis aucun crime et qui s'est justifié avec tant d'éloquence, a-t-on demandé votre sanction ?

— Voulez-vous que je m'expose au milieu d'un tumulte dont la religion est la cause ? La sédition est calmée, voilà tout ce que je puis souhaiter. Heureux qu'il n'ait péri qu'un seul homme et que l'honneur du nom romain n'ait pas été offensé... D'ailleurs, le danger n'est point là.

— C'est, au contraire, ce qui m'inquiète et me fait trembler. Si Jésus est vraiment le Fils de Dieu, il vengera sa mort ; vous serez enveloppé dans le châtiment et peut-être frappé le premier. Déjà Tibère César, frappé de la relation que vous lui avez envoyée, malgré sa haine pour les Juifs et son impiété, a proposé au Sénat de placer Jésus au nombre des dieux de l'empire.

— Pur caprice ! car s'il avait réellement voulu faire cette injure au peuple de la Judée, rien ne l'aurait empêché, et il aurait courbé sous sa volonté les têtes du Sénat... Ce que je crains, ce n'est pas la révision du procès de Jésus, ses disciples n'ont aucun crédit, ce sont les Samaritains qui ont envoyé à Vitellius.

— Je m'étonne aussi que vous ayez si facilement condamné les Samaritains.

— Mes officiers ont recherché leur complot et les en ont trouvés convaincus.

— L'étaient-ils en effet ?

— Je ne sais... Les pharisiens les accusaient de projets séditieux. Je me défiais de leur jalousie ; mais il s'agissait de révolte, j'ai pensé bien agir... J'ai peur qu'ils n'aient été convaincus que d'avoir de grands biens.

— Alors le président écoutera la députation ?

— C'est justement sa colère que je voudrais détourner.

— Députez-lui à votre tour pour vous justifier.

— Je le ferai... Mais ne sera-ce pas me reconnaître coupable ?

— Il ne vous condamnera point sans vous entendre.

— Ah ! ma chère Porcia, que je suis embarrassé !

En ce moment un esclave apporta un message scellé du sceau de Vitellius. Pilate rompit le cachet en tremblant.

II

Ses craintes se réalisaient. Vitellius, président de Syrie, ému par les plaintes des Samaritains, avait révoqué Pilate, et l'envoyait rendre compte de son administration au tribunal de César.

Pilate tomba dans un affreux abattement. Quoi ! Vitellius n'avait pas même daigné le mander ni écouter sa défense ! Il l'avait jugé comme lui-même avait jugé le Roi des Juifs, sur la seule déposition de ses ennemis !

Était-ce donc là qu'aboutissait sa longue servilité ? Il avait immolé ses devoirs et sa dignité à la faveur du peuple ; la faveur du peuple ne le protégeait point devant le président de la Syrie ! Le protégerait-elle devant le tribunal de Tibère ?

Car il n'était pas seulement destitué ; du trône de procurateur, il tombait au rang d'accusé. Magistrat, il allait être jugé.

Il avait beau se répéter qu'il n'avait eu que des intentions droites et pures. Vitellius avait reconnu sans doute dans sa conduite des prévarications, puisqu'il le punissait, et qu'il déférait sa cause au tribunal de César. Prévenu par ses rapports, César entendrait-il la justification du procurateur ?

Tibère avait eu la velléité de proposer Jésus au culte des Romains ; cette pensée même n'était-elle pas déjà un blâme sanglant pour celui qui l'avait condamné ? Ne serait-il pas condamné à son tour avant de comparaître devant son juge ?

Tibère n'était plus l'empereur modeste et simple, qui refusait les honneurs dont on l'accablait, et qui accessible à tous les citoyens n'interdisait son approche qu'aux flatteurs.

Le temps n'était plus où, ennemi de l'adulation, il dédaignait de punir les satires, et voulait dans les libertés qu'il laissait à sa république, comprendre la liberté des paroles ; où il jurait de n'être que le serviteur du sénat, et de n'user de l'autorité absolue que pour la déposer aux pieds des sénateurs ; où il leur remettait la décision de toutes les affaires, tributs, restaurations d'édifices, levée et répartition des troupes, maintien ou révocation des magistrats ; où il se levait par respect devant les consuls, leur cédait le pas en public, leur renvoyait les députés des rois, et blâmait les généraux qui ne leur adressaient pas, plutôt qu'à lui, la relation de leurs opérations ; où enfin, aux gouverneurs qui l'engageaient à charger les provinces d'impôts, il répondait qu'il est d'un bon pasteur de tondre ses brebis et non de les dévorer.

Il n'avait fait l'essai de son autorité que dans l'intérêt public et pour réformer les abus. Il prenait place dans les tribunaux, au milieu des juges qu'il éclairait de ses conseils. Un coupable paraissait-il assuré d'échapper au châtiment par la faveur ou l'intrigue ; Tibère survenait à l'improviste : debout au milieu du prétoire, ou monté sur le siége du magistrat instructeur, il rappelait au tribunal les lois, le devoir, la faute sur laquelle on prononçait, et faisait respecter la justice.

Il avait tenté d'arrêter la corruption des mœurs, limité les frais des jeux publics et défendu de produire plus d'un certain nombre de gladiateurs. Il s'était plaint du prix excessif où on avait fait monter les vases corinthiens et les turbots, dont l'un avait été payé trente mille écus. Il avait prescrit des bornes au luxe des meubles, chargé le sénat de fixer chaque année le tarif des vivres au marché, et les édiles de surveiller sévèrement les tavernes et d'empêcher d'exposer en vente des patisseries. Pour donner lui-même l'exemple de la frugalité, il faisait alors servir sur sa table, dans des soupers solennels, des plats entamés la veille et des restes de sangliers, assurant que les morceaux avaient le même goût que la bête entière.

Protecteur des dieux de l'empire, il avait chassé de Rome les mathématiciens, qui prédisaient l'avenir par la combinaison des nombres, et défendu, sous peine d'esclavage, les cérémonies du culte égyptien et judaïque. Pour protéger la paix publique contre le vol, le brigandage et la sédition, il avait bâti à Rome une caserne où il enferma les cohortes prétoriennes, dispersées avant lui en divers logements, et doublé en Italie le nombre des postes militaires.

Les insurrections populaires étaient durement étouffées. Pour punir une lutte meurtrière qui avait éclaté au théâtre, il exila les chefs des deux factions rivales, et les histrions, causes de la querelle ; et jamais il ne consentit à les rappeler, quoiqu'il se fût laissé fléchir par les mathématiciens qui avaient promis de renoncer à leur art. Il avait aboli aussi le droit d'asile dont on abusait.

Ce beau règne qui consolait Rome de la mort d'Auguste n'avait pas duré au delà du temps nécessaire à l'affermissement du nouvel empereur. Déjà le meurtre du jeune Agrippa, petit fils d'Auguste, avait marqué son avènement. Tibère craignait surtout Germanicus, que les légions lui avaient préféré ; tant que vécut ce généreux prince, il se contraignit. Mais quand la scélératesse de Pison l'eut défait de ce rival, il jeta le masque et lâcha la bride à ses passions. Au temps même qu'il s'érigeait en réformateur des mœurs, il ne laissait pas de s'affranchir des lois qu'il portait. Sa passion pour le vin, qui lui avait valu dans les camps le sobriquet de *biberon*, l'avait repris sur le trône. Il passait plusieurs jours de suite, sans se lever de table, à boire et à festiner. Aux candidats les plus nobles il préférait pour les charges publiques ses compagnons d'ivresse, et donnait deux cents sesterces à un mauvais poëte qui avait fait un dialogue sur la prééminence de l'huître et de la grive. Enfin, il avait institué un ministère nouveau, un ministère des plaisirs.

Ce n'était pas même ce Tibère ivrogne et libertin qui devait juger Pilate. Lorsqu'il avait vu son autorité assurée, l'empereur était sorti de Rome, qu'il ne revit plus, et s'était retiré dans l'île de Caprée.

Là, à l'abri des regards de la ville qui l'avaient contenu jusque-là, il rompit toute barrière et se précipita sans frein dans tous les vices.

Il oublia entièrement le soin des affaires publiques et ne donna plus de successeurs ni aux officiers de l'armée ni aux gouverneurs de provinces que la mort enlevait. L'Espagne et la Syrie restèrent sans légats consulaires pendant plusieurs années. Il ne se souvint plus de son ancienne bravoure. Lui qui avait vengé le désastre de Varus et subjugué les belliqueuses peuplades de la Dalmatie, il ne fit plus la guerre que par ses lieutenants et sous l'aiguillon de la plus impérieuse nécessité. C'est par des plaintes et par des menaces qu'il contenait les dispositions hostiles des rois voisins de l'empire. Il en avait attiré plusieurs par des flatteries et des promesses et les avait perfidement retenus. Ceux qui osèrent braver la terreur de ses armes et éluder ses artifices restèrent impunis.

Les Parthes envahirent l'Arménie ; les Daces et les Sarmates s'emparèrent de la Mésie ; les Germains purent ravager à leur gré les Gaules. Tibère était devenu indifférent à l'honneur de l'empire et aux dangers de la domination romaine. Il n'avait plus de génie que pour inventer de monstrueuses débauches, et de vigueur que pour s'y livrer.

Quoiqu'il n'accordât aucun salaire à ses serviteurs, qu'il ne fît aucune gratification au peuple ni aux soldats, et que les malheurs publics trouvassent son âme insensible et ses mains scellées, les revenus de son fisc ne suffirent pas longtemps à son insatiable avarice. Il recourut, pour se procurer de l'or, aux artifices les plus honteux. Il poussa, par l'effroi, Lentulus, le plus riche des Romains, à prendre la vie en dégoût et à n'oser, en mourant, léguer sa fortune qu'à lui. Il condamna à prix d'or une femme vertueuse que son mari avait répudiée, et accusait, après vingt années de divorce, d'avoir tenté jadis de l'empoisonner. Les biens des principaux citoyens des Gaules, des Espagnes, de la Syrie et de la Grèce furent confisqués sur des calomnies si légères, qu'à plusieurs on ne reprochait que d'avoir réalisé en argent une partie de leur patrimoine. Les cités et les particuliers exempts de tributs y furent assujettis. Vonon, roi des Parthes, qui, chassé par ses sujets, était venu s'asseoir en suppliant au foyer du peuple romain, fut traîtreusement dépouillé de ses trésors par les ordres de Tibère et mis à mort.

Il n'épargna point ses propres parents. Il fit périr

d'abord son frère Drusus, qui lui rappelait une lettre amie de la liberté, écrite par Tibère même sous le règne d'Auguste. Il ajouta à la rigueur de l'exil de sa femme Julie. Elle était reléguée dans une petite ville. Tibère défendit qu'on la laissât sortir de sa maison, ni recevoir aucun homme. Il interdit à sa mère de s'immiscer, comme au temps d'Auguste, dans les affaires publiques, l'évita, et ne voulut la voir, dans sa dernière maladie, qu'après qu'elle eut expiré.

La débauche et peut-être le poison lui enlevèrent son fils Drusus, aussi méchant que lui. Il ne porta le deuil que jusqu'à la fin des funérailles ; et, comme les Troyens étaient venus un peu tard lui apporter leurs condoléances, il leur répondit avec moquerie qu'il les plaignait aussi d'avoir perdu leur grand concitoyen Hector. La voix publique l'accusa d'avoir fait périr Germanicus, qu'il avait adopté malgré lui, et plus d'une fois le peuple fit retentir derrière lui le cri : « Rends-nous Germanicus. »

Il confirma les soupçons par sa cruauté envers la famille et les amis de ce généreux prince, l'espoir et l'idole du peuple. Après diverses altercations, il relégua la veuve de Germanicus à Pandataria, lui fit crever un œil à coups de verges, et, comme elle refusait tout aliment par crainte du poison, il ordonna de lui ouvrir la bouche de force et d'y enfoncer de la nourriture. Il fit mettre le jour de sa naissance au nombre des jours néfastes, se reprochant de ne l'avoir pas étranglée et jetée à la voirie. Pour cet acte de clémence, le sénat lui décréta des actions de grâce.

Il poursuivit de la même haine les deux fils aînés de Germanicus, les déclara ennemis publics et les laissa mourir de faim.

Outre ses anciens amis, il retenait en ôtage auprès de lui, sous prétexte de s'aider de leurs avis dans le gouvernement, vingt des princes de Rome ; à peine en épargna-t-il deux ou trois. L'un d'eux, Séjan, qu'il avait élevé au faîte du pouvoir, moins par amitié que parce qu'il avait besoin de sa méchanceté, et dont il voulait que les statues fussent adorées comme les siennes, après avoir assuré la perte de Germanicus, fut à son tour accusé par Tibère et mis à mort.

L'empereur ne ménagea pas davantage les rhéteurs dont il s'entourait. Un jour il avait demandé à l'un d'eux en quel dialecte il avait disputé.

— En dorien, répondit le sophiste.

L'empereur vit dans ce mot une allusion à son exil à Rhodes où se parlait ce dialecte ; il exila le disputeur.

Il avait l'habitude, après souper, de proposer des questions embarrassantes. Quelle était la mère d'Hécube ? Quel nom portait Achille parmi les jeunes filles ? Que chantaient les Sirènes ? Un rhéteur qui avait cherché à connaître d'avance celles qui devaient être posées fut chassé de la maison de Tibère pour ce seul crime, et tué.

Un citoyen, en voyant passer un cercueil, cria au mort :

— Annonce à Auguste que ses legs ne sont pas encore acquittés.

Tibère, qui les devait, l'appela, lui paya sa part et le fit traîner au supplice.

— Annonce toi-même, dit-il, à mon père ce qui en est.

Les accusations de lèse-majesté furent innombrables. On avait coupé la tête à une statue d'Auguste. Ce fut dès lors un crime de battre un esclave, de changer de vêtements près des statues d'Auguste, d'entrer dans les latrines ou d'autres lieux immondes avec une monnaie ou un anneau marqué à l'effigie d'Auguste, de blâmer quelqu'une de ses paroles ou de ses actions, d'accepter même des honneurs le jour où il en avait été décerné à Auguste.

— Qu'il me haïsse, disait Tibère en parlant du sénat, pourvu qu'il sanctionne.

Après la mort de Séjan, sa rage ne connut plus de bornes. Il ne se passait plus un seul jour, fût-il sacré, sans exécutions. Des prix étaient alloués aux accusateurs. Tout accusateur était cru ; tout crime était puni de mort ; tout condamné était traîné avec un croc aux gémonies : on en traîna jusqu'à vingt entre le lever et le coucher du soleil.

Les parents des condamnés n'avaient point le droit de prendre le deuil. Leurs femmes et leurs enfants périssaient le plus souvent avec eux. Comme il était contre l'usage d'étrangler les vierges, les bourreaux les déshonoraient avant de leur passer au cou le nœud fatal.

Un accusé s'était tué avant le jugement : « En voilà un qui m'échappe », dit l'empereur.

Un autre le suppliait de hâter son supplice.

— Je ne suis pas réconcilié avec toi, répliqua-t-il.

Pendant qu'il recherchait ceux qui avaient préparé l'empoisonnement de son fils Drusus, on lui avait annoncé qu'un Rhodien, son ancien ami, venait le saluer. — « A la torture ! » dit-il, et quand il eut découvert son erreur, il donna l'ordre de le tuer, de peur qu'il ne divulguât le fait.

Tels étaient les récits qui couraient non-seulement les provinces, mais encore les royaumes étrangers, sur l'empereur au tribunal duquel était cité Pilate.

III

Le procurateur avait donc sujet de s'alarmer. Mais de quelques terreurs que fût hérissé l'antre infâme et sanglant où s'était retiré l'empereur, il fallait y pénétrer ; il fallait affronter le vieux tigre et braver ses homicides jugements.

Pilate hésitait ; sous prétexte de faire ses préparatifs, il différait son départ et le remettait d'un jour à l'autre ; il consumait le temps en délibérations et en lenteurs. Il visitait, il consultait, il cherchait partout des amis et des protecteurs.

La nouvelle de sa disgrâce était déjà répandue. On l'évitait, on craignait de lui témoigner de l'intérêt ou de la pitié. Ceux en qui il se fiait le plus lui fermèrent leurs portes ; quelques-uns même le repoussèrent avec insulte. Il serait demeuré seul dans son infortune, si les justes qui s'étaient attachés à Jésus ne lui étaient pas, jusqu'à la fin, restés fidèles.

Sa femme, Porcia, conserva plus de fermeté que lui. Ce fut elle qui régla et ordonna tout, car Pilate semblait privé de son esprit. Elle essaya de le ranimer et de lui rendre l'espoir.

— Une fois à Caprée, disait-il, en sortirai-je vivant ?

Il n'y avait pas à compter sur le crédit de ses amis ou de sa famille. Tibère ne connaissait personne que ses compagnons de débauche, et encore en faisait-il souvent ses premières victimes.

— Si nous invoquions Jésus !... hasarda Porcia.

— Hélas ! voulez-vous, répondit Pilate, qu'après avoir condamné sa vie, je le prie de sauver la mienne? S'il est Dieu, comme on l'affirme, et s'il n'est pas mort, il ne doit respirer contre moi que haine et vengeance ! N'est-ce pas lui-même qui a creusé la fosse devant mes pieds, et m'y a poussé?

— Je sais une voie sûre de gagner sa protection. Sa mère vit encore. Visitez-la. Votre démarche la touchera. Elle fléchira son fils et il vous sauvera.

— Moi, Porcia ? Je ne suis pour elle qu'un meurtrier, et ma vue lui doit être odieuse.

— Eh bien ! moi, je n'ai point trempé dans la mort de Jésus, au contraire, et vous auriez écarté tous ces malheurs si vous m'aviez écoutée... J'irai.

C'était un grand spectacle, assurément, que de voir la fille des Caton aux pieds de l'enfant de Joachim, la femme du procurateur aux pieds de la veuve du charpentier, l'épouse du juge aux pieds de la mère du condamné. Marie n'était point plongée dans les larmes, comme le croyait Porcia. Elle savait que Jésus était ressuscité. Cependant elle avait pris le deuil et avait résolu de le porter jusqu'à ce qu'elle fût réunie dans le ciel au Dieu qu'elle avait enfanté.

Elle demeurait dans la maison de Jean, fils de Zébédée, au pied du mont des Oliviers, partageant ses journées entre le travail des mains et la prière.

La tradition ne nous a point conservé la réponse qu'elle fit à Porcia. Mais son cœur miséricordieux ne resta point sourd à ses supplications. Instruite de l'avenir, elle ne lui promit point sans doute un entier pardon. Elle lui assura néanmoins que Pilate ne serait point mis à mort par l'empereur, et, sur les instances de la Romaine, elle lui donna un des vêtements que Jésus avait consacrés en les portant.

Porcia revint à sa demeure avec une confiance que partagea malgré lui son mari. Ils partirent quelques jours après, pendant la nuit, parce qu'ils redoutaient les insultes du peuple.

IV

Ils débarquèrent à Naples. Porcia voulait que son mari prévînt le rapport de Vitellius et se rendît sur-le-champ auprès de l'empereur.

— Vous savez, répondait Pilate, qu'il est dangereux de paraître devant César sans y être autorisé. Souvenez-vous de ce pêcheur qui était à l'improviste venu lui offrir une langouste. Tibère lui fit frotter le visage avec son poisson et le chassa tout ensanglanté.

— Je gagnerai quelqu'un de ses amis, ajouta-t-elle.

L'empereur n'était entouré que de sophistes, d'astrologues et de débauchés. Il n'aimait point ses parents et les tenait à dessein éloignés des affaires. Claude, son neveu, languissait dans la misère. Caïus, le seul fils de Germanicus qu'il eût laissé vivre, lui était suspect, et, prisonnier à la cour, n'avait pas assez de crédit pour protéger ses propres amis.

En effet, Hérode Agrippa, fils d'Aristobule et petit-fils du vieil Hérode, élevé à Rome, s'était attaché à Caïus. Un jour qu'ils étaient ensemble dans le même char, le prince juif eut le malheur de dire :

— Quand donc la mort de Tibère vous fera-t-elle empereur ?

Un affranchi d'Hérode conduisait le char. Quelques jours après, pour se venger des reproches que lui avait faits son maître, il dénonça ce propos téméraire. Tibère fit saisir le fils d'Aristobule et le jeta dans un cachot, sans que Caligula essayât de le sauver.

Un seul homme avait l'oreille de César, c'était le mathématicien Thrasylle. D'heureuses prédictions justifiées par l'événement lui avaient valu la confiance de l'empereur qui passait de longues heures à consulter avec lui, sur les secrets de l'avenir, la position des astres et la combinaison des nombres.

L'avarice de Tibère laissait l'astrologue à la merci

de quiconque pouvait payer ses services. Porcia résolut d'acheter son appui. Elle y réussit. Gagné par ses
présents, Thrasylle promit de soutenir les intérêts de
Pilate et lui obtint une audience.

Porcia encouragea son mari à affronter l'abord de
l'empereur ; pour lui donner plus de confiance, elle
lui fit revêtir sous sa toge le vêtement qui avait appar-
tenu à Jésus.

Enveloppée d'une ceinture de roches escarpées,
l'île de Caprée n'était accessible que par un seul
côté, où s'élevait une tour qu'un tremblement de terre
avait renversée peu de jours auparavant.

Des gardes barbares, au visage farouche, arrêtèrent
Pilate et ne lui permirent de passer qu'après qu'il
leur eut montré un ordre scellé du sceau de
César.

L'intérieur de l'île, à l'abri de tous les vents et
chauffé par le soleil napolitain, jouissait des délices
d'un éternel été. L'air y était plein de parfums et de
mollesse ; la volupté semblait y avoir établi son empire. Partout, dans les bocages, dans les grottes, se
dressaient des statues lascives ; des jeunes gens des
deux sexes se jouaient de toutes parts, et tout y parlait
de plaisir ou plutôt de débauche.

Pilate préoccupé s'avança vers le palais de Tibère.
Thrasylle se tint au devant de lui.

— Les astres sont favorables, lui dit-il. L'empereur
préside à quelques exécutions. Nous le trouverons
heureusement disposé à nous entendre.

Ils grimpèrent par un sentier ménagé dans la pierre

jusqu'au sommet d'un rocher qui dominait la mer. Un groupe de malheureux enchaînés et gardés par des soldats attendaient pour mourir un signe de César. Tibère, debout, dans un silence morne, commandait par un geste. Aussitôt les gardes frappaient les condamnés et les précipitaient du haut du rocher. D'autres bourreaux montés sur des barques recevaient les victimes avec des crocs de fer et les noyaient dans la mer.

Ce spectacle égayait les assistants qui échangeaient en riant des plaisanteries féroces. Personne n'y prenait plus de plaisir que le jeune Caïus, l'héritier présomptif de l'Empire, qui témoignait une joie sauvage.

Selon le conseil de Thrasylle, Pilate s'arrêta à quelque distance, jusqu'à ce que l'empereur lui permît de s'approcher.

Quand le dernier des condamnés eut péri, Tibère fit un signe ; on amena devant lui le procurateur.

Tibère était gros et robuste ; sa taille dépassait l'ordinaire ; ses épaules et sa poitrine étaient larges, et tous ses membres étaient bien proportionnés. Sa main gauche avait plus de force et d'agilité que sa droite : aussi était-ce de cette main qu'il gesticulait. D'un seul doigt il perçait une pomme entière et d'une chiquenaude sur la tête il blessait un enfant et même un jeune homme.

Il avait le teint blanc et le visage beau, quoique marqueté de boutons. Ses yeux étaient démesurément grands et vifs. Par un privilége singulier, s'il venait à s'éveiller la nuit, il voyait dans l'ombre pendant quelques instants. Selon une habitude héréditaire en sa famille, ses cheveux étaient plus longs sur le derrière de sa tête et lui couvraient le cou.

Il portait légèrement le poids de ses soixante-dix-huit ans; quoiqu'il n'ait, depuis sa trentième année, eu d'autre médecin que lui-même, il n'avait jamais été malade. Il marchait la tête droite et le cou tendu, les sourcils froncés, et presque toujours silencieux. Il n'adressait que rarement la parole, même à ses familiers. Alors il gesticulait de ses doigts avec affectation. L'ensemble de sa physionomie exprimait l'arrogance et la dureté.

Pilate l'aborda en tremblant et se borna à implorer sa clémence. L'empereur l'écouta à peine et le congédia avec une vague promesse.

Quand le procurateur fut hors de sa présence, Tibère se tourna vers son secrétaire : Inscris-le, dit-il, parmi les premiers à faire condamner par le sénat.

Mais Thrasylle s'empara de son attention en lui communiquant les calculs qu'il avait faits pendant la nuit, et qui annonçaient à César de nouvelles et longues années de vie. Il en prit habilement prétexte pour engager Tibère à différer ses jugements.

Pilate, glacé par l'effroi, ne recouvra entièrement ses esprits que lorsqu'il fut rentré à Naples. D'après l'avis de Thrasylle, ils retournèrent à Rome où l'empereur allait se rendre. L'astrologue, qui à des signes certains prévoyait la mort prochaine de Tibère, leur fit dire de mettre tout en œuvre pour gagner du temps.

Le procurateur obéit. Flottant entre la crainte et l'espoir, il attendait en tremblant l'arrivée de César. Un jour il fut éveillé par de grands cris qui retentissaient dans la ville. Il crut d'abord qu'on forçait sa maison et qu'on venait le saisir pour le traîner au supplice. Il songeait à se cacher, lorsque Porcia entra, le visage épanoui et l'espérance dans les yeux.

— Nous n'avons plus rien à craindre, dit-elle, Tibère n'est plus. Nous aurons pour juge le fils du vertueux Germanicus.

— En êtes-vous bien assurée, Porcia ?

— N'entendez-vous pas les clameurs de ce peuple ? Il n'est plus, vous dis-je. La nouvelle vient de s'en répandre.

V

Ainsi que l'avait annoncé Thrasylle, l'empereur s'était mis en route. C'était la deuxième fois depuis sa retraite à Caprée, qu'il retournait à Rome. Une troupe de soldats le précédait pour écarter ceux qui s'avançaient au devant de lui. Il n'alla point jusqu'à la ville. Comme il appelait, pour lui donner quelques aliments, un serpent familier qu'il nourrissait, il le trouva rongé par les fourmis. Ce présage lui fit craindre la multitude. D'autres signes avaient déjà éveillé des défiances dans son esprit superstitieux. Il rebroussa chemin et revint en Campanie. À Asturia, il ressentit un malaise. Sitôt qu'il fut un peu remis, il poursuivit jusqu'à Circeïes. Pour ne donner aucun soupçon de sa maladie, il ne laissa point d'assister aux jeux dans le camp ; il lança même du haut de son trône des javelots contre un sanglier lâché dans l'arène. Épuisé par l'effort et par la chaleur, il retomba plus dangereusement malade. Il se soutint pourtant quelques jours et se fit transporter à Misène, sans rien changer à l'ordre de ses occupations journalières, et sans interrompre ses festins ni ses débauches. Comme son médecin se levait de table et lui prenait la main, en se retirant, pour la baiser, Tibère, craignant qu'il ne lui eût interrogé le pouls, l'engagea à rester encore et à se rasseoir, et il prolongea le souper. Il resta lui-même jusqu'à la fin : puis selon son usage, debout dans la salle, ayant un licteur à son côté, il adressa la parole à tous, à mesure qu'ils lui disaient adieu.

Sur ces entrefaites, les actes du sénat lui furent présentés. Il y lut qu'on avait renvoyé, même sans les entendre, quelques accusés dont il avait demandé la condamnation parce qu'ils étaient dénoncés par ses espions. Il se jugea méprisé, frémit et résolut de regagner Caprée, et de ne plus rien tenter sans être en lieu sûr. Retenu par les tempêtes et par l'aggravation de sa maladie, il mourut sur le continent à l'âge de soixante-dix-huit ans, après en avoir régné vingt-trois.

Cette nouvelle fut célébrée à Rome par de bruyantes réjouissances. Le peuple, délivré de sa longue oppression, relevait la tête avec insolence et demandait à venger sur les restes du tyran la terreur qu'il lui avait inspirée.

— Tibère dans le Tibre ! criaient quelques voix. D'autres priaient les dieux de ne donner place à son âme dans les enfers que parmi les impies. Plusieurs menaçaient de traîner à son tour aux gémonies le cadavre impérial. La fureur augmenta encore lorsqu'on sut l'atroce égorgement qui prolongea son règne sanglant jusqu'après sa mort.

Le sénat avait décidé que tout condamné, quel que fût son crime, ne serait exécuté que dix jours après la sentence. Les cachots regorgeaient de prisonniers, Les geôliers, craignant qu'on ne forçât les prisons avant l'arrivée du nouveau César et pendant que Rome n'avait point de chef, étranglèrent tous les condamnés et les jetèrent aux gémonies.

Pilate ne connaissait point Caïus Caligula ; néanmoins il partagea l'allégresse générale. Le nouvel empereur ne pouvait être plus méchant que Tibère ; il ne craignit plus du moins d'être égorgé sans forme de procès, par méprise ou par caprice.

Caïus dut son surnom de Caligula à l'habitude qu'il avait en son enfance de porter l'habillement simple des soldats et la *guêtre* militaire (1). Aussi était-il cher à l'armée, et, sous le règne d'Auguste, sa présence seule avait suffi à apaiser une sédition.

Il avait accompagné son père Germanicus dans son expédition de Syrie. Devenu orphelin, il avait été recueilli par la veuve d'Auguste, sa bisaïeule.

(1) En latin, *Caliga*. — Caligula, petite guêtre.

Mandé à Caprée, il avait su éviter les piéges de ceux qui le tentaient et cherchaient à l'entraîner. Il semblait avoir oublié tous les malheurs des siens, l'empoisonnement de son père, la mort de sa mère et le supplice de ses deux frères. Ce qu'il avait lui-même à souffrir , il le dissimulait avec une constance incroyable dans un si jeune homme. Il montrait tant de soumission et de respect envers l'empereur et ceux qui l'entouraient, que Tibère n'avait point de meilleur esclave.

La malice avait remarqué néanmoins l'avidité avec laquelle il assistait aux exécutions et aux barbares supplices qu'ordonnait César. Était-ce là l'indice d'une nature cruelle, ou seulement une servile envie de plaire ? On disait aussi qu'il courait pendant la nuit les maisons de débauche et qu'il recherchait passionnément la danse, la musique et le théâtre. Tibère lui permettait volontiers ces plaisirs, dans l'espoir qu'ils adouciraient son caractère féroce. On assurait même que le vieillard avait prévu que le meilleur des esclaves deviendrait le plus méchant des maîtres, et qu'il avait plus d'une fois répété :

« C'est pour ma perte et pour la perte de tous que grandit Caïus. C'est une vipère que je nourris, un Phaéton qui embrasera l'univers. »

Quelques-uns soutenaient qu'après avoir séduit la femme de Macron, capitaine des cohortes prétoriennes, et lui avoir signé avec serment une promesse de mariage, il avait par elle gagné son mari et empoisonné Tibère ; qu'il avait arraché à l'empereur son anneau avant qu'il eût expiré, et que, pour vaincre les dernières résistances du mourant, il l'avait fait étouffer sous un coussin, et lui avait même serré la gorge de ses propres mains. Un affranchi, qui, à la vue de cette atrocité, poussait des cris, aurait été mis en croix à l'instant. Caïus s'était d'ailleurs vanté lui-même que, pour venger sa famille, il était un jour entré avec un poignard en la chambre où dormait Tibère, dans le dessein de le tuer; que la pitié seule l'avait arrêté, et que Tibère s'en était aperçu et n'avait jamais osé ni l'interroger ni le punir.

Cependant l'amour que les Romains portaient à la mémoire de Germanicus faisait taire toutes les craintes. La foule se précipita à Misène autour de Caïus, pendant qu'il suivait en habits de deuil les funérailles de Tibère, et on lui prodiguait les noms les plus tendres.

A son entrée dans la ville, le sénat et la multitude, qui envahit la curie sur ses pas, cassèrent d'une voix unanime le testament par lequel Tibère lui avait adjoint, comme héritier de l'empire, un autre de ses petits-fils, et on abandonna toute la république à sa discrétion absolue. Telle était la joie du peuple, que dans les trois mois qui suivirent, plus de soixante mille victimes furent immolées aux dieux, en signe de reconnaissance et d'actions de grâce.

Caïus parut heureux de sa popularité, et disposé à s'en rendre digne. Il fit droit à toutes les requêtes, rappela les bannis et grâcia les condamnés.

Parmi les causes qu'il révisa se trouvait celle de Pilate. Il le manda,

VI

Le procurateur se fia à la justice de César et se crut hors de tout péril. Le jour du jugement, comme sa femme l'engageait à se couvrir du talisman que lui avait donné la mère de Jésus, il dédaigna de l'écouter.

Sa confiance était devenue téméraire, depuis qu'il avait vu l'empereur récompenser avec tant de magnificence la vieille amitié d'Hérode Agrippa.

A peine élevé à l'empire, Caïus s'était souvenu du prince juif qui n'était persécuté qu'à cause de son amitié pour lui. Il lui avait fait présent d'une chaîne d'or du même poids que la chaîne de fer dont il était, selon l'usage, lié au soldat qui le gardait, lui avait posé de ses mains un diadème sur le front et lui avait taillé dans les provinces soumises un vrai royaume.

Pilate ne songea point qu'il n'avait pas, comme Hérode, été le compagnon des jeux de Caïus, et que par là même que le nouveau César voulait répondre à l'affection des peuples, il devait se montrer plus sensible à leurs plaintes et châtier plus rigoureusement les magistrats prévaricateurs.

En effet, l'empereur avait révisé la liste des chevaliers romains. Il avait privé de leur cheval tous ceux dont la vie était marquée de quelque tache. Il ne laissait pas même impunies les fautes légères ; mais joignant la modération à la sévérité, en lisant les nouvelles listes, il omettait à dessein, comme par menace, les noms des moins coupables.

Pilate présenta librement sa défense. Il avait condamné les Samaritains, parce qu'ils avaient conspiré contre la domination romaine. L'empereur lui demanda sur quelles preuves il les avait jugés. Le procurateur se troubla et finit par confesser qu'il n'avait eu d'autres preuves que les accusations de ses officiers ; il prit les dieux à témoin de son innocence.

L'innocence de Jésus ne l'avait point protégé au tribunal de Pilate. Pilate fut, à son tour, malgré ses serments, condamné par César et relégué à Vienne, dans les Gaules.

Il se retira précipitamment à sa maison où sa femme accourut avec impatience au devant de lui.

— Ah ! ma chère Porcia, s'écria-t-il, votre Jésus n'est qu'un homme, ou, s'il est Dieu, vos prières ne l'ont pas fléchi, j'ai succombé.

— César n'a point reconnu la droiture de votre conduite ?

— César..... Ah ! Jupiter ! on m'a noirci auprès de lui ; il m'a condamné !

— Il vous a condamné ?

— J'adore ses décrets ; mais pourquoi rappelle-t-il les exilés, s'il exile à son tour ?

— Il vous exile ?

— Au milieu des barbares, au fond des montagnes de la Gaule !

— Enfin, il nous laisse la vie, il est encore clément, et nous devons rendre grâce au ciel.

— Vous ne m'avez pas entendu ? Il me condamne, vous dis-je, il me déshonore, il me bannit.

— Oui, mais il ne nous défend pas d'adoucir notre exil. Les Gaules sont maintenant civilisées. Le tribun Milon s'applaudissait à Marseille de n'avoir pas été préservé de l'exil par l'éloquence de Cicéron..... D'ailleurs, puisque la vie nous reste, l'espérance ne nous est pas interdite. Nos amis s'approcheront quelque jour de l'oreille de César et l'apaiseront.

— Non, non. Je n'ai plus ni parents ni amis ; la disgrâce me les a tous enlevés. Dès que l'empereur a froncé les sourcils, tous m'ont à l'envi proclamé coupable. Ils craignent de déplaire à Caïus ; ils se détournent de moi, ils me fuient. Les Juifs ont moins d'horreur pour les lépreux. Il semble que je sois un scélérat voué aux dieux infernaux, et que la piété ordonne de m'insulter. Je ne survivrai pas.

— Au delà des Alpes, nous trouverons un peuple différent et d'autres hommes.

— L'espérez-vous, Porcia ? Le ciel des Gaules est sombre et froid ; mais ce ne sera pas le plus grand de nos maux ; la colère de César m'y précèdera, et j'y languirai dans l'abandon et le mépris. Chacun croira se rendre agréable à l'empereur en m'outrageant. Ce seront chaque jour de nouveaux affronts, d'autant plus amers que je n'en pourrai tirer aucune vengeance. J'aime mieux mourir.

— Nous nous déroberons au peuple, et nous tiendrons notre maison fermée.

— Nous n'y serons pas à l'abri des persécutions !...

Et qui sait même si quelqu'un de mes ennemis ne m'y suivra pas, attendant l'occasion de m'assassiner ?

— Au bout du monde ?

— Ils couvrent la surface du globe. J'ai ouï dire que la nouvelle secte s'est déjà répandue en cette ville et y recrute chaque jour des partisans.

— Ce ne sont pas les disciples de Jésus que vous avez à craindre.

— Je les crains tous ! L'univers entier est ligué contre moi.

— Reposez un peu vos esprits, mon ami. Demain vous envisagerez les choses avec plus de froideur, et si notre infortune est grande, j'en demeure d'accord, elle ne l'est pas assez pour nous désespérer.

Pilate était d'un caractère faible. Sa disgrâce l'abattit, et tous les efforts de sa femme ne réussirent point à lui rendre le courage. Il n'osait plus sortir dans la ville de peur de rencontrer quelque visage qu'il connût. Il restait emprisonné dans sa maison, écrasé par la pensée de sa chute et ne pouvant ni s'en distraire, ni s'en consoler.

Quelquefois il se levait et voulait partir sur-le-champ. Un moment après, il parlait de rester à Rome et d'y attendre la mort. La nuit même la douleur le poursuivait dans d'amères insomnies ; pendant son sommeil des songes cruels le tourmentaient encore et on l'entendait prononcer dans un désordre délirant les noms de Jésus et de Caïus.

Porcia, plus courageuse, n'avait pas moins ressenti

la violence du coup. Elle dissimulait en présence de son mari, et faisait parade de force et d'intrépidité. Mais souvent l'énergie lui manquait à elle-même, et lorsqu'elle essayait de le consoler, sa voix fléchissait et elle pleurait avec lui.

Elle espéra que les émotions du voyage, la nouveauté des objets et l'éloignement chasseraient le souvenir de leur malheur. Elle précipita ses préparatifs et partit avant le temps même qu'avait fixé l'empereur.

Ils sortirent dans un char fermé, pour se dérober aux regards. Le procurateur déchu garda pendant toute la route un silence sombre. Ils ne s'arrêtèrent dans les villes qu'ils traversèrent que le temps d'y prendre un peu de repos. La fatigue acheva d'énerver l'âme de Pilate, déjà sans vigueur. Porcia craignit qu'une maladie ne le forçât d'interrompre le voyage.

Enfin ils atteignirent les Alpes et parvinrent en Gaule. Ils touchèrent aux portes de Vienne vingt jours après qu'ils avaient quitté Rome.

Vienne était la capitale des Allobroges. La conquête lui avait enlevé un peu de son importance. Auguste, en faisant le nouveau partage des Gaules, l'avait à peine laissée chef-lieu d'une subdivision de la Lyonnaise.

Porcia avait envoyé son intendant pour louer d'avance la maison qu'ils devaient habiter. L'intendant la choisit vaste et spacieuse, mais dans un quartier isolé et loin de la place publique.

Pilate entra le soir dans la ville et gagna furtivement sa demeure. Il laissa à sa femme le soin de régler la disposition des meubles qu'il avait apportés avec lui de Rome, et, indifférent à tout, se tint enfermé.

Porcia l'abandonna d'abord à lui-même ; elle avait éprouvé l'inutilité de tous les remèdes et n'espérait plus que du temps la guérison de cette âme brisée par le chagrin.

La maison était bâtie à la romaine. Les rues qui longeaient ses murs étaient encore vides ; elle recevait les rayons du soleil depuis son lever jusqu'à son coucher. Des appartements supérieurs on découvrait la campagne voisine et les bords profonds où mugissaient les eaux torrentueuses du Rhône.

Un jardin s'étendait derrière les bâtiments ; mais les arbres, plantés à peine depuis quelques années, n'y donnaient encore qu'une ombre naissante. Porcia se proposait d'intéresser son mari à leur culture.

Elle avait aussi chargé un chariot de livres, d'armes, de filets de chasse et d'instruments pour la pêche ; elle n'avait rien oublié de ce qui pouvait offrir à Pilate quelque matière de distraction.

Dès le lendemain, elle entra dans son appartement et l'en fit sortir pour visiter toutes les parties de leur nouvelle demeure. Elle lui en expliquait avec complaisance tous les agréments. L'exilé ne lui répondait pas. Il semblait ne pas comprendre ses paroles.

Elle descendit avec lui dans le jardin, et lui montra les arbres pleins de vigueur et d'avenir ; comme elle vantait la beauté du jour et la fertilité du sol, Pilate soupira :

— Ah ! le soleil de la Judée !

— Vous ne regretterez rien ici. Nous aurons des fruits plus beaux que ceux de la Palestine. Ce fleuve est plus pur et plus majestueux que le Jourdain. Les montagnes voisines nourrissent plus de gibier que le Liban... Vous ne serez plus assiégé par les cris de la multitude et les importunités des solliciteurs. Notre vie sera paisible et calme, et rien n'altèrera la tranquillité de notre bonheur.

— La colère de Caïus, répliqua-t-il....

— Que nous importe ! Nous n'avons plus rien à demander ni à craindre.

Pilate ne se laissa point consoler. Le pouvoir, sans doute, avait pour lui des charmes si puissants qu'il ne pouvait plus s'en sevrer. Toutes les ruses qu'employa Porcia échouèrent contre son désespoir.

Loin de calmer son chagrin, le temps ne fit que l'aigrir. Il n'osait passer le seuil de sa maison, et chaque fois qu'il sortait, il revenait plus triste. Il lui semblait que tous les habitants de la ville le connaissaient et le montraient à son passage d'un doigt moqueur. Si on riait, c'est de lui qu'on se raillait ; si on parlait à voix basse, c'est qu'on ne voulait pas l'insulter publiquement. Mais de tous les yeux il voyait jaillir la dérision et le dédain.

A force de se croire méprisé, il finit par se prendre lui-même en mépris. Il sentit qu'il avait été pusillanime et se repentit d'avoir tremblé si longtemps devant ses inférieurs. Mais de toutes ses bassesses, celle qu'il se reprochait le plus amèrement, c'était la mort de Jésus.

— C'est sa condamnation que j'expie, disait-il, et peut-être sa vengeance n'est pas satisfaite encore.

— Invoquez-le, répétait Porçia, fléchissez son courroux à force de prières.

— Non ; son sang est retombé sur ma tête. Il ne me pardonnera point.

Il traîna deux ans sa misérable existence, courbé sous un fardeau qui l'écrasait. Porcia, honteuse de le voir si lâche, ne put se défendre de le mépriser à son tour. Il devint la risée de toute sa maison et jusque de ses esclaves.

Au supplice qu'il éprouvait, s'en joignit bientôt un autre. Caïus se lassait d'être les délices des Romains, et commençait à rechercher leur haine. Le bruit de ses premières fureurs arriva bientôt à Vienne. On ajoutait que l'empereur venait dans les Gaules.

Il n'en fallut pas plus pour jeter l'épouvante dans l'âme du banni. Il s'imagina que César venait achever sur lui l'œuvre de la vengeance divine, et qu'il le ferait périr dans les tortures, peut-être même de la mort de Jésus.

La terreur s'empara de son esprit et le domina. Sa tête déjà frappée et privée de sommeil s'égara tout à fait. Une nuit, pendant que toute sa maison était silencieuse et assoupie, ne pouvant plus résister à ses souffrances, il se leva de son lit, et, sans prendre le soin de s'habiller, il sortit de sa chambre et descendit en ses jardins.

Le ciel était sombre et voilé. Aucune étoile ne perçait les nuages. La nature, saisie par les premières haleines de l'hiver, était pleine de frissons et de deuil. La bise gémissait dans le lointain, et secouait aux branches des arbres les feuilles desséchées qui s'entrechoquaient avec des sons lugubres.

Pilate respira cet air froid et funèbre, et son délire devint plus noir encore. Il marchait au hasard au milieu des ténèbres ; il s'alla heurter contre la porte qui s'ouvrait sur le fleuve. Il la franchit.

Le Rhône, enflé par les pluies de l'automne, roulait à pleins bords ses ondes mugissantes. L'exilé s'avança en tâtonnant.

— Oui, murmura-t-il, finissons nos angoisses.

Au moment de s'élancer, il eut peur et recula. Puis il revint et hésita encore. Comme un condamné qui n'a point la force de mourir, et qui au pied de l'échafaud cherche à prolonger de quelques secondes la vie qu'on va lui arracher, Pilate semblait implorer un sursis et se demander à lui-même grâce pour un instant.

Il se rapprocha du fleuve et aurait peut-être reculé encore, mais le pied lui manqua. Il trébucha et tomba dans le courant.

La fraîcheur de l'eau glaça ses membres ; il se repentit de ce qu'il avait fait, et voulut fuir en nageant. Le Rhône est rapide, il n'en put surmonter la violence torrentueuse, et après un peu d'effort, se sentant entraîner, il s'abandonna à l'onde, en soupirant :

— O Jésus !...

II. — LES HÉRODE

I

HÉRODIADE

— Ton frère Agrippa, dit Hérode Antipas à sa femme Hérodiade, est arrivé.

— Dans son royaume? acheva Hérodiade; car il est roi maintenant; il a le droit de porter le diadème, et il est plus puissant que nous.

— On dit qu'il étale en effet un peu de faste.

— Il craint sans doute de ne pas faire assez tôt murmurer ce peuple... Le souvenir du passé devrait lui conseiller la modestie pourtant. On n'a pas oublié qu'il est parti misérable et accablé de dettes. Il est vrai que le changement de sa fortune est fait pour l'enivrer.

— Veux-tu savoir comment on a fêté sa présence en Égypte? L'histoire en est plaisante; elle te divertira.

— S'il a quelque esprit, il a bien dû comprendre que ce n'est pas à lui que les honneurs ont été rendus, mais à la faveur de César.

— J'ignore ce qu'il a compris; mais ces honneurs ne l'enfleront pas. Il y a en Égypte beaucoup de Juifs, tu le sais. Ils y sont peut-être au nombre d'un million.

Ils occupent deux des cinq quartiers d'Alexandrie.

— Ce sont eux qui l'ont reçu avec tant de pompe ?

— Ils y exercent le commerce et y ont acquis de grandes richesses ; mais ils n'ont pas su gagner l'affection des Égyptiens. Quand on y apprit qu'ils ont un roi de leur nation, tandis que l'Égypte est gouvernée par un préfet étranger, la jalousie fit éclater la haine, et la populace résolut de lui faire affront.

— En vérité? Fais-moi ce récit, il m'intéresse.

— Il y a dans la ville un fou qui court par les rues, au grand amusement des enfants qui le poursuivent. On le mène dans le gymnase, on le place sur une estrade, on le coiffe d'un diadème de papier; on attache sur son dos une mauvaise natte, en guise de manteau royal, et pour sceptre, on lui met dans la main droite un long roseau ; on le promène en cet accoutrement à travers tous les quartiers, surtout ceux qu'habitent les Juifs. Et pour que le sens de cette plaisanterie soit plus évident, des jeunes gens portant des perches l'escortent pour sa garde. Les uns le saluent, d'autres lui demandent des grâces, ou parlent des affaires publiques, et toute la foule qui l'entoure lui crie : Sire ! Sire !

— Le préfet ne les a point empêchés ?

— Le préfet d'Égypte est Flaccus, l'ennemi juré des Juifs. D'ailleurs les séditieux avaient grand soin de ne point insulter la majesté de l'empereur. Le lendemain, enhardis par l'impunité, ils s'autorisèrent du nom de Caïus pour commettre de nouveaux attentats. Ils se rassemblèrent au théâtre et crièrent qu'il fallait consacrer dans les synagogues les statues du divin César, acte que la loi de Moïse appelle idolâtrie. Les Juifs résistent. Une partie de leurs synagogues sont abattues ou incendiées, les autres profanées. Flaccus, heureux d'avoir un prétexte pour les persécuter, leur retire par un édit leurs priviléges et le droit de citoyens, et permet de les traiter comme des prisonniers de guerre. Aussitôt le peuple se déchaîne avec plus de fureur. On chasse les Hébreux de leurs quartiers; on leur abandonne à peine un coin de la ville; un grand nombre ne peuvent s'y loger et sont réduits à errer sur les bords de la mer, à coucher sur les fumiers et dans les tombeaux. On enfonce, on pille leurs boutiques, on s'en partage les marchandises. Tous ceux qu'on rencontre hors du quartier qui leur est assigné sont tués ou brûlés. Flaccus lui même fait flageller les principaux d'entre eux, fouille leurs maisons, et met leurs femmes à la torture.

— C'est l'orgueil d'Agrippa qui a causé tout ce désordre ! Voilà ses titres à l'amour du peuple !

— Il s'est embarqué précipitamment pendant la nuit.

— Il va se consoler dans son royaume... Je ne devine pas ce qui lui a mérité une si haute faveur, car enfin, ce nom de roi t'appartenait bien plutôt qu'à lui. Tu es le fils du grand Hérode, tu étais déjà tétrarque et il n'était que simple citoyen. Quel service a-t-il rendu à l'empire ?

— La majesté impériale ne connaît d'autres services que les flatteries, et d'autre titre que son caprice.

— Pourquoi ne vas-tu pas aussi à Rome ? Tu parlerais à l'empereur, tu lui rappellerais les mérites de ton père ; tu obtiendrais assurément aussi le diadème.

— Contentons-nous de porter en sûreté le nom de tétrarque.

— Oh ! je ne peux plus vivre avec cette pensée qu'Agrippa est roi !

Antipas résista longtemps. Mais la justice divine avait prononcé sa sentence. Il avait sur sa tête le sang du prophète Jean-Baptiste et le mépris avec lequel il avait traité Jésus-Christ pendant sa passion. La sanglante défaite que lui avait fait subir le roi des Arabes n'était pas un châtiment suffisant. Il fallait que la mort du saint fût expiée par la chute de l'homicide, par son exil et par sa mort; il fallait qu'il fût poussé dans l'abîme par cette même épouse incestueuse qui l'avait poussé au meurtre.

Vaincu par les obsessions d'Hérodiade qui ne lui laissait plus de repos, il se décida à faire le voyage.

C'était la troisième année du règne de Caligula. L'empereur avait bu le philtre que lui avait donné Césonie, sa femme, et il commençait à s'abandonner librement aux accès de sa fureur.

Il pleurait alors la mort de sa sœur Drusille qu'il avait aimée d'une passion incestueuse. Après avoir ordonné en son honneur un deuil général pendant lequel il était défendu, sous peine de la vie, de se baigner, de rire, de manger avec ses parents ; après avoir lui-même, dans l'égarement de la douleur, erré par les villes de Campanie, il était venu à Baïes chercher la distraction et l'oubli dans l'active surveillance des travaux qu'il y faisait exécuter.

Près de Baïes s'étendait un lac de trois mille six cents pas. Il le faisait couper par une chaussée. On amenait des vaisseaux de transport; on les fixait par des ancres sur deux lignes; on les recouvrait de terre qu'on battait ensuite et qu'on aplanissait.

Il avait déjà construit d'autres monuments : le temple d'Auguste et le théâtre de Pompée que Tibère avait commencés et laissés inachevés. On travaillait à l'aqueduc de Tibur et à un immense amphithéâtre auprès du champ de mars. Caïus avait encore d'autres projets gigantesques. Il voulait bâtir une ville au sommet des Alpes et percer l'isthme de Corinthe ; mais il n'en pressait aucun avec tant d'impatience que le comblement du lac de Baïes. Ce n'est pas qu'il fût jaloux de la gloire de Xerxès qui avait jeté un pont semblable sur l'Hellespont, un peu moins large ; il voulait seulement remplir la prédiction d'un astrologue qui avait affirmé à Tibère que Caïus ne serait pas plus empereur qu'il ne traverserait à cheval le lac de Baïes.

Aussi ne voulait-il point qu'il y eût d'obstacle, et les conducteurs des travaux payaient de leur tête le moindre retard. Quel obstacle en effet pouvait souffrir Caïus ? N'était-il pas le maître du monde et l'égal du plus grand des dieux ?

Car ce n'était plus assez de s'appeler le *pieux*, l'*enfant des camps*, le *père des armées*, le *très-bon* et *très-grand César*. Il avait un soir entendu quelques rois, venus à Rome pour leurs affaires, se disputer la préséance.

— Qu'il n'y ait qu'un seul maître, s'écria-t-il, et qu'un seul roi !

Peu s'en fallut qu'il ne prît aussitôt le diadème et ne changeât l'empire en royauté. Ses flatteurs lui représentèrent qu'il était au dessus des princes et des rois, et le décidèrent à s'arroger la divinité. Vitellius, revenu de son gouvernement de Syrie, n'osa l'aborder que la tête voilée, en tournant autour de lui, puis en se prosternant avec le respect qu'on doit aux dieux. A cette cour où l'on ne luttait plus que de bassesse, Vitellius ne manqua point d'imitateurs. Caligula crut à leurs flatteries, et se proclama rival du maître du tonnerre.

Il fit apporter de la Grèce les idoles les plus célèbres ou par leur beauté artistique ou par la vénération des peuples. On leur enlevait la tête et on la remplaçait par celle de Caïus. L'empereur avait son temple, ses sacrifices, ses prêtres, et les citoyens les plus riches recherchaient ce sacerdoce par toute sorte de brigues et de sollicitations.

C'est alors qu'Agrippa redoutant l'amitié de César s'y était prudemment soustrait en gagnant son royaume.

Antipas s'était rendu à Baïes. Il obtint une audience.

Il n'approcha point sans une secrète terreur du Jupiter latin. Cette crainte était le genre d'adulation que César goûtait le plus. Peu satisfait de sa laideur naturelle, Caligula s'étudiait devant un miroir à donner à son visage une expression horrible, et à lui faire contracter les plis capables d'inspirer l'effroi. Son front large était toujours armé de menaces. La débauche et la soif du sang animaient le vague insensé de ses yeux profondément enfoncés dans leurs orbites. Sa taille était haute et la grosseur démesurée de son corps rendait plus disgracieuse la minceur grêle de ses jambes et de son cou. Il avait les membres velus, mais peu de cheveux, et le sommet de sa tête en était complétement dépourvu. Aussi croyait-il aisément qu'on se moquait de sa calvitie et il punissait de mort ceux qui avaient le malheur de regarder d'en haut lorsqu'il passait, ou de parlait de *chèvre*.

Il portait ce jour-là une robe peinte de diverses couleurs; ses pieds étaient chaussés de cette même guêtre militaire à laquelle il devait son surnom; des bracelets d'or luisaient à ses poignets, et il était appuyé sur un trident.

Antipas n'eut aucun scrupule à l'adorer. Après s'être assuré sa bienveillance par des flatteries longtemps méditées d'avance, il lui exposa sa requête, rappela les services de son père et les droits qu'il avait au titre de roi, que son neveu Agrippa n'avait surpris qu'à son préjudice à la munificence impériale. D'ailleurs, ajouta-t-il, Agrippa n'avait pas reconnu encore la majesté divine de l'empereur, et ne lui avait ni élevé d'autel, ni offert de sacrifices.

Caïus à ces mots se ressouvint de ce qui s'était passé en Égypte. Flaccus lui en avait adressé le récit, et jamais histoire ni poëme ne lui avait fait tant de plaisir. Il écouta le tétrarque avec bienveillance et parut incliner à le satisfaire. Mais voici que tout à coup on lui apporte une lettre. Il la lit et changeant brusquement de visage et de ton :

— Tu as conspiré, dit-il, avec le traître Séjan, contre l'autorité du divin Tibère.

— Moi ? répondit Antipas, tremblant de frayeur...

— Et maintenant encore tu complotes avec Artaban, roi des Parthes, les moyens de me faire la guerre.

— Mes ennemis, bégaya Hérode, en imposent à César pour me faire perdre sa protection.

— Je connais Agrippa, je sais que je puis compter sur son amitié et c'est toi qui le calomnies pour me le rendre suspect.

— Je n'ai point conspiré contre l'empire, ni avec l'impie Séjan, ni avec le roi des Parthes.

— Est-il vrai que tu as amassé dans tes places des armes pour soixante-dix mille soldats ?

— Je ne veux point le nier ; mais ces armes ne sont point destinées à combattre l'empire : mes États sont environnés d'ennemis ; mes sujets même sont remuants et séditieux, la prudence ordonne que je ne m'expose point à être surpris sans défense.

— Or bien, conclut Caligula, je ne laisserai point tant de sagesse sans récompense. Le nom de tétrarque te paraît vil; tu ne le porteras plus; et puisque tes sujets sont turbulents et séditieux, ils ne méritent pas que tu les gouvernes. Je prierai Agrippa de les maintenir dans l'obéissance. Lyon est une ville pacifique et à l'abri des barbares ; transportes-y ta demeure, tu y vivras en paix.

Hérodiade, qui était restée en Judée, apprit par une lettre de son mari l'exil dont il était frappé. Elle n'hésita point... Elle ! demeurer dans un pays où régnait son frère, être témoin de sa grandeur et permettre qu'il insultât à sa déchéance !... plutôt la terre étrangère et le bannissement.

Elle rassembla toutes les richesses de son mari , ses meubles, ses trésors et ses esclaves ; elle en chargea un navire et fit voile vers les Gaules, avec sa fille, cette même fille qui avait dansé avec tant de grâce pour obtenir la tête de saint Jean-Baptiste.

Le ciel de l'exil est toujours dur et le soleil gaulois paraît froid, surtout à ceux qui ne connaissent que le voluptueux climat de l'Asie; et cette année-là l'hiver fut très-rigoureux. Toutefois , grâce aux richesses qu'avait apportées Hérodiade , les exilés auraient pu trouver encore une sorte de félicité, si la douleur, le regret et la honte n'avaient empoisonné leur vie.

Touché de l'affection de sa femme, qui n'avait point voulu se séparer de lui dans sa chute, Hérode ne lui reprochait point de l'avoir par une jalousie ambitieuse précipité du trône. Mais cette femme hautaine ne pouvait se résigner à la déchéance, et elle fatiguait les oreilles de son mari par des plaintes et des récriminations éternelles.

Son esprit inquiet ne pouvait connaître le repos. Elle imaginait mille projets pour ressaisir le sceptre et recouvrer sa puissance perdue.

Elle obligea son mari à écrire au roi des Parthes, pour lui demander son alliance et des secours. Elle se flattait de rentrer à main armée dans ses États, à la faveur de la fermentation qui y régnait, de rallier le peuple soulevé et de chasser les Romains.

Le séjour de Lyon lui devint plus odieux encore lorsqu'elle y eut perdu sa fille. Cette malheureuse enfant ayant vu courir sur la glace de jeunes Gauloises, éprouva une irrésistible envie de se joindre à elles. Sans consulter sa mère, elle descendit, se mêla à la troupe et prit part à leurs jeux.

Pendant qu'elle court, qu'elle poursuit ou évite ses compagnes, en poussant des cris de joie et d'ivresse, un bruit sourd retentit comme un tonnerre lointain sous ses pieds. Les jeunes filles qui n'ont point dansé pour la mort du prophète restent maîtresses de leurs pas et s'arrêtent. La princesse juive, entraînée par l'ange vengeur, continue à courir jusqu'à ce que la glace s'entr'ouvre et l'engloutit.

La nouvelle des troubles qui éclatèrent l'année suivante dans la Judée, et les promesses d'Artaban, roi des Parthes, dissipèrent les dernières hésitations du tétrarque. Il vendit secrètement tout ce qu'il ne pouvait emporter, et s'enfuit pendant la nuit avec sa femme sous un déguisement.

Ils prirent la route des Espagnes. Ils se proposaient d'y acheter un vaisseau et de s'y embarquer.

II

CAÏUS-JUPITER

Les Juifs d'Alexandrie avaient envoyé à Rome, pour se plaindre à l'empereur des persécutions qu'ils avaient essuyées, quatre des plus considérables d'entre eux, sous la conduite de Philon, le plus célèbre de leurs philosophes. De leur côté les païens chargèrent de jus-

tifier leur conduite entre autres rhéteurs, le fameux
Appion, arrogand, bavard, que Tibère avait surnommé
le *tambour* du monde.

Deux affranchis se disputaient la faveur de Caligula
et le gouvernaient : l'un était Juif de naissance, avait
été histrion et s'appelait Apelles ; l'autre, Hélicon,
était d'Alexandrie.

Jaloux l'un de l'autre, ils prirent parti chacun pour
leurs compatriotes et mirent les circonstances à profit
pour tâcher de se supplanter et de se perdre.

Apelles prévint son maître en faveur des Juifs. Puis
un jour que l'empereur devait traverser le Champ de
Mars, il les avertit de se placer sur son passage. Ils
n'y manquèrent pas, et au signal que leur fit l'ancien
acteur, ils s'approchèrent de Caïus dans l'attitude de
suppliants.

César leur rendit leur salut d'un air bienveillant et
les engagea par un geste à se rassurer ; puis il leur fit
dire qu'il examinerait leur cause avec maturité, et
qu'il voulait les écouter à loisir.

L'empereur quitta Rome quelque temps après. Il
s'embarqua sur une galère somptueuse qu'il avait fait
construire exprès. Elle était toute en bois de cèdre ; la
poupe en était chargée de perles ; les voiles peintes de
diverses couleurs. Elle contenait des bains, des portiques, des salles spacieuses ; on y avait planté des
vignes et des arbres fruitiers d'espèce très-variée.

Sur cette galère, couché en plein jour, au bruit des
danses et des symphonies, Caïus parcourait les rivages
campaniens.

La députation juive suivit la cour, attendant l'audience qui lui était promise.

Un jour qu'ils étaient mêlés à la foule des clients de l'empereur, un Juif s'approcha d'eux et sans prononcer une syllabe leur fit signe de sortir avec lui. Il paraissait essoufflé, avait les cheveux en désordre, les vêtements souillés, les yeux baignés de larmes, et son visage portait un profond désespoir.

— Savez-vous nos malheurs ? dit-il.

Il n'en put dire davantage ; ses pleurs débordèrent par torrents sur ses joues et lui coupèrent la voix. Philon, épouvanté, le supplia de surmonter sa douleur et de s'expliquer. Il fit un effort sur lui-même et reprit :

— Nous sommes perdus ! C'en est fait de notre peuple ! Il n'y a plus de temple !

Ses larmes l'interrompirent encore et il ne put achever.

Caïus avait pris au sérieux sa divinité; le palais d'Auguste et de Tibère n'était plus digne de lui. Il l'avait prolongé jusqu'au Champ de Mars, en y annexant le temple de Castor qui lui servait de vestibule. Sa statue sur son autel était en or, et chaque jour ses prêtres l'habillaient de vêtements nouveaux semblables à ceux qu'il portait lui-même. A ses pieds on immolait les oiseaux les plus rares.

La nuit, car le dieu était tourmenté de cruelles insomnies, et ne pouvait dormir plus de quelques heures, pendant qu'il se promenait dans ses galeries, attendant et appelant le jour, s'il voyait briller la lune en son plein, il lui adressait la parole, et l'invitait à descendre dans ses bras et dans son lit.

Il s'entretenait de même avec la statue de Jupiter ; tantôt il lui parlait à voix basse, puis prêtait l'oreille à ses réponses ; tantôt il prenait un ton solennel ; il la querellait même parfois, et on l'entendit s'écrier un jour avec menaces :

— Qui de nous deux l'emportera ?

Il se laissa néanmoins fléchir, et, sur la prière du maître de l'Olympe, qui l'invitait à venir demeurer avec lui, il fit jeter un pont de son palais au Capitole, par dessus le temple d'Auguste. En ce temps-là même, pour se rapprocher encore plus de son hôte, il traça sur la place du Capitole le plan d'un nouveau palais.

Plein de mépris pour sa famille, il reniait effrontément ses ancêtres, et attribuait la naissance de sa mère à un inceste. Jaloux de la mémoire d'Auguste, il traitait de malheurs publics les victoires d'Actium et de Sicile, et empêchait de les célébrer. Il nommait Livie *Ulysse* en jupons. Il abattit les statues de tous les grands hommes, et défendit d'en élever de nouvelles. Il songea à détruire les poëmes d'Homère, disant qu'il pouvait bien faire ce qu'avait fait Platon, qui a banni Homère de sa *République.* Peu s'en fallut qu'il ne fit rejeter des bibliothèques Virgile, qu'il trouvait sans imagination et sans savoir, et les histoires de Tite-Live, qui lui semblaient verbeuses et négligées. De Sénèque, l'écrivain alors à la mode, il appelait l'éloquence une pure déclamation et du sable sans chaux.

Il ôta aux familles les plus illustres leurs distinctions héréditaires, et fit tuer Ptolémée, roi de Mauritanie, son cousin, qu'il avait sollicité de venir à Rome et reçu d'abord avec magnificence, uniquement parce qu'à son entrée au théâtre, il avait, par l'éclat de son manteau, attiré tous les regards. Rencontrait-il sur sa route des jeunes gens bien peignés ; il leur faisait raser le derrière de la tête. Il y avait à Rome un homme d'une taille extraordinaire, que le peuple avait surnommé le Colosse. Caïus le condamna à combattre dans l'arène, et comme il était deux fois resté vainqueur, il le fit enchaîner, couvrir de haillons, promener dans les carrefours et étrangler. Une autre fois qu'on applaudissait contre son avis, il s'enfuit précipitamment du spectacle, s'indignant que le peuple-roi du monde rendît plus d'honneur, et pour un mérite très-mince, à un gladiateur, qu'aux princes et à César. On assure même que dans une autre circonstance il s'écria tout haut :

— Plût aux Dieux que le peuple romain n'eût qu'une seule tête !

A cette divinité que soutenaient la croix, les tortures et les supplices, aucun peuple ne refusa l'encens, excepté les Juifs. César n'eut point de temple dans toute la Palestine; mais dans une petite ville, à Jamnia, près de Joppé, les païens lui élevèrent un autel de gazon, moins par attachement à l'empereur que par le désir de provoquer les disciples de Moïse.

Le scandale fut grand lorsqu'on l'aperçut. On ne délibéra point. On détruisit le monument de l'idolâtrie.

Les païens se plaignirent à l'officier romain, qui, déjà compromis par ses concussions, se hâta d'écrire à l'empereur, exagérant à dessein la gravité du désordre qu'il transformait en révolte ouverte.

Caïus consulta ses familiers. Apelles s'efforça de calmer l'esprit de l'empereur. Mais Hélicon en prit prétexte pour lui inspirer la haine des Juifs par des plaisanteries amères.

D'après ses conseils, Caligula écrivit qu'au lieu du simple autel de Jamnia, sa volonté était qu'on lui érigeât une statue colossale à Jérusalem et dans le temple même. Et pour en protéger la consécration, il donna l'ordre au gouverneur de Syrie de replier ses troupes, et d'occuper militairement la Judée.

Le gouverneur obéit et vint camper avec une armée à Ptolémaïs. Là, une députation de plusieurs milliers de Juifs le supplia de ne point les contraindre à transgresser leur loi.

— Ou si vous avez résolu d'établir le colosse, faites-nous mourir auparavant, ajoutèrent-ils, afin que nos yeux ne voient pas ce qui est pour nous une abomination.

— Si j'étais l'empereur, répondit-il, vous auriez raison de m'adresser ces prières ; mais je suis, comme vous, soumis à César ; on ne désobéit pas impunément à ses ordres.

— Nous vous en conjurons, laissez-vous toucher par nos supplications, et ne nous réduisez pas à mourir ; car si rien ne peut faire faiblir notre obéissance à l'empereur, rien ne sera non plus capable d'ébranler nos consciences. Nous nous fions en la puissance de notre Dieu, et nous n'aurons pas le malheur d'hésiter entre son courroux et la mort.

Le gouverneur rassembla néanmoins à Sidon les ouvriers les plus habiles, et commanda de fondre la statue. Pendant qu'on y travaillait, il se rapprocha de Jérusalem pour observer le peuple. Il découvrit par ses espions que de tous côtés régnait la plus vive agitation, et qu'un grand nombre se disposaient à résister par les armes et au péril de leur vie. Les principaux citoyens étaient venus de nouveau auprès de lui, et redoublaient leurs prières.

— Ferez-vous donc la guerre à César, leur dit-il, sans calculer sa puissance ni votre faiblesse?

— Nous ne ferons point la guerre; mais nous mourrons plutôt que de violer notre foi.

Et se prosternant la face contre terre, ils montraient leurs cous, en témoignant qu'ils étaient prêts à se laisser égorger.

Ces scènes se renouvelèrent pendant quarante jours. C'était le temps des semailles, et personne ne songeait à labourer ni à semer. Le gouverneur céda. Il se retira à Antioche, et écrivit à l'empereur qu'il n'avait point encore exécuté ses ordres, parce qu'il voulait que sa statue fût une œuvre immortelle qui ne le cédât en rien aux plus fameuses merveilles, et que pour répondre à ses vues, les ouvriers avaient besoin de temps. Puis, découvrant nettement la difficulté, il ajoutait qu'une excessive précipitation révolterait la nation, et qu'il craignait quel'on ne coupât les arbres, qu'on n'incendiât les moissons, et qu'on ne changeât le pays en désert.

A la lecture de cette lettre, Caligula entra dans une grande fureur.

Rien n'avait encore résisté à sa puissance, et il pouvait se jouer de la vie, de l'honneur et de la fortune des citoyens. L'inceste n'avait plus de saveur pour lui. Il n'y avait presque point de femme illustre qu'il n'outrageât. Il enlevait les épouses à leurs maris, les épousait et les répudiait le lendemain, ajoutant à l'outrage des railleries féroces.

— Cette belle tête, disait-il à sa femme quand il l'embrassait, tombera dès que je l'ordonnerai.

Ou encore :

Je te ferai donner la torture, afin que tu me dises pourquoi je t'aime tant !

Cette Césonie était scandaleusement savante dans le vice ; Caïus ne l'en avait pas moins épousée. Il en eut une fille ; il la fit élever et la porta dans tous les temples pour la placer sous la protection des dieux. Il reconnaissait sa fille en elle à sa naissante cruauté; car déjà le petit monstre cherchait à déchirer avec ses ongles le visage et les yeux des enfants qui jouaient avec elle.

Aucun frein n'arrêtait plus la fureur de Caïus. Il fit mourir de chagrin son aïeule Antonie. Quelques auteurs assurent même qu'il l'empoisonna. Il envoya inopinément un centurion pour massacrer son frère. Comme on lui disait que ce prince était toujours muni d'antidote :

— A-t-il, répliqua l'empereur, de l'antidote contre César ?

Il força Silanus, son beau-père, à se couper la gorge avec un rasoir. Il n'épargna l'imbécile Claude, son oncle, que pour s'en faire un jouet.

Puis il condamna les maris de ses sœurs, sous prétexte de conjuration, et les exila elles-mêmes, en les avertissant qu'il avait non-seulement des lieux d'exil, mais aussi des glaives.

Macron, le capitaine des prétoriens, qui l'avait aidé à obtenir l'empire, en fut récompensé par le supplice. Ses esclaves qui le servaient avec le plus de zèle payaient de leur tête les moindres fautes ; un gladiateur, avec qui il s'escrimait en se jouant, se laissa tomber pour laisser la victoire à l'empereur : l'empereur le tua de son poignard. Dans un sacrifice, il assomma le prêtre en place de la victime. Il fit couper les mains à un de ses esclaves, qui avait détaché d'un lit des lames d'argent. C'était un de ses plaisirs de faire donner la torture pendant ses soupers. Un soldat adroit à couper des têtes s'exerçait en sa présence sur des prisonniers tirés sans distinction de la prison. Au milieu d'un festin splendide, il fut pris d'un subit éclat de rire. Les consuls, couchés près de lui, s'informèrent poliment de ce qu'il avait à rire.

— Eh ! répondit-il, c'est que je n'ai qu'un signe à faire pour qu'on vous coupe la gorge à tous deux.

Comme un ancien préteur qui s'était retiré à Anticyre, l'île fertile en ellébore, lui demandait la permission d'y prolonger son séjour.

— Tuez-le, répliqua-t-il ; puisque l'ellébore ne le guérit pas, la saignée lui est nécessaire.

Il s'avisa un jour de demander à un proscrit qu'il avait rappelé, ce qu'il faisait dans son exil.

— Je priais les dieux, répondit le banni pour le flatter, de faire mourir Tibère et de vous donner l'empire.

Persuadé par cette confession que tous ceux qu'il avait exilés devaient adresser au ciel les mêmes vœux contre lui, Caïus envoya dans les îles égorger les proscrits qu'il y avait relégués.

Ce sont là de faibles traits de sa cruauté. La hache était trop lente, quand elle frappait isolément. Caïus aimait les larges destructions de peuples, et se plaignait souvent de l'injustice du sort qui ne marquait son règne par aucune calamité, tandis que le désastre de Varus avait signalé celui d'Auguste, et la chute du théâtre de Modènes celui de Tibère.

Il s'employait de son mieux à y remédier, unissant toujours la bouffonnerie à la férocité. Il faisait plier tout à coup les voiles qui ombrageaient les spectateurs dans le cirque, à l'heure où le soleil était le plus chaud; il faisait chasser à grands coups de bâton ceux qui, pour y avoir place, s'y tenaient par avance dès le milieu de la nuit. Il fermait tout à coup les greniers publics, et menaçait la ville de la famine.

Comme la viande d'animaux devenait chère, il jetait vivants les prisonniers aux bêtes qu'on nourrissait pour les spectacles du cirque. Tous les dix jours il donnait la liste des prisonniers à exécuter ; il appelait cela *apurer ses comptes*. Après avoir fait périr quelques citoyens illustres de la Grèce et des Gaules, il se vanta d'avoir subjugué la Gallo-Grèce. A l'inauguration du fameux pont de Baïes, il invita la foule qui regardait du rivage à monter avec lui sur sa chaussée; il les fit tous jeter dans le lac et ordonna d'assommer avec des crocs et des avirons ceux qui essayaient de s'attacher aux barques.

Sur le bruit d'une maladie qu'il avait eue, plusieurs avaient prononcé différents vœux pour sa guérison, comme de combattre dans l'arène, ou même de périr. Il les obligea à remplir leurs vœux à la lettre. On ne pourrait citer le nombre de ceux qu'il fit marquer d'un fer rouge, qu'il condamna aux travaux des mines ou des routes, qu'il enferma dans des cages, ou qu'il fit scier en deux. Et il n'était pas besoin d'être coupable de grands crimes; il suffisait de ne point admirer ses spectacles, ou de n'avoir jamais juré par sa divinité. Comme Tibère, dont il glorifiait la barbarie, il obligeait les pères à assister au supplice de leurs fils. L'un d'eux s'excusait sur sa santé; il lui prêta sa litière. Il en emmena un autre à sa table aussitôt après l'exécution, et n'épargna aucun effort pour le pousser à rire et à plaisanter.

Parmi toutes les qualités qu'il avait reçues de la nature, ce dont il se louait et se félicitait surtout, c'était d'être implacable, et il répétait à son bourreau :

— Frappe de manière qu'il se sente mourir.

On avait égorgé un homme pour un autre qui avait le même nom.

— Ils sont, dit-il, aussi coupables l'un que l'autre.

Et toutes ces violences n'avaient.jamais rencontré d'obstacles. A peine quelques conspirations avaient-elles fourni à sa rage des prétextes pour se baigner dans le sang. Il avait pu insulter les chevaliers, décimer les patriciens, répandre partout la honte, la ter_reur et la mort ; la patience des Romains, ces rois des nations, ne s'était point lassée. Et un seul peuple, vil et méprisé, sans gloire et sans puissance, osait résister à ses ordres, braver sa colère et mépriser sa divinité!...

Son premier dessein fut d'exterminer toute la nation juive, de raser toutes ses villes et de repeupler le pays de colonies étrangères. Quant au gouverneur qui hésitait à remplir ses ordres, il résolut de le faire périr.

Tels étaient les conseils que lui donnait Hélicon, l'ennemi des Juifs et d'Apelles.

III

LE JUIF PHILON

Apelles, au contraire, représentait à l'empereur que le gouverneur de Syrie était à la tête d'une armée formidable, aimé des soldats, et qu'il serait dangereux de l'irriter; que sûr de ses légions et soutenu d'un grand peuple, il pourrait être tenté de courir les hasards d'une révolte, et non content de soulever l'Orient, marcher en Italie où on n'avait pas de soldats aguerris à lui opposer.

A cette considération le lâche Caïus pâlit et frissonna jusqu'au fond de ses entrailles.

Apelles fit ensuite parler d'autres raisons. Quand bien même l'armée resterait fidèle, si les Juifs abandonnaient la culture de leurs terres, la famine règnerait bientôt dans l'Orient. L'empereur pourrait-il accomplir alors le voyage qu'il avait projeté dans ces pays? Comment serait-il accueilli par ces peuples qui mourraient de faim?.. Et comment exigerait-on le tribut de ces provinces dévastées?

Ce dernier argument ne manqua point de faire impression sur Caligula dont les folles prodigalités avaient épuisé le fisc.

Il avait voulu surpasser la magnificence des hommes les plus prodigues. Il ne se baignait que dans les parfums chauffés ou rafraîchis. Il faisait fondre les perles les plus précieuses et les avalait. Il servait à ses convives des mets et des pains d'or, disant qu'il n'était permis qu'à César de n'être pas frugal. Pendant plusieurs jours, il s'était diverti à jeter au peuple, du haut de la basilique de Jules César, des pièces d'argent. Dans la construction de ses prétoires et de ses maisons de campagne, il ne cherchait que ce qui était impossible. Il coupait par des jetées des mers profondes et orageuses, perçait les roches les plus dures et exhaussait les vallées au niveau des montagnes. Aussi en moins d'un an avait-il dissipé les immenses trésors qu'avait amassés l'avare Tibère.

Le besoin d'argent stimula sa cruauté. Il battit monnaie d'abord avec les accusations; il augmenta les impôts, et se livra à toute sorte de trafics. Il fit vendre les équipements du cirque, les meubles de ses sœurs, ceux de la cour, obligeant les plus riches citoyens à surenchérir. Un jour qu'il présidait à une de ces ventes, il aperçut un citoyen qui sommeillait sur son banc et dont le front s'inclinait en cadence :

— Prends garde que cet ancien préteur, dit-il au crieur, te fait signe de la tête qu'il enchérit.

Il lui fit enfin adjuger à son insu pour neuf millions de sesterces [1] treize gladiateurs qui n'en valaient pas cent mille. Plus d'un, ruiné par de semblables marchés, n'eut d'autre ressource que de s'ouvrir les veines.

Caïus annula, comme entachés d'ingratitude, tous les testaments des officiers qui, depuis le commencement du règne de Tibère, n'avaient rien laissé ni à Tibère ni à lui. Il cassa également ceux des autres citoyens dès qu'un témoin affirmait que le testateur avait eu l'intention de léguer son héritage à l'empereur. La terreur se répandit. Beaucoup de personnes assignèrent à César le même rang que leurs amis ou leurs enfants. Caïus se plaignait alors qu'on se moquait de lui d'oser vivre encore après qu'on l'avait nommé son héritier, et il envoyait aux donateurs des gâteaux empoisonnés.

Il vendait effrontément la justice. Avant de monter à son tribunal, il fixait la somme qu'il voulait gagner; le chiffre atteint, il se levait. Il condamna un jour, par

---

[1] Environ 180,000 fr. de notre monnaie.

une seule sentence, quarante accusés dont les causes étaient toutes différentes. A son retour au palais, éveillant Césonie :

— Hein! lui dit-il, que de besogne j'ai fait pendant ta sieste !

Il imagina des impôts inconnus jusqu'à lui et les fit percevoir d'abord par les fermiers, puis, parce que le gain était immense, par les centurions et les tribuns de sa garde. Les comestibles qui se vendaient par toute la ville furent taxés. Les plaideurs, pour être jugés, durent payer le quarantième de la somme pour laquelle ils plaidaient, et toute conciliation était interdite. Il imposa jusqu'aux prostituées et les obligea à se faire inscrire sur un registre public. Enfin il n'y eut rien, homme ou chose, dont il ne tirât tribut.

Il établit dans son palais même une maison de débauche, et ne rougit d'aucune sorte de gain. C'était peu de jouer, il trompait et se parjurait sans scrupule pour gagner davantage. Un jour, cédant sa place à un de ses compagnons, il s'avança jusqu'à sa porte. Deux chevaliers fort riches passaient en ce moment. Caïus les fit saisir, confisqua leurs biens, et rentra triomphant, en se vantant de n'avoir jamais fait un si beau coup de dés.

Sa fille née, il se plaignit des charges que lui imposaient, non-seulement l'empire, mais aussi la paternité, et déclara qu'il recevrait les dons pour l'entretien et la dotation de la princesse. Il annonça aussi qu'il accepterait des étrennes le premier jour de janvier. Il se tint, en effet, cette journée-là dans son vestibule où il reçut les présents qu'une multitude de gens de toute classe versaient à pleines mains devant lui. Embrasé de la passion d'amasser, il marchait nu-pieds ou se roulait de tout son corps sur des monceaux d'or.

Les craintes que sut lui inspirer à propos le juif Apelles imposèrent silence à sa fureur. Il écrivit au gouverneur de Syrie, et, tout en louant sa prudence, il lui recommanda de ne point oublier sa statue, mais d'en presser l'exécution et de s'occuper, avant toute autre affaire, de la faire poser.

Quand le messager eut appris ces faits aux députés, ils restèrent muets et sans mouvement. Ils se retirèrent. D'autres messagers confirmèrent ces nouvelles. Ils apprirent aussi qu'Hérode Antipas et sa femme Hérodiade avaient péri misérablement en Espagne.

Peu de temps après, Hérode Agrippa, venu à Rome pour rendre grâces à César de l'agrandissement qu'il en avait reçu, se présenta devant l'empereur. Absent de ses États depuis plusieurs mois, il ignorait encore ce qui s'y était passé. Il vint donc sans inquiétude, la joie dans l'âme, le sourire et la flatterie sur les lèvres.

Aussitôt qu'il l'aperçut, Caïus fronça le sourcil et rembrunit son visage. Il jeta sur lui à plusieurs reprises des regards irrités. A peine semblait-il pouvoir maîtriser sa colère. Agrippa, étonné, ne savait à quoi attribuer ce triste accueil. Cependant, comme il connaissait l'empereur, il baissa les yeux et imprima à sa physionomie une expression de chagrin profond et de repentance.

— Mon courroux vous surprend, Agrippa, lui dit Caïus, et vous en cherchez la cause? Je vais vous l'apprendre. Vos sujets se distinguent de tous les autres peuples, et seuls ne reconnaissent point ma divinité. Ils veulent périr sans doute. J'ai ordonné qu'on me dédiât en leur temple une statue sous les traits de Jupiter. Ils s'y refusent; ils sont sortis des villes en grandes troupes, comme pour demander grâce, et en réalité pour se mettre en révolte.

Pendant qu'il lançait de sa voix la plus imposante les *foudres* de ses reproches, Agrippa devenait tour à tour pâle, rouge et sans couleur. Un frisson mortel fit trembler tous ses membres. Ses yeux se voilèrent; il chancela, et serait tombé, si on ne l'avait soutenu. On l'emporta inanimé à sa demeure.

Caïus ne s'apaisa point pour cela.

— Que dois-je attendre de ce peuple superstitieux, pensa-t-il, si Agrippa, que j'ai comblé de biens et qui m'aime depuis l'enfance, ne peut sans défaillir entendre un mot contre sa religion?

Apelles n'osa pendant plusieurs jours élever la voix en faveur de son pays. Il éprouva lui-même une sorte de disgrâce et fut obligé de subir l'insolence d'Hélicon qui triomphait et l'insultait.

Agrippa, reporté en sa maison, ne reprit connaissance que le lendemain à la fin du jour. Il se fit apporter du papier et écrivit:

« Hérode Agrippa, roi de Judée, à Caïus César, empereur très-grand et très-bon.

« Ta magnanimité me pardonnera le désespoir

où m'a plongé la vue de ta colère. La nature m'a fait juif : je suis né à Jérusalem, je ne puis me défendre de prendre part à tout ce qui touche ce malheureux peuple.

« La grâce que j'implore de toi n'est point un accroissement de puissance, ni les priviléges du citoyen romain, ni une exemption de tributs; c'est le droit de conserver notre temple et la religion de nos pères.

« Car il nous semble que notre culte est lié à ce temple, qui est d'autant plus saint à nos yeux que nous le savons vénéré même par les étrangers. Agrippa, gendre d'Auguste, en a admiré la beauté. L'empereur Tibère en a conservé le respect, et nous nous souvenons qu'il donna l'ordre à Pilate d'enlever des boucliers qu'il lui avait consacrés, quoiqu'ils ne portassent aucune image. Auguste avait autorisé les Juifs à se réunir dans leurs synagogues et à envoyer leurs offrandes à Jérusalem. Il a fondé lui-même en notre temple un sacrifice perpétuel d'une génisse et de deux taureaux par jour. Livie, son auguste épouse, a fait don à l'autel de coupes d'or et de vases précieux.

« Je me tairais néanmoins et j'adorerais ta volonté, si je n'avais reçu de ta munificence tant de faveurs. Mais après que tu m'as aimé dès mes premières années, que tu m'as paré du diadème, et que tu n'as point cessé d'ajouter à tes premiers bienfaits, si je n'obtiens pas grâce, on m'accusera de trahir mon peuple et de le sacrifier à ma fortune.

« Mais non, tu ne voudras point m'exposer à ces reproches. Celui que tu nommas ton ami ne vivra point odieux à ses concitoyens et déshonoré. Tu changeras nos craintes en bénédictions. Jérusalem n'est point seulement la capitale du royaume que je te dois, elle est la métropole du peuple entier, répandu sur tous les rivages de la terre, et si tu permets que je te fléchisse, ta clémence sera célébrée sous tous les cieux et dans toutes les contrées de l'univers. Adieu. »

Caïus, en lisant la lettre d'Agrippa, éprouva d'abord un nouvel accès de fureur. Apelles réussit pourtant à l'adoucir, et lui arracha, comme une grâce extraordinaire, l'ordre de ne rien changer à ce qui était établi dans le temple.

— Mais, ajouta-t-il, si, en dehors de Jérusalem, on m'érige des statues, des autels ou des temples, quiconque s'y opposera sera puni sur-le-champ.

Un moment après, Hélicon changea encore ses dispositions. Il fit fondre à Rome un colosse doré, qu'il se proposait d'envoyer et de faire secrètement dresser dans le temple.

— Enfin, demanda-t-il à Apelles, qui te semble plus grand de ton Dieu ou de moi ?

Apelles n'osant proférer un blasphème et craignant d'offenser l'empereur, hésita un moment et médita sa réponse. Caïus, furieux de le voir balancer, appela ses gardes, et le fit battre de verges malgré ses plaintes et ses prières.

— Je te fais compliment, ajouta-t-il ensuite. Ta voix est très-belle quand tu pleures.

Il donna enfin audience aux députés d'Alexandrie, dans les jardins de Mécène, près de Rome. Au seul aspect de son visage, les Juifs comprirent qu'ils avaient en lui un ennemi et non un juge. Philon et ses compagnons se prosternèrent à ses pieds en le saluant du nom d'Auguste.

— Ne sont-ce pas, dit l'empereur, les gens qui méprisent les dieux? Tandis que les autres peuples adorent mes statues, vous mettez, vous, au dessus de moi, je ne sais quelle divinité qui n'a point de nom?

Après avoir prononcé ces paroles d'un ton de moquerie amère, il leva ses longs bras vers le ciel et continua :

— Ils ont leurs raisons, sans doute, de ne pas nommer leur Dieu. Nous en faisons des jambons.

A cette plaisanterie, tous les courtisans et surtout les Égyptiens se mirent à rire.

— Oui, murmurèrent-ils, César est vraiment le roi des dieux. Il surpasse en esprit Minerve et Apollon.

Et ils battaient des mains et triomphaient. Caïus parut goûter leurs flatteries. Un des adulateurs ajouta :

— Ces impies sont ennemis de la majesté impériale, car Auguste ne connaît point leur malice. Jamais ils n'ont sacrifié ni fait de vœux pour la félicité de César.

A cette accusation, les Juifs pâlirent. Philon, tremblant, répondit :

— Nos ennemis en imposent et nous calomnient. Nous avons par trois fois immolé des hécatombes pour la prospérité de César, et après en avoir répandu le sang, nous avons fait consumer les victimes tout entières. Nous avons offert un premier holocauste à l'avènement de Caïus; nous en avons offert un autre pendant sa maladie, et un troisième pour demander sa victoire sur les Germains.

— Eh! interrompit Caïus, ce n'est pas à moi que vous avez sacrifié, mais à un autre dieu; quel fruit m'en revient-il?

Laissant alors les députés saisis d'horreur, il passa dans le palais, donnant des ordres pour la décoration et l'ameublement. Les Juifs le suivaient, montant, descendant après lui avec les courtisans qui les poussaient et se moquaient d'eux. Après avoir fait quelques prescriptions, l'empereur revint à eux et leur dit avec le plus grand sérieux :

— Pourquoi ne mangez-vous pas la chair du porc?

Les flatteurs recommencèrent à rire à ce bon mot.

— Seigneur, répondit Philon, chaque peuple a ses coutumes. Les Égyptiens qui nous accusent s'interdisent aussi beaucoup de choses qui sont permises en d'autres pays. Dans bien des provinces on ne mange pas l'agneau...

— Et avec raison, répliqua l'empereur : il n'a point de goût.

Après quelques nouvelles avanies, il revint à eux et leur demanda encore :

— Sur quoi fondez-vous ce droit de cité dont vous prétendez jouir à Alexandrie?

— Seigneur, il nous a été accordé par Jules César, consul, en récompense des services que notre nation lui rendit pendant son séjour en Égypte. Devenu dictateur, il confirma nos priviléges et les augmenta. Antoine...

— Tous ces diplômes, interrompit Caïus, sont vieux et périmés par le temps. Je l'ai déclaré par mes édits.

— Seigneur, ils nous ont été renouvelés depuis par...

Caïus leur tourna le dos et s'enfonça dans une vaste salle, en criant :

— Pourquoi n'a-t-on pas encore mis de vitres à ces fenêtres ? J'entends qu'on le fasse et qu'on se hâte !

Pendant qu'il parlait, les Juifs se rapprochèrent, et l'empereur, après avoir prescrit quelques dispositions, en se retournant, les retrouva devant lui.

— Nous disions donc, leur dit-il, que vos titres ont perdu leur valeur ?

— Seigneur, ils n'ont point cessé au contraire d'être respectés, jusqu'à ce que le gouverneur de l'Égypte, par un abus de l'autorité qu'il tient de vous...

Caligula se détourna pour la deuxième fois et courut dans un autre appartement où il fit placer des tableaux. Enfin il dit à ceux qui l'entouraient :

— Ces gens-là sont moins méchants que malheureux de ne point croire à ma divinité... Ordonnez-leur de se retirer.

Les députés s'éloignèrent avec désespoir. Mais Philon, qui avait plus d'âge et d'expérience que les autres, les consola.

— Espérons ! leur dit-il. Caïus nous menace ; Dieu nous défendra !

IV

LES PRÉTORIENS

Quelques jours après, la nouvelle se répandit que l'empereur avait péri. Mais on n'osa y croire ni s'en réjouir. On soupçonna Caïus d'en semer à dessein le bruit pour découvrir les sentiments des citoyens et avoir un prétexte à de nouvelles exécutions.

Cependant rien ne devait moins étonner. Les rapines, les extravagances et les fureurs de Caligula avaient fatigué l'infatigable servilité des Romains. Caïus avait blessé tous les ordres de la république, et avait amassé contre lui des trésors de haine qui couvaient en silence.

Il n'avait épargné aucune insulte au sénat qu'il accusait d'avoir favorisé la conspiration de Séjan contre Tibère. Il condamnait les patriciens sur les prétextes les plus frivoles. Modifiant le mot de Tibère, il s'écriait souvent :

— Qu'ils me haïssent, pourvu qu'ils craignent !

On assurait qu'il avait conçu l'exécrable projet de massacrer ce qu'il y avait de plus distingué parmi les citoyens. Il avait, disait-on, dressé la liste des victimes qu'il voulait frapper et rassemblé une immense provision de poison.

Il traita avec un égal mépris les magistrats revêtus des plus hautes dignités. Des consuls furent destitués pour avoir oublié l'anniversaire de sa naissance. Il distribuait les premières charges à ses flatteurs et se proposait même de nommer au consulat son cheval favori, Incitatus. En attendant cet honneur, l'animal était logé dans une écurie de marbre, mangeait dans une auge d'ivoire, portait des couvertures de pourpre et des colliers de perles, avait une suite, des gardes qui faisaient taire tout bruit autour de lui pendant qu'il dormait, et de la vaisselle d'or dans laquelle on servait délicatement les convives qu'on invitait en son nom.

Caïus n'avait pas ménagé davantage les chevaliers. Il blâmait leur passion pour le théâtre et le cirque, et les livrait en foule aux bêtes, aux bourreaux, au fer des gladiateurs.

Deux conspirations avaient été découvertes; d'autres étaient déjà formées et n'attendaient qu'une occasion pour éclater. L'empereur n'avait d'autre soutien que sa garde; car il avait mécontenté l'armée par sa ridicule expédition en Germanie.

L'idée de cette guerre lui était venue brusquement pendant qu'il visitait les bords du Clitumnus où l'on nourrissait de grands troupeaux de bœufs blancs pour les sacrifices. On lui parla d'enrôler des recrues pour sa garde batave. Tout à coup il appelle de tous côtés des légions et des auxiliaires, lève de nouveaux soldats avec une extrême rigueur, ramasse une quantité énorme de provisions de toute nature et part avec tant de précipitation que les cohortes prétoriennes sont obligées de faire porter, contre l'usage, leurs drapeaux devant elles à dos de mulet. Cette ardeur se relâche bientôt. Caïus se fait voiturer en litière, et, sur son passage, les villes ont ordre de balayer les routes et de jeter de l'eau sur la poussière.

Arrivé au camp, il affecte une folle sévérité. Il renvoie avec ignominie les commandants qui amènent leurs troupes un peu tard. Il passe l'armée en revue, casse la plupart des centurions qui sont d'un âge mûr et dont le temps de service doit finir dans quelques jours ; il allègue qu'ils sont trop vieux et incapables de tenir la campagne ; aux vétérans il reproche leur avidité et réduit leur prime.

Sur ces entrefaites, le fils du roi des Bretons, exilé par son père, se réfugie auprès des Romains. Caïus écrit aussitôt au sénat des lettres triomphantes, comme s'il avait conquis l'île entière des Bretons.

Ne sachant où porter la guerre, il tire de prison des captifs germains et les fait cacher au delà du Rhin. Puis, par son ordre, on vient à grand fracas lui annoncer, après dîner, que l'ennemi approche. Il s'élance à l'instant, avec ses amis et une partie de la cavalerie prétorienne, dans la forêt voisine. A défaut d'ennemis, on coupe les arbres, et avec ces trophées l'empereur rentre victorieux dans le camp, à la lumière des flambeaux.

Il gourmande la lenteur et la poltronnerie de ceux qui ne l'ont point suivi, et décerne à ceux qui ont partagé sa victoire des couronnes d'une nouvelle espèce où étaient représentés le soleil, la lune et les étoiles.

Une autre fois il fait enlever des ôtages d'une école où on les élevait, les envoie en avant, puis sortant

brusquement de table, il les poursuit comme des fugitifs, les reprend, et, passant encore les bornes de la plaisanterie, les ramène chargés de fers. Il se remet à
souper. Un moment après, les officiers viennent lui dire
que l'armée est rassemblée et prête à marcher. Il les
fait asseoir tout cuirassés à sa table en leur répétant
un vers très-connu.

— Courage, mes amis; vivez pour la prospérité à venir.

Il publia un édit où il reprochait amèrement au sénat et au peuple romain de se livrer à la bonne chère
et aux divertissements pendant que César combattait et
bravait tant de dangers.

Cependant le sénat lui avait envoyé pour le féliciter
Claude, son oncle, le seul de ses parents qu'il eût laissé
vivre. Caïus s'imagina qu'on se moquait de lui, et tournant sa colère sur le messager, il le fit jeter tout
habillé dans le Rhin, où le malheureux faillit se noyer.

Enfin, sans avoir communiqué à personne le plan de
guerre qu'il méditait, l'empereur s'avance vers l'Océan
avec force machines et balistes. Là, il ordonne aux légionnaires de ramasser des coquillages et d'en remplir
leurs casques et leur sein, ajoutant que le Capitole et le
palais de César ont droit à ces dépouilles de l'Océan.
En souvenir de cette victoire sur les flots, il érigea une
très-haute tour, au sommet de laquelle il posa un phare;
et, pour récompenser la valeur de ses soldats il leur ac-
corda une gratification de cent deniers [1] par homme.

---

[1] Le denier valait quatre sesterces; le sesterce quatre as; l'as,
d'Auguste à Domitien, valut à peu près quatre centimes trois
quarts. Cent deniers faisaient donc soixante-douze francs de notre
monnaie, environ.

— Partez contents, leur dit-il, et riches désormais.

Pour orner le triomphe qu'il s'était décerné après tant d'exploits, outre les prisonniers et les transfuges, il choisit, parmi la noblesse des Gaules, les hommes qui pouvaient par leur taille paraître avec plus d'avantage auprès de son char. Il les força de se teindre les cheveux en roux, d'apprendre la langue germanique et de porter des noms barbares.

Pendant qu'il s'occupait de ces soins, un jour qu'il passait en char, dans un défilé au milieu de ses troupes, quelqu'un fit cette réflexion que si l'ennemi venait à paraître, on n'aurait pas peu d'embarras. Aussitôt, saisi d'épouvante, le valeureux Caïus monte à cheval, retourne au fleuve, et comme les ponts étaient encombrés par les bagages, impatient, il veut qu'on le porte au bout des bras par-dessus les têtes. Bientôt apprenant que la Germanie s'est révoltée, il ne songe plus qu'à fuir en Italie, et, s'il le faut, jusqu'en Orient.

Avant de quitter la province, il forme encore le dessein de massacrer les légions qui se sont révoltées à la mort d'Auguste et l'ont tenu assiégé avec son père Germanicus, qu'elles voulaient créer empereur malgré lui. Dissuadé à grand peine de cette atrocité, il persiste à vouloir les décimer. Il les assemble sans armes, leur fait quitter jusqu'à leurs épées et les fait envelopper par sa cavalerie. Mais, dès qu'il vit que les soldats soupçonnant son projet reprenaient leurs armes, il s'enfuit et regagna Rome, déchaînant toute sa rage contre les sénateurs pour les détourner de la pensée de sa honte.

En chemin il rencontra leurs députés qui venaient au devant de lui et le pressaient de hâter son retour.

— J'irai, répliqua-t-il à haute voix et en frappant à plusieurs reprises sur la garde de son glaive, oui, j'irai, et celui-ci avec moi.

Il déclara par un édit qu'il ne revenait que pour ceux qui désiraient son retour, pour les chevaliers et le peuple; mais que le sénat n'aurait plus en lui ni un prince, ni un citoyen. Il défendit à tous les sénateurs de sortir à sa rencontre.

Ainsi haï de tous, son pouvoir n'était plus soutenu que par ses prétoriens.

Depuis que Tibère les avait réunis autour de son palais, ces barbares étaient devenus dans l'État une puissance nouvelle qui le dominait. C'est par eux que Tibère et Caligula avaient pu noyer Rome dans le sang. Ministres serviles et aveugles des passions des Césars, ils faisaient tout trembler. Mais cette expérience de leur force enflamma leur audace, et bientôt ils osèrent contre César ce qu'ils avaient pu oser si longtemps pour lui contre les autres.

Deux tribuns de la garde, Sabinus et Chéréas, avaient été nommés dans une conspiration. Quoiqu'ils n'y eussent point trempé, ils sentaient qu'ils étaient devenus suspects et odieux. Caïus les avait aussitôt pris à part, et, tenant son épée nue, avait juré qu'il périrait de sa propre main, s'il leur paraissait digne de la mort. Depuis il ne cessait de les accuser l'un auprès de l'autre pour tâcher de les brouiller.

Le contraire arriva. Ils s'entendirent ensemble et avec les plus puissants des affranchis. Caïus insultait chaque jour Chéréas, en lui reprochant ses mœurs molles et dissolues. Pour mot d'ordre, il ne lui donnait que *Priape* ou *Vénus* ; il ne lui offrait sa main à baiser qu'avec un geste obscène. Chéréas réclama dans la conjuration le premier rôle.

Des présages nombreux excitèrent les défiances de Caligula. Un astrologue lui assura que sa mort était proche. On joua devant lui la tragédie à laquelle avait assisté Philippe de Macédoine lorsqu'il fut assassiné en sortant du théâtre. L'oracle d'Antium alla même jusqu'à lui nommer son meurtrier, en lui disant de se défier de Cassius. Caligula envoya aussitôt l'ordre de tuer Cassius Longinus, alors proconsul en Asie, oubliant que Chéréas s'appelait aussi Cassius.

Vers la septième heure du jour, après avoir délibéré s'il se lèverait pour dîner, car il se sentait encore l'estomac chargé des excès de la veille, l'empereur céda aux sollicitations de ses amis. Comme il avait le goût du théâtre, (il se faisait tour à tour chanteur, écuyer, gladiateur ou baladin), il sortit pour surveiller les répétitions d'une troupe de jeunes gens appartenant à de nobles familles d'Asie, qui s'exerçaient dans une crypte. Il s'y arrêta pour les haranguer.

Les conjurés avaient eu soin de faire écarter la foule par les centurions qui étaient du complot. Chéréas s'approcha de lui et le frappa par derrière en lui disant :

— Joue ce rôle.

Sabinus, à son tour, lui passa son épée au travers de la poitrine.

D'après une autre version, Chéréas serait venu lui demander le mot d'ordre, et comme l'empereur lui donnait *Jupiter*, le tribun lui aurait répliqué :

« Subis sa colère ! » et lui aurait fendu la mâchoire d'un seul coup, pendant qu'il se retournait.

Quoi qu'il en soit, Caïus abattu ramassait ses membres et murmurait qu'il vivait encore. On le perça de trente coups. On égorgea ensuite Césonie, sa femme, et, prenant sa fille, on l'écrasa contre la muraille.

Au premier bruit, les porteurs de l'empereur étaient accourus à son secours avec leurs bâtons. Les meurtriers leur dirent que l'empereur s'était donné la mort à la nouvelle d'une grande bataille qu'il venait de perdre. Puis les Germains de la garde entrèrent aussi et massacrèrent quelques-uns des conjurés et même plusieurs sénateurs innocents.

Au milieu du tumulte, Claude, épouvanté, s'était traîné dans une galerie et caché derrière les tentures qui recouvraient une porte. Un soldat qui courait au hasard aperçut ses pieds, et, voulant savoir qui il était, le tira de la tapisserie. Pendant que Claude se jette à genoux en demandant grâce, le soldat le relève, le salue empereur et le mène à ses compagnons, qui hésitaient et frémissaient encore. Les prétoriens placent le nouveau César dans une litière et le portent sur leurs épaules jusque dans leur camp.

Le peuple, en le voyant passer abattu et tremblant, s'apitoyait sur le sort de cet innocent, qu'il croyait conduit au supplice.

Introduit dans le camp, Claude y passa la nuit avec les sentinelles. Il se laissa peu à peu aller à la confiance, plutôt qu'à l'espoir. Les consuls s'étaient emparés du Capitole, avec le Sénat et les cohortes urbaines, résolus à rétablir l'ancienne liberté. Claude lui-même fut sommé par les tribuns du peuple de s'y rendre pour donner son avis. Il répondit qu'il était retenu par la force.

Hérode Agrippa était encore à Rome. A la nouvelle du meurtre, il accourut au palais, transporta le corps de Caligula dans les jardins de Lamia, l'y brûla à la hâte, et, sans attendre qu'il fut entièrement consumé, l'ensevelit sous le gazon.

De là, il passa dans le camp auprès de Claude, qu'il décida à conserver l'empire. Animé par ses conseils, le nouvel empereur assemble les prétoriens, reçoit leurs serments et leur promet quinze mille sesterces par tête, achetant ainsi leur fidélité à prix d'argent.

Hérode Agrippa, mandé au Sénat, rentre furtivement chez lui ; il peigne ses cheveux, parfume sa barbe, et, paré comme au sortir d'un festin, se rend à la curie. Il ne savait rien, il n'avait rien vu, rien entendu. On l'instruit de ce qui s'est passé ; on le prie de découvrir ce qu'il pense.

Le prince juif savait que le premier élan du Sénat s'était déjà refroidi, et que la discorde affaiblissait les partisans de la liberté. Il avait, en passant, entendu la multitude attroupée demander un seul maître et le nommer déjà.

Il protesta de son dévouement aux intérêts du Sénat, pour lequel il était prêt à donner sa vie. Ce dévouement lui faisait une loi de chercher ce qui était avantageux au Sénat. Or, Claude avait l'appui des prétoriens ; que pouvait-on lui opposer ? Les gardes urbaines, les esclaves, soldats novices, soutiendraient-ils la lutte ? D'ailleurs Claude, le frère de Germanicus, était un prince doux et clément ; il rendrait à Rome la félicité du règne d'Auguste. Le discours d'Hérode emporta la balance et le Sénat reconnut Claude.

En récompense de ce service, Hérode reçut de l'empereur les ornements consulaires et le reste des états dont se composait autrefois le royaume de Judée. Claude publia en outre plusieurs édits en faveur des Juifs, non-seulement d'Alexandrie, mais encore des autres villes de l'empire.

V

L'APOTHÉOSE D'HÉRODE

Après le martyre de saint Étienne, Jacques, fils de Zébédée et frère de saint Jean l'évangéliste, s'était embarqué. Le vent l'avait poussé en Espagne. Il y avait annoncé l'avènement du royaume de Dieu.

Le temps n'était pas encore venu. Ses sœurs arrosèrent sans fruit un sol ingrat. La parole divine n'y germa point.

Il s'en plaignit au Seigneur, et un jour qu'il s'était retiré dans un lieu solitaire pour s'affliger et prier, une voix familière à ses oreilles lui parla.

« Essuie tes larmes et console-toi. Quand le blé est jeté dans la terre, ne faut-il pas attendre qu'il s'y décompose avant de pousser une tige ? La semence que tu as déposée au sein de ces peuples ne sera point perdue. Après le temps de sa germination, elle croîtra et couvrira tout le pays. Mais tes yeux n'en verront point les fruits. Retourne en Judée. Le roi Hérode t'attend pour te payer la récompense qui t'est due, la palme d'Étienne. »

L'apôtre, plein de joie, leva les yeux et les bras vers les cieux. Il aperçut au faîte d'une colonne, dans un nuage ardent, la figure étincelante de la Vierge Marie. A sa joie se mêla une pensée de deuil, parce qu'il craignit que la Mère de Jésus n'eût déjà quitté la terre.

Après avoir béni Dieu, il imposa les mains au petit nombre des disciples qu'il avait faits, et, leur laissant le soin de conduire la charrue, il repartit.

Il courut d'abord à la maison de Jean, son frère, l'hôte et le gardien de la Mère de Jésus. Marie lui assura de nouveau que l'heure de son martyre était proche, et qu'il la précéderait dans les vestibules du ciel.

On lui apprit ensuite ce qui s'était passé en son absence, les progrès qu'avait faits l'Évangile, et comment le jeune pharisien qui poursuivait les chrétiens avec tant de fureur, Saül, après avoir pris une si grande part à la mort du diacre Étienne, terrassé sur la route de Damas par l'ange du Seigneur, de persécuteur acharné était devenu ardent apôtre.

Pierre lui raconta ses saints labeurs, son voyage à Rome, d'où il revenait, et tous étant réunis ensemble, se réjouissaient, louaient Dieu et s'animaient à de nouveaux combats.

Jacques recommença ensuite ses prédications ; il emplit Jérusalem et tous les pays voisins des louanges de Jésus. Sur cette terre où le vent n'avait pas encore effacé l'empreinte des pieds de l'Homme-Dieu, où les échos avaient conservé encore le son de ses paroles, où des milliers de témoins pouvaient se lever et attester ses miracles, la semence sainte ne se perdait point. Les peuples, en écoutant, reconnaissaient la vérité, et, émerveillés surtout du miracle qui avait transformé les prédicateurs eux-mêmes, s'écriaient :

— Ne sont-ce point là ces artisans que nous avons connus simples, ignorants, timides ? Qui donc en a fait d'éloquents et intrépides confesseurs ?

Or, les plus implacables ennemis de l'Église de Jésus étaient les pharisiens. Cette secte orgueilleuse, riche, instruite, puissante, comprenait que la morale du Fils de David devait consommer sa ruine. En effet, les pharisiens mettaient la suprême perfection dans l'accomplissement littéral des commandements, et dans l'observance des prescriptions extérieures. Le Christ, en abrogeant les antiques cérémonies, avait anéanti toutes leurs vertus. D'ailleurs, outre les reproches qu'il avait adressés à leur hypocrisie, à leur arrogance, à leur dureté, ils se sentaient couverts de son sang, et, après l'avoir persécuté pendant sa vie mortelle, ils le persécutaient encore dans ses disciples.

Ce qui les irritait surtout, c'étaient les défections qui se multipliaient dans leurs rangs. Les plus vertueux d'entre eux se levaient chaque jour de l'ombre de l'ancienne loi et passaient à la lumière de l'Évangile.

Outre ceux qui s'étaient attachés à Jésus même, un grand nombre d'autres avaient été gagnés par les apôtres. Gamaliel les favorisait ouvertement et avait pris leur défense devant le sanhédrin assemblé. On disait même que Philon, le plus savant des Juifs de son temps, avait entendu Pierre et embrassé sa doctrine.

Les nouveaux succès de Jacques déplurent surtout à Hermogène, qui tenait une école de philosophie. Il envoya à l'apôtre son disciple Philotas, pour le provoquer à une discussion publique, dans laquelle il espérait le vaincre. Or, Philotas disputa si bien, qu'il abandonna son maître et s'attacha à ce même Jacques qu'il voulait confondre.

A cette nouvelle, Hermogène entre en fureur ; il maudit son disciple, et, désespérant de le ramener, il s'arme contre lui des secrets de la cabale et de toute la puissance de la magie. Mais les prières de saint Jacques paralysèrent ses mauvais desseins, et l'ange, allant au delà des vœux de l'apôtre, livra Hermogène aux démons qu'il évoquait, et le frappa des maux qu'il appelait sur la tête de son adversaire.

Le pharisien alors rentra en lui-même. Il reconnut sa faute, et s'en repentit. Il se fit porter aux pieds de saint Jacques et le supplia de lui pardonner.

L'Apôtre appela Philotas et lui dit :

— Le mal que ton maître a voulu nous faire est retombé sur sa tête ; mais Jésus nous a ordonné de rendre le bien pour le mal : Guéris-le.

Philotas pria, et Hermogène fut guéri. Jacques reprit :

— Tu es libre ; lève-toi, car la vengeance nous est interdite.

— Non, répondit Hermogène ; je suis guéri, mais non libre. En me déliant de mes péchés, tu m'as lié au Dieu que tu prêches. Baptise moi en son nom, car je crois en lui.

La conversion d'Hermogène et le zèle qu'il mit à son tour dans la prédication de l'Évangile portèrent à son comble la fureur des pharisiens. Un jour, pendant que Jacques annonçait au peuple la parole de vie, ils excitèrent du tumulte, saisirent l'apôtre et le conduisirent, chargé de fers, à Hérode, en l'accusant de souffler la discorde et de pousser à la sédition.

Agrippa recherchait ambitieusement la faveur des Juifs. Il voulait s'affermir sur le trône qu'avait fondé le vieil Hérode, son aïeul. Or, il savait qu'il était de race iduméenne, et que Moïse avait défendu aux Hébreux d'obéir à un prince étranger. Un jour qu'on avait lu en sa présence le passage de la Bible où se trouvait cette loi, il avait fondu en larmes, et s'était retiré le cœur plein d'affliction.

Il fut donc ravi d'avoir occasion de leur complaire; il n'écouta l'accusé que pour faire mieux éclater son injuste partialité et le condamna à mourir.

Pendant qu'on menait l'apôtre au lieu des exécutions, le scribe qui l'avait accusé devant le roi, frappé de la constance du martyr, s'écria qu'il avait menti contre lui et que le condamné était saint. Il se prosterna à ses pieds en lui demandant pardon à haute voix. Saint Jacques s'arrêta, le releva, l'embrassa, et lui dit :

— La paix soit avec toi.

Ils périrent tous les deux par le glaive.

Les félicitations que lui prodiguèrent les pharisiens pour cette iniquité firent croire à Hérode qu'il deviendrait l'idole des Juifs, s'il détruisait les chrétiens. Il chercha aussitôt de nouvelles victimes.

Pierre était le chef de l'Église. Hérode aposta des soldats pour le saisir. Or, on était aux jours des azymes.

Hérode fit donc saisir Pierre, le mit en prison et le donna à garder à quatre escouades de quatre soldats chacune, voulant, après la Pâque, le produire devant le peuple.

Pierre était donc gardé en prison. Or, l'Église faisait sans relâche des prières à Dieu pour lui.

Et comme Hérode allait le produire au peuple, pendant la nuit même, Pierre dormait, lié de deux chaînes, entre deux soldats, et, devant la porte, des sentinelles gardaient la prison.

Et voici que l'ange du Seigneur se dressa près de lui, et une lumière brilla dans le réduit.

L'ange poussa Pierre par le côté et l'éveilla, en disant :

« Lève-toi vite. »

Et les chaînes tombèrent de ses mains.

Et l'ange lui dit :

« Mets ta ceinture et chausse-toi de tes sandales. »

Pierre le fit. L'ange lui dit encore :

« Enveloppe-toi de ton vêtement et suis-moi. »

Et Pierre sortant le suivait, et il ne savait pas que ce qu'il faisait par la puissance de l'ange était réel; il croyait n'avoir qu'une vision.

Or, traversant la première et la seconde garde, ils arrivèrent à la porte de fer qui donne passage vers la ville; cette porte s'ouvrit à eux, et ils s'avancèrent en un faubourg et aussitôt l'ange se sépara de lui.

Et Pierre, revenu à lui, dit :

« Maintenant, je sais vraiment que le Seigneur a envoyé son ange et m'a arraché des mains d'Hérode et à toute l'attente du peuple juif. »

Il vint à la maison de Marie, mère de Jean, qui était surnommé Marc, où beaucoup de fidèles étaient rassemblés et en prières. Or, comme il frappait à la porte d'entrée, une jeune fille du nom de Rhode s'avança pour écouter. Et dès qu'elle reconnut la voix de Pierre, de joie elle n'ouvrit pas la porte, mais, courant à l'intérieur, elle annonça que Pierre était là, devant la porte. Et ils lui dirent; « Tu es folle ! » Mais elle assurait qu'il en était ainsi. Et ils disaient :

— C'est son ange.

Mais Pierre continuait à heurter. Et lorsqu'ils eurent ouvert, ils le virent et furent saisis d'étonnement.

Et Pierre leur faisant, avec la main, signe de se taire, leur raconta comment le Seigneur l'avait fait sortir de prison, et ajouta :

— Annoncez cela à Jacques et aux frères.

Puis il sortit et s'en alla dans un autre lieu.

Or, le jour étant venu, le trouble n'était pas médiocre parmi les soldats qui ne savaient ce qu'il était advenu de Pierre. Et Hérode, après l'avoir fait chercher sans le découvrir, mit les gardes à la question, et le fit conduire au supplice.

Malheur à ceux qui lèvent contre l'Église de Dieu une main sacrilége !

Hérode était au faîte de la prospérité, comblé de tous les dons de la fortune; sa royauté, bâtie sur la faveur de César et sur l'affection du peuple, semblait inébranlable.

Entouré d'une cour magnifique, il déployait le faste et l'éclat des monarques orientaux. Cependant, c'est au milieu de cette splendeur que la justice divine allait le frapper.

Il était descendu à Césarée et s'y était arrêté. Les Tyriens et les Sidoniens, qui l'avaient offensé, s'y rendirent aussi pour lui demander la paix ; et ils gagnèrent d'abord Blastus, qui était préposé à la chambre du roi.

La veille du jour qu'il devait leur donner audience,

pendant qu'Hérode était dans ses jardins, un oiseau voltigea avec un lugubre battement d'ailes au dessus de sa tête. Il leva les yeux et vit un hibou, et la tristesse entra dans son cœur, et il baissa le front avec amertume, pouvant à peine retenir ses larmes.

Blastus s'approcha de lui et le pressa de lui dire pourquoi il s'affligeait.

— Hélas! répondit Agrippa, n'est-il pas cruel de mourir en ce moment!

— Seigneur, éloignez de votre esprit une vaine crainte; Dieu n'est pas à ce point irrité contre vous.

— Je n'ai plus que cinq jours à vivre! Ce hibou m'en avertit.

— Seigneur, la science des augures est incertaine, et le plus habile se trompe souvent.

— Non; celui qui m'a fait cette prédiction ne m'a point trompé, et la première partie s'en est déjà accomplie.

— N'importe; je n'y croirai pas.

— J'étais retenu en prison par l'ordre de Tibère, quand un pareil hibou est passé par cinq fois au dessus de moi. Le devin Thrasylle m'assura que je n'avais plus que cinq jours à passer dans les chaînes, et que le sixième je serais élevé à un rang plus haut que je n'osais espérer. Il ajouta que je mourrais dans ma puissance et que le temps m'en serait marqué par la vue d'un autre hibou...

Le lendemain, le persécuteur de l'Église ne se rendit pas moins au théâtre, revêtu de sa magnificence royale, et il s'assit sur un trône. Les rayons du soleil faisaient resplendir son manteau filé d'or et prêtaient à ses ornements une splendeur qui éblouissait tous les yeux.

Il harangua. Ses courtisans et le peuple entier crièrent ensemble dans une admiration unanime :

— Ce n'est pas la voix d'un homme, c'est la voix d'un dieu !

Hérode sourit à ces acclamations. Et aussitôt l'ange du Seigneur le frappa.

— Voilà, dit-il avec désespoir à ses flatteurs, voilà votre dieu qui périt.

Il expira, en effet, cinq jours après, dévoré par les vers.

III. — LA PREMIÈRE MARTYRE [1]

I

Quand même le rang et la fortune de sa famille n'auraient pas attiré sur Thécla les regards de toute la ville, sa beauté seule et son esprit l'auraient rendue l'admiration de tous les jeunes gens d'Icone.

L'étude avait orné de tous ses fruits l'intelligence qu'elle avait reçue de la nature. Des maîtres habiles lui avaient enseigné la philosophie grecque; et de tout ce que les sciences pouvaient apprendre alors, elle n'ignorait rien.

Aussi sa conversation étonnait et ravissait tous ceux qui l'entendaient. Cependant, la hardiesse de ses idées effrayait quelquefois sa mère; car, devant les étrangers, la modestie retenait ses paroles. Sa pensée ne pouvait se renfermer dans la sphère des opinions communes. Elle franchissait les limites tracées autour d'elle et pénétrait loin au delà de ce qu'on lui enseignait.

Elle avait l'âme sensible et portée à la piété; mais par une contradiction inexplicable, elle méprisait la reli-

[1] Saints Augustin, Épiphane, Basile, Méthode, etc.

gion et laissait parfois éclater contre les dieux un dédain si amer qu'on l'aurait prise pour une ennemie de
la Divinité. Son cœur était droit, et elle aimait la vertu,
et cependant elle se déchaînait sans cesse contre la théo-
logie olympienne, et faisait ouvertement raillerie de
tout ce que le paganisme considérait comme sacré.

Elle n'adorait point les idoles, elle suivait malgré elle
ses parents dans les temples, et avait peine à y dissi-
muler son dégoût. Elle traitait les prêtres d'imposteurs,
les augures de fourbes et appelait abominations les mystères et les cérémonies du culte.

— Pourtant, lui disait sa mère, il est des dieux, et
sous quelque figure qu'on se les représente, il faut reconnaître leur existence.

Thécla ne répondait à sa mère qu'en se moquant des
croyances populaires.

Il y avait à Icone un certain nombre de Juifs. Ils
avaient bâti une synagogue et s'y rassemblaient les
jours du sabbat pour lire la loi. Plusieurs rabbins s'y
étaient acquis de la réputation par leur éloquence et
beaucoup de gentils y venaient pour les entendre.

Clazonée, la mère de Thécla, s'y rendit avec d'autres
femmes ; Thécla l'y accompagna et y reçut la connaissance des doctrines bibliques. Elle en admira la pureté.
La tradition d'un seul Dieu ne la surprit point. Elle
s'y était déjà élevée par le seul effort de sa pensée. Elle
prêta donc une oreille avide aux enseignements des
maîtres juifs et se fit instruire de toute leur religion.

Elle atteignait sa dix-septième année. Les jeunes
gens des plus illustres familles s'empressaient autour

d'elle et se disputaient la gloire de lui plaire. Leurs hommages ni leurs flatteries ne la touchaient point. Elle les recevait avec un fier dédain, et aucun d'eux ne sut trouver le chemin de son cœur.

Néanmoins, comme ses parents blâmaient son indifférence et la pressaient de choisir un époux, elle ne résista point à leurs volontés et permit qu'on la fiançât à Lycaon, le plus riche et le plus noble de tous.

Elle ne fit aucune difficulté de se parer; elle avait toujours idolâtré la parure, et la vanité, malgré tout son esprit, régnait sur elle. Dans les fêtes qui lui furent données, elle se montra éblouissante de luxe, de jeunesse et de beauté.

Or, pendant qu'on attendait l'époque fixée pour la célébration de ses noces, il arriva dans la ville deux étrangers, qui venaient d'Antioche, d'où ils avaient été chassés par la sédition. Ils entrèrent dans la synagogue le jour du sabbat, et prirent place sur les bancs au milieu du peuple.

Après la lecture de la loi et des prophètes, les princes de la synagogue leur envoyèrent dire:

— Frères, si vous désirez adresser au peuple quelques mots d'exhortation, parlez.

Aussitôt celui des deux qui paraissait le maître se leva et demanda le silence par un geste de la main.

Il rappela les principaux miracles que Dieu avait opérés dans le cours des siècles en faveur du peuple hébreu, et les prophéties qui annonçaient le plus clairement le Messie. Puis il raconta en peu de paroles la vie et la mort du Sauveur Jésus, et montra comment les promesses des saintes Écritures se trouvaient accomplies en lui. Toute la génération qui habitait la Judée pouvait rendre témoignage de la vérité des événements qu'il racontait.

Pour lui, il avait d'abord méconnu les signes et renié le caractère du Christ. Il avait méprisé ceux qui les premiers avaient cru en lui. Il les haïssait au point que leur nom seul le mettait en fureur. Il les avait poursuivis avec acharnement, livrés aux magistrats, jetés en prison et lapidés. Mais, vaincu par la puissance de Jésus, il avait cédé, et adoré ce qu'il avait jusque-là blasphémé.

Depuis, il ne pouvait plus demeurer en repos ni se taire. L'Esprit le poussait, et il passait les mers et les montagnes pour proclamer parmi les nations la religion qu'il avait voulu étouffer dans son berceau.

Car c'était une religion nouvelle qu'il apportait, fille de la religion juive, mais plus pure et plus parfaite. Il expliqua avec une éloquente simplicité la doctrine révélée par le Christ, et en fit ressortir la sublimité et la divine profondeur.

Ses paroles remuèrent toute l'assemblée, et une grande multitude de Juifs et de Gentils embrassèrent sur-le-champ la foi qu'il annonçait.

Personne pourtant n'en fut touché aussi vivement que Thécla. Elle trouvait enfin dans le discours de l'étranger la vérité qu'elle avait entrevue, la réalisation de l'idéal qu'elle poursuivait et qui se dérobait à elle. L'enthousiasme la saisit, et dès ce jour-là elle fut chrétienne.

Elle fit venir les étrangers en la maison de son père, afin de les interroger et de se faire enseigner plus à fond la religion qu'ils prêchaient. Ils se rendirent à son invitation. Elle leur offrit à manger et de l'argent. Ils refusèrent, parce qu'ils travaillaient de leurs mains et vivaient de ce qu'ils gagnaient. Ils ne recevaient aucun salaire pour leurs leçons, parce que, en répandant le nom et le culte de leur maître, ils obéissaient à ses ordres, et qu'ils attendaient une riche récompense après cette vie.

Leur langage étonna la jeune fille et redoubla son admiration. Elle avait bien entendu parler de l'immortalité de l'âme et d'une vie future, mais jamais elle ne les avait ouï affirmer avec tant de confiance. Quel philosophe, fût-ce même Pythagore ou Platon, aurait consenti à remettre après sa mort le paiement de ce qui lui était dû?

Les Apôtres avaient encore sur les chefs d'école une autre supériorité. Ce n'était pas en effet pour acquérir de la réputation et s'illustrer qu'ils s'imposaient de longs voyages, qu'ils souffraient la fatigue, la pauvreté, les affronts même. Hérauts de la gloire de leur maître, c'est le nom de Jésus qu'ils publiaient, et ils n'attendaient rien pour eux-mêmes. C'est à Jésus qu'ils rapportaient toute la sagesse de leurs enseignements, et ils bornaient toute leur ambition à les redire avec franchise, taisant même leur propre nom.

Mais quel était donc ce maître qui inspirait à ses disciples un dévouement si absolu et une si pleine abnégation? Était-ce un prince environné de puissance et capable de payer avec largesse tous leurs efforts? Non. Il avait été pauvre, et pour tout salaire il leur avait promis le dédain, les injures, les persécutions et la mort. Et la méchanceté et l'endurcissement des hommes ne les rendaient que trop fidèles à remplir ces dures promesses.

Cependant rien ne refroidissait le zèle de ses disciples, et jamais l'espoir des honneurs et des récompenses n'avait porté les amis des rois à tant de sacrifices.

Cette affection désintéressée était un grand sujet d'admiration. Les vraies amitiés avaient été rares. Mais celles que l'on célébrait, toujours renfermées dans les limites de la vie, avaient expiré au seuil du tombeau; on ne les avait jamais vues s'obstiner contre la mort, et s'attacher aussi vives et aussi puissantes à une vaine cendre et à une ombre.

Or c'était la mort de Jésus qui avait scellé et confirmé, dans le cœur de ses disciples, l'amour qu'ils avaient pour lui. Timides auparavant et chancelants dans leur amitié, le supplice de leur maître leur avait donné l'assurance et l'intrépidité. C'est depuis ce moment qu'ils l'avaient loué et confessé à haute voix en face de ses ennemis et de ses bourreaux, et qu'ils répandaient avec joie leur sang pour lui.

Et ce qui était plus extraordinaire, c'est que Jésus n'avait pas communiqué cet enthousiasme seulement à ceux qui l'avaient connu et qui avaient vécu familièrement avec lui. Paul qui n'avait point vu le Christ, et beaucoup d'autres, venus après sa mort, avaient pour lui le même zèle et le même amour.

Toutes ces réflexions frappèrent vivement l'esprit de

Thécla et la disposèrent à recevoir la parole divine. Mais quand saint Paul lui en eut expliqué les dogmes sublimes et la sainte morale, elle s'écria avec l'élan d'une foi ardente qu'elle adorait le Christ, et qu'elle n'aurait jamais d'autre Dieu que lui.

II

Il s'était opéré dans la conduite de Thécla un grand changement. Autant elle avait été amie de la parure et fière de sa beauté, autant elle était devenue simple et humble. Elle ne cherchait plus comme autrefois à faire briller son esprit, elle se faisait au contraire une étude de le cacher. Son front s'était dépouillé de cette hauteur dont il était armé. La douceur siégeait à présent dans ses traits, et ses lèvres avaient quitté leurs plis dédaigneux pour se parer d'un affable et éternel sourire.

Les fêtes, où elle se plaisait autrefois à triompher, n'avaient plus d'attrait pour elle. Autant qu'elle le pouvait, elle fuyait les assemblées. Au luxe et à la magnificence, elle préférait à présent les vêtements les plus simples. Au lieu du regard hardi qu'elle avait, chaque fois qu'elle était en public, elle baissait les yeux avec modestie, et ne marchait que d'un pas grave, couverte d'un voile épais et en silence.

Bonne et indulgente pour tous, elle s'appliquait surtout à exercer la bienfaisance envers les malheureux. Si elle rencontrait un pauvre sur sa route, elle s'arrêtait pour lui parler et lui faire l'aumône. Elle évitait au contraire les jeunes gens qui s'approchaient d'elle pour la saluer, et se dérobait à leurs compliments.

Elle refusa d'accompagner désormais ses parents dans les temples païens et de manger aucune viande immolée aux idoles; elle mit encore moins de retenue qu'auparavant en parlant des faux dieux et affecta pour eux non plus seulement du mépris, mais aussi de la haine.

Mais ce fut surtout dans l'intérieur de la maison qu'éclata la transformation de ses idées. Sérieuse et mûre dans l'âge de la frivolité et de la folie, elle ne riait plus. Sa bouche, toujours pleine autrefois de chansons et de joie, ne s'ouvrait plus que pour prononcer des paroles graves. Elle avait suspendu sa harpe et la laissait couvrir de poussière. Elle ne se servait plus de fleurs ni de parfums, même dans les banquets, et s'excusait avec modestie quand on la priait de chanter.

Indifférente au luxe de la table, elle mesurait sa nourriture aux besoins de son corps. Elle ne faisait le plus souvent qu'un seul repas. Aux mets les plus délicats elle préférait le poisson, les légumes et les fruits les plus communs. Elle ne s'abstenait point de vin, mais elle en buvait peu et n'usait de l'eau même qu'avec sobriété. Elle se retirait le soir, aussitôt qu'elle le pouvait, dans sa chambre, et s'y enfermait pour rendre grâces à Dieu. Elle avait fait ôter de sa couche tout ce qui la rendait trop molle et n'y passait que le moins de temps possible. Sa mère l'entendait même se relever plusieurs fois pendant la nuit, et jamais durant le jour elle ne se laissait aller au sommeil.

Clazonée, au commencement, ne la contraria point ; elle n'attribuait ce changement qu'à un caprice que le temps devait détruire. Mais Lycaon fut choqué de la nouvelle conduite de sa fiancée et surtout de la répugnance avec laquelle il en était reçu. Il lui en fit de douces plaintes. La jeune fille avait tué dans son cœur tout amour humain. Loin d'y être sensible, elle saisit avidement l'occasion d'expliquer ses sentiments.

— Je ne croyais pas, répondit-elle, que ma conduite pût vous sembler répréhensible. Toutefois, je dois vous le déclarer, je n'ai pas l'intention de la modifier.

— Mais il n'est personne qui puisse l'approuver: elle est ridicule.

— C'est que vous ne savez pas... Si vous vouliez vous laisser instruire, vous en comprendriez la sagesse, et vous l'imiteriez.

— Moi! les dieux m'en gardent! Je compte au contraire que vous y renoncerez : j'en rougirais pour vous.

— C'est là une confusion que je vous épargnerai, Lycaon, si vous le voulez bien. Notre mariage n'est point encore célébré.

— S'il vous répugne, Thécla, je ne prétends pas vous épouser malgré vous. Il est vrai que j'ai votre parole, mais je puis vous la rendre.

— Je vous estime, Lycaon, et j'étais fière de votre affection; mais j'aurais pour vous, je vous le confesse, une reconnaissance éternelle, si vous consentiez à rompre le projet que nous avions formé.

— Je suis malheureux d'avoir encouru votre disgrâce; toutefois on n'est pas maître de son cœur, et si quelque autre a obtenu vos préférences, je n'essaierai pas de vous disputer à vous-même; je laisserai à vos vœux une complète liberté.

— Je ne vous préfère personne, Lycaon; mais si votre générosité n'était pas feinte, si vous teniez l'offre que vous me faites, vous me soulageriez, je vous assure, d'un grand fardeau.

Thécla prononça ces mots froidement, sans dépit ni passion, comme si elle avait exprimé une résolution mûrie longtemps d'avance. Lycaon en fut violemment blessé. Comme il était fier pourtant, il dissimula, et, jouant l'indifférence, il répliqua d'un ton superbe :

— Par Hercule! je me reprocherais de vous imposer aucune contrainte. Puisque votre engagement est devenu un fardeau, il n'est plus, et vous êtes libre.

— Je vous remercie, Lycaon, ajouta la jeune fille avec un accent de sincère gratitude, et je prie Dieu de vous récompenser de votre délicatesse.

— Vous avez bien pesé votre décision, Thécla ? Vous avez songé que je m'y tiendrai ?

— Je compte que vous avez de l'honneur et que vous ne rétracterez pas ce que vous avez dit.

— Une fois que je me serai retiré, je vous en avertis; il sera inutile de me rappeler ; je ne reviendrai plus.

— J'espère même que vous m'en feriez souvenir, si j'avais le malheur de l'oublier.

— Adieu donc !

— Adieu, Lycaon ; cherchez une autre épouse et soyez heureuse avec elle ! Je prierai pour vous.

Thécla, après ces paroles, passa dans un autre appartement. Sa mère, qui assistait à l'entrevue, ne l'arrêta point. Mais elle consola le jeune homme en lui disant :

— Ne vous alarmez pas ; demain ce caprice sera oublié.

Lycaon s'éloigna sans songer à la remercier.

Quand il fut remonté dans sa litière, les larmes qu'il avait jusque-là retenues avec peine débordèrent de son cœur et inondèrent ses yeux.

III .

Thécla s'applaudissait de voir son fiancé résigné, contre son attente, avec tant de facilité à une rupture qu'elle tremblait de lui annoncer. Elle ne redoutait aucun péril. Elle avait même complétement oublié Lycaon quelques jours après, lorsque sa mère entra dans sa chambre et lui dit :

— Eh ! qu'avais-tu donc contre Lycaon ? Pourquoi l'avoir ainsi désolé sans motif ?

— Mais, ma mère, l'ai-je désolé ? Il m'a de fort bonne grâce rendu la parole que je lui avais donnée.

— Non ; ce que tu lui as dit l'a mis au désespoir. Sa mère n'a pu me le raconter sans larmes.

— Cependant tu as toi-même été témoin de tout ce qui s'est passé.

— Oui, tu lui as fait une mauvaise querelle. Tous les torts sont à toi.

— Tu me juges bien sévèrement.

— Quel besoin aussi de le tourmenter ? Il t'aime beaucoup.

— Je prends une part très-vive à son chagrin... Il fallait bien cependant lui annoncer ma résolution.

— Comment? ne te souvient-il plus que tu lui es fiancée ?

— Je m'en souviens, ma mère, et je me réjouis que mes noces aient été différées.

— Mais nous les célèbrerons, et avant longtemps.

— Vous ne voudrez point faire violence à tous mes sentiments et m'imposer un mariage qui me répugne.

— Et pourquoi disposerais-tu de toi sans notre aveu? Lycaon est le meilleur parti que nous connaissions dans la ville, et nous espérons que tu ne le repousseras point. Nous ne consentirions, je te le déclare, à aucune autre alliance.

— Je ne méprise point Lycaon et je ne méconnais point ses avantages. Il est noble, fier et généreux ..

— Sa famille est puissante et riche.

— Je le sais, et d'ailleurs il suffirait, ma mère, que vous l'eussiez choisi, pour que je me soumisse à votre volonté ! Mais j'ai résolu de ne point accepter d'époux sur la terre.

— Que veux-tu dire ?

— Je veux dire, ma mère, que l'idolâtrie m'est devenue abominable, et que j'ai les idoles en horreur. J'ai renié le culte des démons et embrassé la loi du vrai Dieu et la vie de la perfection.

— Ton mari ne contraindra pas tes croyances, et tu pourras suivre en liberté la religion qui te paraîtra la meilleure.

— Vous vous trompez. Ce qui déplaît à Lycaon, ce sont justement mes croyances et la pratique de la religion que j'ai adoptée.

— Il faut avouer aussi que tu prends d'étranges mœurs. Je ne m'en étais pas encore expliquée avec toi, mais ta conduite m'étonne et me choque.

— Ma mère, si vous trouvez en quelque chose que je manque à ce que je vous dois, je vous prie de me l'indiquer ; je me corrigerai sur-le-champ.

— Tu manques à tous les devoirs d'une fille vertueuse, quand tu rejettes le fiancé que nous t'avons choisi.

— Vous m'avez toujours assuré que vous n'exerceriez sur mon cœur aucune contrainte. Ce n'est point vous désobéir que d'user aujourd'hui d'un droit que vous m'avez accordé.

— Mais tu ne le peux plus ! Si tu n'avais pas engagé ta parole...

— Puisqu'il me l'a rendue...

— Dans un moment de dépit, et malgré lui.

— Il a bien vu que je lui parlais sérieusement.

— Mais enfin il n'y a point de religion qui proscrive le mariage. Les Juifs ont des épouses et les honorent.

— Aussi n'est-ce point la religion des Juifs que je professe, mais une religion plus pure, plus sublime, la religion du Christ.

— Elle interdit le mariage ?

— Elle ne l'interdit point, mais elle conseille la virginité, comme un état plus parfait, à ceux qui ont le courage de la garder.

— Rejette ces conseils, rejette-les ; nous ne consentirons jamais à te les laisser suivre.

— Vous y consentirez, j'en suis certaine, parce que vous m'aimez et que vous ne voudrez point me condamner au malheur. J'ai même la confiance qu'avant peu de temps vous ouvrirez votre âme à la parole de salut, et que vous m'accompagnerez dans la voie de la sainteté.

— Deviens tu folle, Thécla ?... Le temps des enfantillages est passé ; il faut écouter la raison. Qu'est-ce qu'une fille qui ne se marie point ?

— Ma bonne mère, si vous m'aimez, ne me contraignez pas, je vous en conjure ; laissez-moi maîtresse de mon sort.

— Mais nous ne voulons rien que ton bonheur.

— J'ai réfléchi, et je ne serai heureuse qu'à la condition de rester libre.

Clazonée se flatta que les attentions de Lycaon et le temps feraient revenir sa fille à d'autres pensées. Elle ne l'aigrit point par une assistance inopportune, et, tournant ses efforts d'un autre côté, elle tâcha d'inspirer la patience au jeune homme.

Le temps fixé pour les noces arriva ; il fallait avertir

les personnes qu'on avait conviées. Théménos, le père de Thécla, intervint à son tour et dit à sa fille :

— D'où vient donc qu'après avoir agréé Lycaon, vous lui faites l'injure de le repousser avec tant d'opiniâtreté ?

— Mon père, répondit Thécla avec modestie, je n'a point cessé de l'estimer, et je n'ai contre lui aucun sujet de plainte ; mais, avec votre permission, je ne l'épouserai point.

— Qu'est-ce à dire ? J'entends au contraire que vous l'épousiez, et sans délai.

— Vous ne voudrez pas, mon père ; je n'ai reçu de vous jusqu'à présent que des marques d'affection, et je suis sûre que vous m'aimez.

— J'ai été trop faible, et voilà que vous prenez soin de m'en punir ; mais j'entends que vous soyez la femme de Lycaon, et vous m'obéirez.

Les noces n'en furent pas moins remises. Théménos ni sa femme n'osèrent braver les résistances de Thécla.

Lycaon n'était point d'un caractère à éteindre silencieusement une passion qu'il avait longtemps nourrie. Il essaya de revoir Thécla ; elle évita sa présence. Il réussit néanmoins, par la complicité de Clazonée, à la surprendre, et se trouva seul un jour avec elle dans sa chambre.

Thécla comprit le danger. Elle demanda des forces à celui qui met une ceinture sur les reins de la faiblesse, et pria Dieu au nom de sa virginale Mère.

Elle prit la parole la première, et commença à expliquer au jeune homme les principes de la foi et les mystères de la vie future. Lycaon l'interrompit, pour lui peindre sa passion.

— Vous me parlez, reprit-elle, une langue que je n'entends plus. J'ai renoncé à toutes les choses de la terre. L'Époux que j'ai choisi n'est pas en ce monde ; je suis à lui seul ; mon âme est avec lui et n'habite plus dans ce corps de boue que vous aimez, et qui va tomber en pourriture.

— Thécla, mais je vous aime. Je ne connais plus le calme ni la joie, et je me consume de désespoir.

— Oh que vous êtes insensé et que j'ai pitié de vous! Qu'aimez-vous en moi ? J'ai donné mon cœur, et il n'est plus en mon pouvoir de vous le rendre. Qu'aimez-vous ? un cadavre, que les vers attendent pour le dévorer demain... Ah ! que vous seriez plus sage de vous élever, par un effort de votre raison, au dessus de la vie présente, et de vous unir à moi pour aimer l'unique beauté qui ne doit ni périr ni changer !

— Ingrate ! pouvez-vous colorer votre mépris par des excuses si extravagantes !

— Elles sont extravagantes aujourd'hui, mais il viendra un temps, Lycaon, je l'espère du moins, où vous les comprendrez. Alors l'illusion de vos yeux se dissipera, et vous reconnaîtrez que ce n'est pas moi qui suis folle.

— Thécla, vous serez mon épouse : j'ai l'aveu de vos parents, qui m'ont donné tout pouvoir sur vous, et je l'ai juré, rien ne répugnera à la violence de ma passion...

— Vos menaces, Lycaon, ne m'effraient point, parce que je vous sais trop généreux pour les tenir.

— Craignez tout, car mon désespoir ne connaîtra point de frein... Ne voyez-vous pas que déjà je puis à peine le contenir !...

— Non, non ; vous avez l'âme fière, et jamais vous ne descendrez à une lâcheté. Ne vous connais-je pas ? N'est-ce pas à cause de vos vertus que je vous avais préféré à tous les jeunes hommes et que je vous préfèrerais encore s'il était en mon pouvoir ?

Lycaon pleura.

Thécla ne put voir ses larmes sans compassion, et elle se sentit gagner malgré elle à l'attendrissement Elle lutta contre son cœur, et, laissant le jeune homme à sa douleur, elle s'enfuit précipitamment de sa présence.

IV

Revenu à lui, Lycaon s'emporta contre la jeune fille et la chargea d'imprécations. Il se reprocha à lui-même sa timidité et le respect qu'elle lui avait imposés, et fit serment de triompher des résistances de sa fiancée, dût-il employer la force brutale.

Mais Thécla, mise en défiance par le péril, se tint sur ses gardes et veilla à se garantir de toutes les surprises.

Lycaon attribuait l'obstination de la jeune fille à l'influence des étrangers qui avaient apporté la religion nouvelle. Il rechercha saint Paul et s'efforça de le gagner par des flatteries et des présents.

L'apôtre refusa ses dons, mais ne crut point devoir le repousser. Il fit tourner au profit de la religion les passions qui s'élevaient contre elle, et commença d'enseigner au jeune homme les doctrines du Christ.

Quand Lycaon vit qu'il ne pourrait le séduire ni l'engager à servir ses désirs, il entra dans une nouvelle rage et s'emporta en injures et en menaces. Saint Paul s'y montra insensible, comme il l'avait été à ses caresses, et opposa à la fougue du jeune insensé l'intrépidité que donne la foi.

Lycaon se rendit auprès du magistrat et accusa Paul, qu'il représenta comme un perturbateur et un séditieux.

Les prédications des apôtres avaient excité l'enthousiasme et la haine. Ceux qui croyaient étaient devenus odieux aux incrédules, et la ville entière prenant parti pour les uns ou pour les autres, s'était partagée en deux camps. La vie pure et sainte des néophytes irritait les infidèles, qui s'indignaient de ne pouvoir leur adresser aucun reproche et de n'avoir aucun motif de les persécuter.

Or, les haines se rassemblèrent contre l'auteur de ces conversions. Les calomnies de Lycaon furent appuyées par les ennemis de la foi. Le magistrat, déjà prévenu, y prêta l'oreille. Saint Paul fut saisi et jeté en prison.

Cette nouvelle frappa Thécla d'une vive douleur ; elle s'imputa à elle-même la captivité de l'apôtre, et résolut de tout mettre en œuvre pour le soulager.

Elle gagna d'abord un de ses esclaves; puis, prenant tous ses bijoux, elle alla trouver le geôlier et implora comme une faveur la permission de visiter le prisonnier.

Le gardien se laissa tenter par l'or, et l'introduisit, au commencement de la nuit, dans le cachot.

Saint Paul avait conservé dans les fers toute la sérénité de son âme; il n'était point triste ni abattu, mais plein d'une joie céleste. Il accueillit la jeune fille avec douceur, et, loin de gémir devant elle, il la consola et l'encouragea.

— Hélas! lui disait-elle, c'est moi qui ai provoqué ces persécutions.

— Ma fille, répondit-il, j'ai été établi prédicateur et apôtre des Gentils; c'est pour cela que je souffre. Mais je ne suis pas confondu; je sais à qui je me suis confié, et je suis certain qu'il a la puissance de conserver mon dépôt. Néanmoins, que le Seigneur vous fasse trouver miséricorde, parce que vous me consolez et que vous ne rougissez pas de mes fers, quand beaucoup se détournent de moi.

— O mon père, que n'aurais-je pas fait pour vous épargner ces peines!

— Ne vous affligez point à cause de moi, mais au contraire félicitez-moi; car je me réjouis de ma faiblesse, je me plais dans les affronts, dans l'indigence, dans les angoisses que je souffre pour le Christ; je suis dans la tribulation, mais je suis sans inquiétude; je suis poursuivi, mais non abandonné, et je ne péris pas. Je sais que Celui qui a ressuscité Jésus me ressuscitera comme lui. Je porte en moi la mortification de

Jésus et suis heureux que sa vie se manifeste dans la mienne.

— Vous êtes innocent, et vous ne cherchez qu'à éclairer les hommes et à les sauver !

— Et ne dois-je pas avoir en moi-même les sentiments qui étaient en Jésus ?... Il avait la figure de Dieu, et il s'est anéanti en prenant la figure d'un esclave et la ressemblance de l'homme, et aucun signe extérieur ne le distinguait de l'homme ; il s'est abaissé et s'est fait obéissant jusqu'à mourir, jusqu'à mourir sur la croix...

— Les douleurs sont-elles donc nécessaires au salut?

— Celui qui combat dans la lice n'est point couronné s'il n'a soutenu les luttes,... et c'est le cultivateur laborieux qui a droit le premier à cueillir les fruits qu'il a fait pousser.

— Mais, pendant que vous languissez ici, l'Évangéliste est prisonnier avec vous.

— La parole de Dieu n'est point enchaînée ; et, tandis que je suis captif du Christ, d'autres veillent, travaillent et font l'œuvre d'évangélistes... Pour vous, ma fille, conservez le sens des saines paroles que vous avez entendues de moi ; que personne ne vous trompe par la sublimité des discours. Dieu vous a appelée, par un appel saint, à votre conversion ; vous avez quitté votre première nature, qui se corrompt en suivant les désirs de l'erreur ; vous êtes devenue membre de Jésus-Christ, de sa chair et de ses os. Vous portez un trésor dans un vase d'argile. Revêtez-vous de l'armure de Dieu, afin de rester debout malgré les embûches du démon. Ne contristez jamais l'Esprit

Saint, et que je vous présente chaste au Christ, à qui seul je vous ai fiancée.

Le courage et la résignation de l'apôtre touchèrent jusqu'aux larmes la fille de Théménos. Ses exhortations descendirent au fond de son cœur; elle ne se lassait point de l'écouter. L'apôtre, de son côté, prévoyant les luttes que la jeune vierge allait avoir à soutenir, ne se lassait point de l'instruire et de fortifier sa foi.

Une partie de la nuit s'écoula dans ces entretiens, et quand Thécla sortit du cachot, il était presque jour.

Elle avait à peine fait quelques pas qu'elle aperçut Lycaon, son fiancé.

V

En ce moment même la brise souleva le voile de la jeune fille et découvrit son visage. Elle pressa le pas et s'éloigna ; mais Lycaon avait eu le loisir de la reconnaître.

Surpris de cette rencontre, il resta un moment interdit et ne songea point à lui parler. Quand son étonnement fut dissipé, elle était déjà loin.

Il entra à son tour dans l'enceinte des prisons et interrogea le geôlier. Il apprit de lui que Thécla sortait d'auprès de l'étranger qu'il avait livré aux magistrats.

Lycaon avait été nourri dans la corruption païenne; il ne croyait ni à la vertu ni à la chasteté. D'affreux soupçons germèrent aussitôt dans son esprit et s'y fixèrent. L'aiguillon de la jalousie aigrit encore son ressentiment, et, sans prendre le temps de délibérer, il courut éveiller Théménos.

— Savez-vous, lui dit-il, d'où vient le changement de Thécla ? J'ai découvert pourquoi elle a tant de mépris pour vos volontés et pourquoi elle se refuse avec tant d'obstination à une alliance que vous favorisiez. Elle s'est laissé séduire...

— Qui vous a fait ces contes-là ?

— Ce n'est pas un conte.... Je lui pardonnerais si elle s'était éprise d'un homme noble, jeune, qui fût au moins mon égal et pût excuser sa folie en l'épousant. Mais devineriez-vous qui elle me donne pour rival ? Un de ces misérables qui sont venus en haillons et font profession d'enseigner une doctrine austère, pour mieux cacher leurs vices.

— La jalousie vous égare, Lycaon. Les philosophes dont vous me parlez mènent une vie irréprochable, et je n'approuve point les clameurs que les Juifs poussent contre eux. Mais, quand même il y aurait dans leurs vertus plus d'hypocrisie que de sincérité, ne sais-je point quels principes j'ai enseignés à ma fille ? N'est-elle point fière, et est-elle capable d'une pareille chute ? Non ; vos amis ont voulu vous désoler par une mauvaise plaisanterie, et vous êtes bien faible de les croire.

— On ne m'a point fait de plaisanterie, et je ne vous répète point ce qu'on m'a dit, mais ce que j'ai vu.

— Vous avez vu une femme qui avait la taille de Thécla. Vous avez la tête remplie de votre fiancée, vous ne voyez qu'elle et vous la voyez partout.

— Par Hercule, je vous affirme que je ne me suis point trompé et que j'ai clairement reconnu Thécla. Où pensez-vous qu'elle ait passé cette nuit ?

— Dans sa chambre, dont elle ne peut sortir sans avertir sa mère.

— Oui, ou auprès de son séducteur. Elle se perd, vous dis-je, et se déshonore. Je l'ai rencontrée au moment qu'elle s'échappait furtivement de la prison...

— Ou du moins vous l'avez cru.

— Si je n'avais pas distingué ses traits !... Je reconnaîtrais l'esclave qui l'accompagnait.

— Je vous suis garant, moi, qu'elle n'a point quitté la maison ; cela est absolument impossible. Quand elle pourrait oublier l'éducation qu'elle a reçue, sa réputation et sa vie passée, comment aurait-elle trompé la vigilance de sa mère et de tous mes esclaves ? Non, non ; soyez certain que vous avez été abusé par une vaine ressemblance. Vous ne lui avez point parlé?

— La surprise m'a ôté la voix.

— Non, elle ne s'est pas rendue indigne de vous. Je la ferais périr, si elle souillait son nom... Je vous rends grâce néanmoins de l'intérêt que vous prenez à elle; je vous en récompenserai quelque jour, croyez-le.

— Si elle y consent.

— Je l'y ferai consentir.

Malgré l'assurance qu'il avait affectée devant Lycaon, Théménos ne laissa point d'être alarmé par sa dénonciation. Aussitôt que le jeune homme fut sorti, il appela sa fille.

— Quel est celui de vos serviteurs, lui demanda-t-il sévèrement, que vous avez emmené cette nuit avec vous ?

Thécla regarda son père. Le visage de Théménos portait une colère froide qui la fit frémir. Toutefois, confiante en son innocence, elle répondit avec calme :

— Mon père, je vous demande grâce pour lui : il n'est point coupable ; c'est moi qui l'ai obligé à me suivre, et si vous êtes offensé de ce que j'ai fait, c'est moi seule qui ai mérité votre courroux.

— Je vous demande son nom.

— Souffrez que je vous le taise, au contraire. Daignez m'entendre, ou, si vous ne permettez pas que je vous fléchisse, que le châtiment ne retombe que sur moi.

— Votre dissimulation ne lui servira de rien. Je vais faire mettre à la torture tous vos esclaves l'un après l'autre.

— Je vous en supplie, mon père, laissez-moi obtenir grâce. La démarche que j'ai faite n'est point criminelle...

— Malheureuse ! Êtes-vous aveugle au point de n'avoir plus le discernement du mal ni aucun souci de votre réputation ? Vous vous échappez furtivement dans l'ombre, comme les filles de mauvaise vie, et sur le seuil des cachots le dégoût ne vous arrête pas !

— Est-ce donc un si grand crime que d'avoir visité le saint vieillard que Lycaon a fait jeter dans les fers ? Et suis-je pour cela devenue digne de tant de haine ?

— Elle ne rougit pas, — poursuivit Théménos en détournant la tête avec un geste indigné, — de sa honteuse passion ! Je vous pardonnerais si vous aviez choisi un amant de votre rang ! Mais aimer le rebut du monde, un fugitif, un mendiant !...

— Mon père, oh ! vous ne le pensez pas !...

— Voilà le motif de votre aversion pour les noces illustres que je vous préparais. Brûlant d'une flamme impure, vous ne pouviez vous prêter à un hymen légitime.

— Suis-je donc si vile à vos yeux, mon père, que vous ayez sur moi des soupçons si odieux ? faut-il que je me justifie d'une pareille imputation ?

— Mais vos méfaits ne resteront pas impunis. L'esclave qui m'a trahi tournera la meule jusqu'à sa mort. Pour vous, avant peu de jours, vous épouserez Lycaon, s'il veut encore bien consentir à vous accepter ; sinon, je vous enverrai rejoindre dans les cachots votre infâme séducteur.

— Je suis soumise, mon père, à toutes vos volontés ; mais je n'épouserai point Lycaon, ni personne autre. J'espère que Dieu, qui sait mon innocence, ne m'abandonnera point dans le combat et me donnera la force de vaincre.

Théménos ne fut que trop fidèle à ses menaces. Il fit préparer les instruments de torture, et tous les esclaves de sa fille y auraient été appliqués, si le coupable ne s'était lui-même dénoncé pour sauver les compagnons des inutiles horreurs de la gêne. Il fut condamné pour toute sa vie à la meule.

Thécla eut ordre à son tour de se disposer bon gré malgré aux cérémonies de ses noces. Chaque jour elle essuyait de sa mère de violents reproches, des injures et toute sorte de mauvais traitements. Clazonée voulait lui rendre la virginité si dure qu'elle désirât le mariage.

Thécla ne lui opposa qu'une patience inaltérable, mais elle refusa toujours de recevoir Lycaon.

Cependant le jour de ses noces approchait, et il était temps d'aviser aux moyens de s'y soustraire. Thécla n'était pas médiocrement embarrassée. Elle songeait et ne savait à quel parti s'arrêter. Si l'apôtre n'avait pas été en prison, elle aurait demandé ses conseils ; mais elle n'espérait plus le revoir, et il n'y avait personne autour d'elle en qui elle pût se confier.

Elle pria Dieu, et, après y avoir réfléchi en sa conscience, elle se résolut à fuir.

Elle sortit en plein jour, pour inspirer moins de soupçons, seule, sans rien emporter que les vêtements qui la couvraient. Quand elle eut franchi la porte extérieure et qu'elle se vit dans la rue, un remords la saisit et elle hésita.

Qu'allait-elle faire ? Ses intentions étaient droites et pures, mais comment seraient-elles interprétées ? Elle était prête à fouler aux pieds sa propre réputation et à subir le mépris et le blâme du monde, pourvu que sa conscience ne fut point souillée ; mais sa réputation ne lui appartenait plus ; elle appartenait à la naissante Église dont elle était membre, et à toute l'assemblée des fidèles. Les Juifs n'en prendraient-ils pas prétexte pour insulter la foi ?... Ne valait-il pas mieux demeurer auprès de ses parents et y souffrir en silence ?...

Pendant qu'elle délibérait, ses pieds avançaient toujours. Elle se recommanda plus instamment au Dieu qui voulut naître d'une vierge, et continua de marcher.

Elle avait une parente dans un autre quartier. Elle se rendit près d'elle et lui demanda asile. Elle lui ouvrit son cœur avec franchise et lui raconta ses peines sans lui rien déguiser.

Sa parente l'accueillit, l'écouta avec une compassion hypocrite, et lui promit son appui. Mais, tout en la retenant par des caresses perfides, elle envoya prévenir Théménos.

Lycaon lui-même fut instruit, quelques heures après, de la fuite de sa fiancée et du lieu de sa retraite.

VI

Clazonée accourut aussitôt, la rage au cœur, l'œil en feu, la menace aux lèvres. Contrainte de manquer à la soumission qu'elle devait à sa mère, Thécla s'en excusa en pleurant et la supplia de ne point exiger d'elle une obéissance dont elle n'était point capable. Elle consentait bien à retourner auprès d'elle, mais elle ne consentirait jamais à épouser Lycaon, ni à le revoir.

Clazonée, en l'entendant, redoubla de fureur et s'emporta jusqu'à battre sa fille. La jeune vierge ne chercha point à se soustraire à ces violences. Mais ses larmes s'arrêtèrent subitement ; la tristesse qui voilait son visage s'évanouit et ses traits s'éclairèrent d'un reflet de joie.

Elle n'en demeura que plus inébranlable dans sa résolution. — « Si ma bonne parente me chasse de sa maison, reprit-elle, je sortirai de la ville.

— Oui, c'est la vie qui vous convient, vagabonde ! Mais non, vous ne battrez pas les champs à votre guise, car je vais vous mettre dans les mains de la justice. »

En effet, elle excita son mari qui, déjà irrité et encore aigri par Lycaon, se rendit auprès du magistrat et sollicita le châtiment de sa fille.

Thécla fut enlevée par les soldats et traînée en prison.

Elle s'y jeta à genoux et, selon l'esprit de l'Apôtre, remercia Dieu qui la jugeait digne de souffrir pour lui.

Après qu'elle y eut passé quelques jours, sa mère y descendit pour la visiter ; éloquence, caresses, menaces, elle employa tout pour gagner sa fille. Tout fut inutile. Thécla avait pris goût au martyre ; elle refusa le pardon qui lui était offert.

« Fille indigne ! s'écria enfin la mère, tu ne jouiras

point de ta rébellion. Par Pollux ! je te livrerai au bourreau. »

Elle sortit ne respirant plus que supplices et tortures. Lycaon, dont l'orgueil saignait toujours, l'exaspéra encore par ses clameurs.

« Oui, rugit Clazonée, j'aime mieux n'avoir pas de fille ! »

Le magistrat fit comparaître la jeune vierge devant son tribunal. Elle se présenta avec modestie, portant dans ses yeux une joie sainte, et sur son front comme un rayonnement de la gloire céleste qu'elle espérait. Plus humain que ses parents, le juge fut touché de sa jeunesse et de sa beauté. Employant tour à tour le langage de la douceur et celui de l'autorité, il l'exhorta à céder et à montrer une juste déférence pour la volonté de son père.

« J'ai fait vœu, répondit-elle, de n'appartenir qu'à Dieu ; je ne manquerai point à ma promesse. »

Lycaon prit la parole et accusa l'apôtre saint Paul d'avoir séduit la fille de Théménos, et d'entretenir son obstination. Paul n'avait ni ami ni défenseur. Le juge le condamna sans difficulté à la flagellation et au bannissement.

Encouragé par ce premier succès, le jeune homme tourna ensuite ses efforts contre Thécla, qu'il dénonça comme une ennemie des dieux et des lois. Théménos appuya ses imputations, et Clazonée, oubliant la voix du sang, s'écria qu'il fallait dévouer sa fille aux dieux infernaux, en expiation de ses blasphèmes et de son impiété.

« Quoi ! reprit le magistrat en s'adressant à la chrétienne, vous laisserez-vous conduire à la mort par une obstination d'enfant ? Vous êtes belle, vous êtes riche, vous avez tous les avantages, et le bonheur vous rit de tous côtés. Quel délire vous arme contre vous-même ? Ayez pitié de votre jeunesse. Vivez, jouissez des dons que vous a faits la fortune, et, en acceptant la félicité qui s'offre à vous, assurez celle de tous ceux qui vous aiment. »

Thécla ne répondit pas.

« Allons, continua-t-il, vous vous rendez ; je vous en félicite, et je me réjouis de vous voir revenir à la raison. — Emmenez votre fille, dit-il à Théménos. Vous n'aurez désormais qu'à vous applaudir de sa docilité. »

Thécla resta immobile, les yeux fixés sur le sol.

— Qu'hésitez-vous, éclata la mère après un moment d'attente, à punir cette ennemie des plus saintes lois ? Qu'elle meure, l'infâme qui foule aux pieds l'honneur d'un illustre hymen pour se faire la servante d'un vagabond ! Elle couvre de honte sa famille et sa patrie ; elle me plonge dans le désespoir. Qu'elle meure ! Elle n'a plus rien des sentiments d'une fille, je ne veux plus rien avoir de ceux d'une mère ! »

— « Enfant, dit encore le magistrat, réfléchissez vite, ou plutôt écoutez-moi. Demandez pardon à vos parents. Ne me forcez pas à vous condamner. Le supplice des impies est cruel : c'est le bûcher.

Thécla garda le silence.

Alors Théménos, sa femme et Lycaon unirent leurs

clameurs. Le juge prononça malgré lui la sentence. La jeune vierge fut condamnée au feu.

Elle ne frissonna point. Elle leva les yeux vers le ciel avec un indicible élan d'amour. Son cœur se dilata, on eût cru qu'elle allait prendre son essor et s'envoler vers Dieu.

L'exécution était fixée au surlendemain.

Le rang de la victime, son esprit, sa beauté, la rigueur de son sort, avaient ému toute la ville. Plus de quinze mille personnes couvraient la place et se pressaient autour du bûcher, retenus à grand peine par les soldats qui les refoulaient. Théménos et Clazonée n'avaient point osé sortir de leur maison par crainte de la foule, qui déjà la veille avait poursuivi Lycaon de huées menaçantes et de cris de mort.

Car il n'y avait personne qui ne plaignît la jeune fille. Depuis surtout qu'elle était chrétienne, sa bonté et sa bienfaisance lui avaient gagné le cœur des malheureux, qui emplissaient la ville de ses louanges. Elle avait dans cette multitude beaucoup d'amis qui eussent volontiers aidé les chrétiens, si, comme on l'espérait, ils avaient tenté quelque effort pour l'enlever.

La compassion avait gagné jusqu'aux bourreaux, qui n'obéissaient qu'avec lenteur et à regret. L'un d'eux, en dressant les bois, s'interrompit tout à coup, et se tournant vers l'officier qui présidait aux préparatifs :

« Tenez, lui dit-il, faites travailler qui vous voudrez. Je ne veux pas tremper dans la mort de cette fille-là.

— Tu es bien sensible ce matin.

— Je ne suis pas plus sensible qu'un autre, et je fais mon devoir, quand il s'agit de scélérats qui ont commis des crimes. Mais je ne brûlerai pas une innocente.

— De quoi t'embarrasses-tu ?

— Autrefois les filles choisissaient leurs fiancés et elles les aimaient , aujourd'hui ce sont les parents qui les choisissent à leur convenance, non au goût des enfants. Aussi qu'arrive-t-il ? On ne le sait que trop.

— Elle est condamnée pour impiété et non pour ce que tu dis.

— Voulez-vous me le faire accroire ? Je ne la brûlerai pas. J'aime mieux perdre ma journée.

— A ton gré.

— Et si j'avais été le geôlier, vous ne la verriez pas mourir. Je lui aurais ouvert la prison et elle serait loin.

Thécla parut bientôt, escortée d'une garde nombreuse. Elle ne pleurait point, elle ne baissait point la tête avec désespoir. Elle s'avançait courageusement avec le sourire d'une résignation douce et en priant. Tous ceux qui l'aperçurent ne purent se défendre de l'attendrissement, et des larmes mouillèrent tous les yeux.

La jeune vierge s'arma du signe de la croix, recommanda son âme au Très-Haut et monta sur le bûcher avec une héroïque intrépidité.

On alluma les bois. La fumée jaillit aussitôt par tous les interstices, puis s'épaissit, tourbillonna, et se rassembla en vaste gerbe. Le feu éclata sous la fumée, et tout le bûcher ne fut bientôt plus qu'un immense brasier.

Un frémissement de pitié et d'horreur arracha à toutes les bouches un soupir douloureux. Chrétiens, Gentils et Juifs même plaignirent la jeune vierge.

Cependant les flammes enveloppaient Thécla, montaient au dessus de sa tête et la dérobaient aux yeux de tous les assistants. Le Dieu qui sauva les trois enfants dans la fournaise de Babylone n'oublia point sa chaste épouse. La légende assure qu'il lui apparut sous les traits de saint Paul, et que sa vue inonda de tant de joie le cœur de la jeune martyre, qu'elle ne ressentit pas les cuisantes atteintes du feu. La flamme d'ailleurs s'écartait de son corps et formait autour d'elle comme un antre où régnait la fraîcheur.

Tout à coup, au milieu d'un ciel pur, le soleil se voile. D'épais nuages couvrent la ville, puis se déchirant, laissent couler de leurs flancs entr'ouverts des torrents de pluie, de grêle, d'éclairs et de tonnerres. La multitude épouvantée s'enfuit et cherche des abris. Le bûcher s'éteint ; le souffle de l'ouragan en disperse les tisons, et Thécla, que l'on croyait réduite en cendres, redescend saine et sauve à travers les débris fumants.

Elle s'éloigne, elle sort de la ville, sans que personne s'oppose à sa fuite.

VII

L'Esprit la dirigea sur la route qu'avait prise saint Paul. Elle le rejoignit, lui raconta le prodige que Dieu avait accompli pour la sauver, et le suivit jusqu'à Antioche de Syrie. Une dame que saint Paul avait déjà convertie lui offrit un asile et la retint auprès d'elle.

Mais tous les combats de la jeune vierge n'étaient pas encore finis. Pendant qu'elle s'attachait sous la conduite de l'apôtre, à la perfection de l'Évangile, Lycaon, poussé par la rage autant que par une passion qui ne voulait pas s'éteindre, envoyait de tous côtés pour la chercher.

Il découvrit bientôt qu'elle était à Antioche. Il y vint après elle. Thécla ne se croyait point en péril et ne se cachait point. Il y avait déjà dans la ville une petite Église qui grossissait chaque jour. Protégés par l'innocence de leurs mœurs et le respect qu'ils inspiraient aux païens, les fidèles vivaient en paix et s'assemblaient librement pour louer Dieu, célébrer les saints mystères et s'exhorter mutuellement au bien.

Lycaon rencontra Thécla un jour qu'elle se rendait à l'assemblée. Il la suivit jusqu'à ce qu'il fut assuré du lieu de sa demeure, puis il courut chez le gouverneur.

Il lui fit connaître son nom et sa famille, se déclara autorisé par Théménos à poursuivre celle qu'il était en droit de regarder comme son épouse, et le requit d'employer en sa faveur l'autorité dont il était revêtu.

Le préfet avait peu d'inclination à le servir; néanmoins, il fit venir Thécla et lui demanda si elle voulait retourner avec son fiancé à Icone.

— Seigneur, répondit-elle, Andromède appartenaitelle à ses parents, qui l'avaient exposée au monstre ou à Persée qui l'avait défendue ? Si cette question avait été portée devant votre tribunal, comment l'auriez-vous jugée?

— En faveur de Persée ; il n'y a aucun doute.

— Eh bien! seigneur, mes parents m'ont exposée à un danger plus grand que la gueule d'un monstre: ils m'ont fait condamner au bûcher; mais le Dieu des chrétiens m'en a préservée. A qui donc est-il juste que j'appartienne, ou aux parents, qui ont ordonné ma mort, ou à celui qui a eu pitié de mes jours et m'a sauvée.

Le préfet admira l'esprit de la jeune fille et la considéra plus attentivement. Il vit sa beauté modeste et pure, et conçut en lui-même le projet de la séduire.

Il lui offrit de la délivrer à jamais des poursuites de sa famille et de Lycaon, de la prendre sous son patronage et de la combler d'or, de biens et de faveurs. Thécla repoussa avec horreur ses insidieuses promesses, et lui dit qu'elle s'était vouée à Dieu et que rien ne la rendrait infidèle à ses serments.

— Ne savez-vous donc pas que ma puissance n'a point de bornes, et que votre vie est dans mes mains? Je puis vous abandonner au ressentiment de votre fiancé ou à la rigueur des lois, qui punissent de mort les contempteurs de la divinité ; ne le savez-vous pas ?

— Je sais que le Dieu en qui j'ai mis ma confiance, m'a déjà tirée du milieu des flammes; il peut tout; et si je suis dans vos mains, vous êtes aussi dans les siennes.

Quand il vit que toutes ses paroles se perdaient dans l'air, le gouverneur résolut d'employer la violence.

Qu'avait-il à craindre en effet? Thécla était abandonnée, sans parents, sans amis; elle n'avait point de défenseur, et elle était à sa discrétion.

La jeune chrétienne, sans s'effrayer du danger, appela à son aide Celui à qui elle s'était fiancée. Couverte alors de la force d'en-haut, elle résista et poussa de si grands cris d'alarme que les officiers et les serviteurs du préfet accoururent.

Dans la lutte, la couronne que portait le gouverneur était tombée de sa tête et son manteau s'était déchiré.

Plein de confusion et de rage il donna l'ordre d'enfermer la jeune fille dans une prison.

Il l'envoya ensuite devant le juge, comme ennemie des dieux et de l'empire, avec ordre de la faire périr.

On devait célébrer quelques jours après l'anniversaire de la naissance de l'empereur par des réjouissances publiques et des spectacles de bêtes. Thécla fut réservée pour l'arène.

Saint Paul obtint dans l'intervalle, par le crédit de quelques chrétiens, de visiter la jeune vierge. Il ne la consola point; il la félicita des grâces dont la comblait Jésus-Christ en l'appelant à souffrir pour son nom, et surtout en la couronnant si tôt des fleurs du martyre. Il la laissa pleine de zèle et brûlant d'un saint amour pour la mort.

Au jour marqué, elle fut conduite dans l'amphithéâtre. On la dépouille de ses vêtements et on l'expose dans l'arène. Thécla leva ses bras vers le ciel. Dieu protégea jusqu'à la chasteté de son corps: à défaut de voiles, il revêtit sa nudité d'un nuage qui la déroba aux yeux des spectateurs.

On lâcha d'abord contre elle une lionne de Nubie. L'animal s'élança de sa cage avec des rugissements affamés qui firent frissonner tous les assistants. Attirée par l'odeur de la proie qu'on lui livrait, elle bondit et tomba à côté de la jeune fille.

Alors, comme si un bras puissant l'eût saisie à la gorge et terrassée, la lionne demeura couchée sur le sable, et, avançant sa gueule ardente, elle lécha les pieds de la chrétienne.

On lance d'autres bêtes sauvages. Quelques-unes imitent la lionne ou tournent leurs dents menaçantes pour défendre leur proie. Thécla, touchée du miracle, étend les mains sur elles et prie Dieu de les bénir.

Cependant, les spectateurs, plus barbares que les tigres et les léopards, murmurent et crient aux esclaves d'exciter les bêtes. Mais les esclaves ont beau jeter des clameurs aiguës et piquer les animaux avec de longs aiguillons, les bêtes se retournent en rugissant contre ceux qui les tourmentent et brisent les aiguillons entre leurs dents ; puis elles reviennent caresser la sainte martyre. Il fallut la ramener dans son cachot.

Le lendemain on renouvela son supplice. On lia ses membres de cordes solides et on l'attela à quatre taureaux pour l'écarteler.

Au premier effort les liens se rompirent, et les taureaux, s'emportant contre leurs conducteurs, les frappèrent de leurs cornes et les blessèrent.

Ce n'était pas encore assez pour apitoyer les bourreaux. Le juge ordonna qu'elle serait plongée dans une fosse où on nourrissait toutes sortes de reptiles et de serpents.

Il n'était pas plus difficile de la préserver de la morsure des bêtes venimeuses que de la dent des tigres et des lions. Les vipères s'écartèrent de la jeune fille, de peur de l'effrayer, et restèrent engourdies sur la terre, comme frappées d'une subite paralysie.

A cette vue, le peuple, émerveillé de tant de prodiges, ne retint plus sa pitié. Des cris s'élevèrent du sein de la foule ; on demanda grâce pour la chrétienne, qu'avaient épargnée tour à tour les tigres, les taureaux et les serpents. Le juge lui-même fut saisi de compassion, et, montant sur son tribunal, dit ces paroles, que rapporte saint Basile de Séleucie :

— Habitants d'Antioche, vous êtes témoins des prodiges qui se sont opérés pour cette étrangère. Exposée à des supplices dont la seule pensée fait frémir, elle en a été sauvée contre toute espérance humaine, et il faut confesser qu'un Dieu caché la protége visiblement. Vous vous êtes étonnés en la voyant lever ses mains vers le ciel pour obtenir défense contre les bêtes farouches qui l'enveloppaient de toutes parts ; et quand, par l'effet de ses prières, les unes se sont écartées d'elle avec respect, les autres ne l'ont approchée qu'avec crainte ou l'ont même défendue ; vous avez alors crié grâce et sollicité la délivrance de cette vierge qui est la gloire de son sexe... Soyez libre, noble jeune fille, et rendez-nous propice ce Dieu inconnu que vous adorez.

Le peuple répondit au juge par de bruyantes acclamations, et, changeant le supplice en triomphe, reconduisit la chrétienne avec pompe jusqu'à la maison qu'elle habitait.

Thécla ne voulut point laisser échapper une occasion si favorable d'annoncer l'Évangile. Elle parla à la foule du Dieu puissant qui venait de se manifester par ses œuvres, et eut la joie de voir un grand nombre de païens se convertir et demander le baptême.

VIII

Dégoûtée du monde et condamnée à vivre, Thécla songea à se retirer dans la solitude. Elle eût souhaité de passer à Jérusalem et de vieillir auprès de la mère de Jésus ; mais la persécution sévissait alors dans toute la Judée, et il semblait téméraire de tenter la Providence et de s'exposer sans nécessité à la rage des ennemis de l'Église.

D'ailleurs, un souci la poursuivait : elle n'osait s'enfoncer dans la retraite tant que sa famille resterait assise dans l'ombre de l'idolâtrie et de la damnation. Elle ne voulut point porter avec elle ce regret qui empoisonnait son repos, sans avoir encore essayé d'attirer ses parents à l'Évangile.

Après s'être préparée par d'instantes prières à ce voyage, elle partit, chargée des instructions de saint

Paul et des bénédictions des chrétiens d'Antioche.

La passion de Lycaon avait servi d'instrument aux desseins de Dieu, mais il n'en était pas moins chargé de tout le mal qu'il avait voulu faire à l'épouse de Jésus.

Sitôt que la verge fut devenue inutile, Dieu la brisa.

Après la délivrance de Thécla, il se retirait confus et irrité d'avoir vu échouer sa vengeance, et il regagnait Icone. Le cheval qui le portait s'effraya sur la route et secoua son cavalier.

Lycaon tomba sur une pierre. Ses reins se rompirent dans la chute et son crâne s'ouvrit. Le serviteur qui le suivait accourut à son secours et le releva. Le malheureux avait perdu connaissance. Une horrible agonie l'agita pendant toute la nuit, et il expira au point du jour.

La nouvelle de tous ces événements avait précédé Thécla et s'était déjà répandue à Icone. Lorsqu'elle y arriva, les fidèles rendaient grâce à Dieu ; les Juifs étaient dans la consternation, et les païens mêmes n'en parlaient qu'avec étonnement et avec frayeur.

La jeune vierge courut d'abord à la maison de son père. Elle se jeta aux genoux de Théménos et lui demanda pardon de tout ce qu'elle avait fait contre sa volonté. Les miracles qui avaient sauvé l'innocence de sa fille et surtout la mort qui avait puni Lycaon avaient changé le cœur du vieillard. Il ne repoussa point la martyre, il la releva et l'embrassa en versant des larmes.

— Ma fille, répondit-il (laisse-moi te donner encore ce nom, bien que je sois indigne d'être appelé ton père), j'ai poussé la barbarie jusqu'à solliciter ta mort, et c'est toi qui viens t'agenouiller devant moi et implorer ton pardon ! Oh ! tu es sainte et pure, et je suis criminel et dénaturé.

— Dieu, interrompit Thécla, avait ses desseins et voulait faire éclater sa grandeur. Bénissons-le !

Clazonée lui tint le même langage, et tous deux la supplièrent de demeurer auprès d'eux, lui promettant de ne plus s'opposer en rien à ses désirs.

Thécla resta donc avec eux. Elle leur expliqua l'Évangile et les engagea peu à peu à embrasser ses croyances. Ses paroles descendirent en leur cœur. Clazonée se laissa gagner la première, et entra par le baptême dans la communion des fidèles. Elle y attira son mari peu de temps après.

Ce ne furent point les seules conquêtes que fit dans la ville la jeune martyre. Sa vie seule proclamait hautement la puissance et la bonté du Dieu qui l'avait sauvée. Les mères, quand elle passait, la montraient à leurs enfants, en leur disant:

— Voilà celle que n'atteignent point les flammes, et qui se joue avec les serpents et les tigres affamés.

Thécla se réjouit d'abord de ces paroles, qui lui semblaient la glorification de Jésus-Christ ; mais elle s'aperçut bientôt que l'esprit grossier du peuple n'était point capable de s'élever jusqu'à l'auteur des prodiges, qu'on la considérait elle-même comme le prodige et que la curiosité ne s'attachait qu'à elle.

Alors sa modestie s'alarma, et elle songea à se dérober à l'admiration dont elle était l'objet.

Elle découvrit son dessein à ses parents. C'était le seul de ses vœux auquel ils ne voulaient pas consentir. Toutefois, après de longues résistances, ils craignirent de s'opposer aux conseils de la Providence, et ils la laissèrent partir.

Thécla se retira dans les solitudes de l'Isaurie, auprès de la ville de Séleucie. Elle y vécut dans le silence et la chasteté jusqu'à une extrême vieillesse. Enfin, elle s'endormit entre les bras des anges, et monta auprès de son divin fiancé.

Bien qu'elle n'ait point terminé sa vie par les tortures, l'Église lui a conservé le titre de martyre, et son culte est resté célèbre dans tout l'Orient.

IV. — PUDENS [1]

I

A travers les rues tortueuses du mont Viminal une troupe confuse d'hommes, de femmes et d'enfants poursuivaient un vieillard, en lui jetant des fragments de vases, des cailloux, de la fange, et en vociférant :

— Frappez l'imposteur! A mort le renégat!

Le vieillard se retirait devant eux en silence, sans défi et sans crainte. Les habitants, attirés par le bruit, s'avançaient au seuil de leurs maisons et regardaient. Mais personne ne prenait la défense de l'infortuné.

Dans l'hémicycle d'une somptueuse demeure, une vieille femme assise sur un banc de pierre suivait d'un œil compatissant cette odieuse scène. Quand le vieillard fut en face d'elle, emportée par un mouvement de pitié, elle courut à lui, le prit par la main, l'entraîna dans le vestibule et ferma la porte.

— Qui que tu sois, lui dit-elle, repose-toi ici. Tes

[1] Lactance. — Caïus, etc.

ennemis n'oseront violer la maison du sénateur Pudens.

Le vieillard remercia sa bienfaitrice.

— Que Dieu te donne sa grâce, lui dit-il, et une récompense parfaite par la connaissance du Christ Jésus, notre Seigneur!

Étonnée d'une salutation si peu en usage, la vieille examina celui qu'elle avait sauvé.

Il était d'une taille avantageuse, sans embonpoint; son teint était blanc, pâle même. Il avait des cheveux abondants et crépus; mais ses sourcils étaient presque entièrement tombés. L'abus des larmes avait voilé ses yeux et les avait injectés de sang; néanmoins ses regards brillaient encore lorsqu'il parlait. Son nez n'avait point la courbure juive; il était écrasé. Du reste son extérieur était simple; nul faste, nulle hauteur. Pour tout vêtement il portait une tunique et un manteau taché, de boue. Son visage respirait une majesté qui subjuguait et une douceur qui attirait. L'ensemble de ses traits exprimait une tristesse inconsolable, un regret ou un remords.

— Qui êtes-vous? reprit la vieille, et pourquoi cette populace vous hait-elle?

— Je suis Simon-Pierre, l'envoyé de Jésus Christ, et ils me persécutent parce que j'ai été témoin des souffrances et de la résurrection de mon maître et que je publie ce que mes yeux ont vu.

— Que ne gardez-vous le silence, puis qu'ils ne veulent pas vous entendre?

— Il n'est pas en mon pouvoir de me taire. Si je me

taisais, les pierres même prendraient la parole et proclameraient la royauté de Jésus.

— Je vous plains, car vous ne paraissez pas mériter ces insultes.

— Non, je ne leur rends point le mal pour le mal et la malédiction pour la malédiction. Je les bénis au contraire. Je suis heureux de souffrir pour la justice et d'être couvert d'opprobres à cause du Christ.

Frappée de ce langage, la vieille continua d'interroger l'apôtre. Pierre lui expliqua l'Évangile. Elle se sentit séduite par cette religion qui relève les humbles et les fait enfants de Dieu. Le dogme de la résurrection la remplit d'enthousiasme. Elle l'écouta donc avidement, jusqu'à ce que le bruit de la porte qui s'ouvrit interrompit leur langage.

Les Juifs restés dans la rue, furieux de se voir arracher leur victime, environnaient la maison en poussant de grands cris et menaçaient de la forcer. Plusieurs heurtaient violemment à la porte et demandaient avec insolence qu'on leur livrât le renégat.

Pendant ce tumulte, Pudens revenait de la ville, assis dans sa litière, portée par quatre esclaves et escortée d'un peuple de serviteurs et de clients. A la vue de cette foule, les porteurs s'arrêtèrent. Le sénateur se pencha en dehors et regarda.

Quand il eut reconnu les Juifs et compris qu'ils attaquaient sa demeure:

— Prenez vos bâtons, dit-il à ses esclaves, et chassez-moi cette vile tourbe.

Les esclaves obéissent. Ils fondent à l'improviste sur

les Juifs, frappent ceux qui se trouvent devant eux, les blessent, les renversent et les mettent en fuite.

Après avoir ainsi dégagé sa porte, le sénateur rentra paisiblement dans sa maison en blâmant à haute voix la turbulence des Juifs qui ne cessaient de troubler le quartier.

Quand il fut passé, Pierre continua d'instruire la vieille, et il lui inspira le désir de se faire chrétienne. Or elle avait été la nourrice des enfants de Pudens; elle était en crédit dans la maison. Elle parla de l'apôtre à Priscille, la femme du sénateur, et l'intéressa à son protégé. Le même jour, Priscille dit à son mari:

— La nourrice de ton fils me supplie d'offrir un asile ici à un vieillard de race juive, que ses compatriotes maltraitent......

— S'il appartient à cette race, il n'en est guère digne... serait-il ce Chrestus, instigateur de tant de tumultes ?

— Je ne sais; mais il se pourrait bien. Il ne fait point le trafic, comme les gens de sa nation. Il se borne à enseigner une philosophie qui fait l'admiration de la nourrice.

— Ah! quelle école suit-il?

— Je l'ignore. A ce que j'ai pu comprendre, il est le chef d'une école nouvelle.

— S'il s'applique à la sagesse, il suffit, je ne lui refuserai pas mon appui. Qu'il prenne donc assurance. Dès ce jour il m'appartient.

II

Venu à Rome un peu auparavant, Pierre s'était logé dans les quartiers réservés aux étrangers, au milieu des Juifs que l'esprit du négoce avait attirés en foule dans la capitale de l'empire.

Avant son arrivée, le nom de Jésus et le bruit des miracles qu'il avait faits y avaient été portés et par les lettres venues de la Judée, et par les récits des voyageurs. Aussi avait-on accueilli avec empressement et écouté ce témoin de tous les actes du fils de David. Quand il affirma que Jésus était le Christ et le Messie et qu'il avait rempli toutes les prophéties, un grand nombre d'entre eux crurent sur sa parole et il les baptisa. Mais ceux qui attendaient un messie guerrier, envoyé pour subjuguer les nations, avaient rejeté ses leçons et l'avaient outragé.

Dans ce temps, la foi n'était pas inerte et glacée. Dès qu'il avait, par l'imposition des mains, reçu les dons du Saint-Esprit, le néophyte, embrasé du zèle de la maison de Dieu, devenait l'ardent héraut de l'Évangile. Il prêchait par ses paroles, par ses mœurs, par toute sa vie. La Providence fécondait ces efforts, et le jeune troupeau croissait et se multipliait de jour en jour.

Irrités de ce qu'ils appelaient l'apostasie de leurs frères, les Juifs incrédules s'efforcèrent de les réduire au silence. Les disciples ne se laissaient pas intimider, et plus on leur défendait de parler, plus ils élevaient la voix.

Les Israélites endurcis commencèrent par les chasser des synagogues. Puis ils en vinrent à les insulter et à les maltraiter partout où ils les rencontraient, dans les rues, dans les marchés, dans les places publiques.

Leur rage s'attachait surtout au chef de l'Église. La protection du sénateur fut donc un bienfait pour lui. Elle ne le mit pas à l'abri de toute insulte; mais il eut désormais un refuge assuré. La maison de Pudens devint comme la citadelle du christianisme. Elle abrita les réunions des fidèles et la célébration de leurs saints mystères.

Plusieurs des esclaves de Pudens entendirent les prédications de Pierre. Quelques-uns se convertirent; mais la plupart n'osèrent embrasser la religion nouvelle sans l'aveu de leur maître, et différèrent leur baptême. Toutefois pénétrés bientôt de l'esprit du christianisme, ils en traduisirent les maximes dans leur conduite. La régularité de leur vie, leur zèle et leur docilité frappèrent l'épouse du sénateur. Elle admira l'auteur d'un si grand changement, et désira le connaître. L'apôtre lui expliqua les dogmes et la morale de l'Évangile. La vertueuse matrone les trouva sublimes et en parla sur-le-champ à son mari.

Pudens était un de ces vieux romains à l'âme inébranlable, que la chute de la république n'avait pu abattre. Sa fermeté avait survécu à l'avilissement du caractère national. Obligé de cacher ses sentiments, il nourrissait en silence l'amour de l'ancienne liberté et forçait par ses vertus austères les adulateurs de César à respecter son indépendance républicaine.

Ils étaient devenus rares ces hommes généreux que les revers ne décourageaient point et qui savaient résister à la terreur des menaces comme à la séduction. L'ombrageuse cruauté de Tibère, les sanglantes folies de Caligula les avaient tour à tour décimés. Le peu qu'il en restait, désespéré de la servilité du sénat et de la lâcheté du peuple, ne voulant point fléchir et ne pouvant lutter, se tenait fièrement éloigné des affaires publiques et de toutes les magistratures.

Pudens s'était enfermé dans une étroite retraite. Il fuyait les jeux et les spectacles, veillait à l'éducation de ses petits-fils et bornait toute son ambition à protéger ses innombrables clients. Il n'assistait qu'à de rares intervalles aux séances du sénat, lorsqu'il y était obligé par des intérêts pressants, et semblait ne prendre à tâche que de se faire oublier.

A ses déceptions politiques, il avait, selon l'exemple de Cicéron, cherché un remède dans l'étude de la philosophie. Il était attaché à l'école stoïcienne, dont la rigide morale répondait à l'état de son âme aigrie.

Sa vie était conforme à l'austérité de ses maximes. Au milieu de la corruption générale des mœurs, et malgré la licence du divorce, il n'avait eu d'autre épouse que Priscille. Elle lui avait donné un fils, marié à Sabinella, et père de quatre enfants, l'orgueil et la consolation de leur aïeul.

Ces circonstances semblaient devoir préparer son

esprit à recevoir la semence évangélique. Il prêta en effet une oreille curieuse à sa femme, quand elle lui parla de Pierre.

— Tu n'as pas encore entretenu, lui dit-elle, le philosophe que je t'ai donné pour client ?

— Non ; quel homme est-ce ?

— Un homme très-extraordinaire et très-simple... N'as-tu pas observé qu'il s'est accompli autour de toi, depuis sa présence, une révolution ?

— Comment ?

— Il a tellement changé tes serviteurs que je n'ai plus ni à punir ni à reprendre.

— Que leur persuade-t-il donc ?

— Des principes qui rendent l'obéissance volontaire. Au lieu de leur montrer le fouet du châtiment levé sur leurs épaules, il leur représente un Dieu attentif à leurs actes et prêt à récompenser leur soumission et leur obéissance.

— Il les croit ?

— Oui, parce que d'ailleurs, il relève leur condition en les rachetant, selon son expression, et en leur donnant en esprit la liberté. Il les proclame nos égaux, enfants de Dieu, comme nous, appelés sur la terre aux mêmes vertus et aux mêmes récompenses après cette vie.

— C'est là une maxime vraie sans doute, mais dangereuse. Elle n'est propre qu'à renverser toute discipline. Si elle venait à se répandre, il n'y aurait plus d'esclaves.

— Il leur enseigne à mépriser leur corps et à le

réduire en esclavage ; à considérer la vie comme un cirque, où ils courent pour mériter une couronne qui leur sera donnée à la mort. Cette couronne est promise à tous, au maître, s'il commande avec justice, et au serviteur, s'il obéit avec zèle et avec patience... Entends-le. Il nous a tous jetés dans l'admiration et je suis vivement tentée de suivre sa religion.

Pudens interrogea l'apôtre. Les prodiges que lui raconta Pierre le surprirent ; la sainteté de la morale chrétienne le ravit ; mais il avait vieilli dans le stoïcisme, il y persévéra.

Cependant sa protection devenait de plus en plus nécessaire à la naissante Église que les Juifs persécutaient avec une nouvelle recrudescence de rage.

Le châtiment ne tarda pas à les atteindre. Un édit de l'empereur Claude les bannit de Rome.

Désastreux pour la fortune des Juifs qu'il arrachait précipitamment à leur négoce, cet édit devait hâter la diffusion du christianisme. Chaque disciple, en s'exilant, emportait avec lui le grain de sénevé et allait le semer dans toutes les villes italiennes.

A Rome, le levain était déposé dans la masse et y fermentait déjà. En l'absence de Pierre, Lin et Clet devaient affermir sur ses récentes bases l'édifice de la foi et consoler le bercail de la perte de son pasteur.

Toutefois les fidèles s'affligeaient du départ de l'apôtre. Pierre lui-même regrettait de se voir arraché à ses labeurs et forcé d'abandonner la charrue au milieu du sillon, lorsque ses premières sueurs étaient si fécondes et que tout présageait une si abondante récolte.

La douleur fut grande surtout dans la maison de Pudens, où l'apôtre était aimé. Ceux d'entre les serviteurs qui étaient chrétiens le regardaient comme leur père ; pour les autres il était un ami et un consolateur. Tous se désolaient de son éloignement.

N'était-il pas possible d'obtenir qu'il fût excepté du bannissement ? Pudens avait encore du crédit. On résolut de l'implorer. Priscille se chargea de lui porter les vœux de sa maison et de toute la communauté chrétienne.

III

— Eh ! répondit le sénateur, veux-tu que j'aille m'abaisser devant un affranchi ou mendier l'appui d'un eunuque ? Tu sais que je n'ai plus ni autorité ni influence dans le Sénat.

— Pourquoi vivre si obstinément éloigné des affaires publiques ?

— Je m'en applaudis. J'ai trouvé dans l'étude de la philosophie des jouissances pures et j'ai la satisfaction de ne point partager les infamies qui se commettent.

— Tu n'as pas la gloire de les combattre. Suffit-il de ne point pactiser avec le mal ? On a loué Caton d'être sorti du théâtre avant les farces obscènes ; ne serait-il pas plus grand s'il y était demeuré pour en empêcher la production ?

— J'ai combattu aussi longtemps que j'ai espéré le faire avec utilité. Je me serais perdu sans profit, en

essayant de résister à la tyrannie de Tibère ou de
Caligula. A la mort de Caïus, j'avais repris courage,
et par mes efforts la république a été près d'être ré-
tablie. Mais la servitude a fait dégénérer les plus
nobles âmes, et le peuple est amoureux de l'esclavage.

— Néanmoins l'empereur a couvert de son amnistie
ce qui s'est fait à son avénement. Depuis il t'a plusieurs fois invité dans son palais.

— Il se souvient de quelques services que je lui ai
rendus avant qu'il fut empereur.

— Pourquoi ne défères-tu pas à ses invitations. Il
ne ressemble point aux derniers Césars, et on peut
s'approcher de lui sans exposer sa tête. Il a de la
piété filiale ; il a institué des fêtes en l'honneur de
ses parents morts. Il a annulé tous les actes funestes
de Caïus. Il rejette avec modestie les adulations du
sénat qui est redevenu comme autrefois l'arbitre des
grandes causes. Il respecte les magistrats et se lève
pour les saluer à leur entrée dans les théâtres. Ne
mérite-t-il pas l'affection que lui témoigne le peuple ?

— Caligula aussi a été l'idole de Rome: La toute-puissance déprave les meilleurs princes.

— Claude a l'esprit trop faible pour être jamais redoutable.

— A travers son imbécillité percent des instincts
féroces. Il se plait aux spectacles des exécutions. Au
théâtre il contemple avec une volupté sanguinaire le
visage des gladiateurs mourants. Si la faiblesse de
son intelligence le préserve des longues fureurs, en re-

vanche elle le met à la merci de tous ceux qui sauront le dominer.

— Et voilà pourquoi je voudrais te voir auprès de lui. Aux desseins pervers tu opposerais la voix de la vertu.

— Moi, que je me range parmi la tourbe de ses courtisans, l'opprobre et le déshonneur de Rome! que je présente mon front à côté de cette Messaline qui n'a pas même la pudeur de voiler son ignominie! A côté de ces affranchis qui commandent les cohortes, donnent des jeux, vont par la ville entre les deux consuls, et à qui un sénat avili décerne les ornements de la quesure, brigands rapaces qui pillent les provinces et se gorgent de rapines ! C'est par leurs mains impures que coulent toutes les faveurs, et ils disposent non-seulement des charges et des magistratures, mais encore de la vie et de l'honneur des citoyens... Et tu voudrais que j'allasse consacrer par ma présence toutes leurs turpitudes et sanctionner leurs iniquités! Je ne pourrais me taire, et quand j'étoufferais la voix de mon âme, mon silence me rendrait suspect. Le sort de Sénèque ne tarderait pas à me frapper... Non, non. Écartons-nous d'une cour d'où l'austère vertu est bannie. Ici, du moins, j'ai la liberté de pratiquer la droiture. Je n'espère plus de voir rétablir la république, mais après ma mort, mes petits-fils, instruits par moi, seront dignes de la relever.

— Je voudrais cependant faire fléchir une fois ta fierté en faveur de Pierre.

— Je sais que je lui dois le changement dè ma mai-

son et que vous l'aimez tous. Je voudrais le servir...
Explique-lui ce qu'il m'en coûte d'implorer sa grâce.
S'il l'exige, le ciel me préserve de paraître ingrat !
j'irai trouver l'empereur.

Pierre ne jugea point à propos de forcer les scrupules
de Pudens. Les Églises d'Orient réclamaient sa visite. Il
voulait conférer avec Paul, répondre à quelques
doutes qui s'étaient élevés, et fixer l'unité de la discipline. Il résolut de s'éloigner.

Avant de partir, il chargea Marc, son disciple, d'é-
crire succinctement pour l'Église de Rome, le récit des
principaux mystères de la vie du Christ. Il établit Lin
et Clet à la garde du troupeau qu'il abandonnait et dit
adieu à la famille du sénateur qui l'avait recueilli et
protégé.

Dans cet entretien suprême, il eut la joie de surmonter les dernières hésitations de Priscille, qui, déjà
chrétienne par le cœur, se décida à en adopter ouvertement le nom. Cette conversion consola et rassura l'a-
pôtre. La femme du sénateur avait été la patronne des
chrétiens quand ils lui étaient encore étrangers; que ne
pouvait-on espérer de sa protection, quand elle les
regarderait comme ses frères?

Pudens ne s'opposa point au baptême de sa femme.
Mais il tenait à la philosophie du portique; il ne l'imita
point. Sa conversion devait être l'œuvre de Priscille, à
qui Pierre la recommanda.

— Aidez le travail de la grâce, lui dit-il, priez et es-
pérez : quand le fruit sera mûr, il tombera.

Dieu sembla seconder les efforts de l'épouse fidèle et

écarter les obstacles qui empêchaient le philosophe d'aller à l'Évangile.

IV

L'école de Zénon n'avait pas alors de plus illustre sectateur que Sénèque. Exilé en Corse, il avait emporté avec lui les regards de Rome.

Son courage s'était soutenu la première année et il avait composé pour consoler sa mère un discours plein d'éloquence et d'une stoïque fermeté.

Mais après ce temps son âme plia. Fatigué de l'exil, éloigné de tout ce qu'il aimait, sevré des applaudissements qui lui étaient si doux, il implora l'affranchi Polybe, tout-puissant auprès de Claude, mais que la ville méprisait, et lui dédia un nouvel ouvrage.

Dans ce livre, le stoïcien démentait les principes qu'il avait jusque-là hautement professés, et prodiguait les plus viles adulations à ce même empereur dont il avait cruellement raillé l'imbécillité.

Sa bassesse révolta les âmes fières. Pudens en lisant ce traité fut pris de dégoût; il le rejeta et baissa la tête avec tristesse.

Cette déception devait l'éloigner de la philosophie et ouvrir son esprit à la foi chrétienne.

Priscille connut ses sentiments et les mit à profit.

— La défaillance de Sénèque, lui dit-elle, n'a rien qui me surprenne. Au faîte de la prospérité il est facile d'affecter la constance. Il en coûte peu de braver

les coups de la fortune, quand elle sourit, de vanter la
sobriété au sein des délices, et de fouler aux pieds les
richesses dont on jouit. Viennent les revers, tout l'hé-
roïsme s'évanouit, parce qu'il n'était que pure rhétorique. Je n'en fais pas reproche à Sénèque.

Beaucoup d'autres aussi intrépides au sein de l'opulence n'ont pas eu plus de force dans le malheur. La
sagesse n'est qu'un vain bouclier contre l'infortune.
Pour braver les maux de la vie et mépriser les souffrances du corps, il faut avoir foi en l'immortalité de
l'âme et mettre toutes ses espérances dans une autre vie.

— C'est là notre enseignement.

— Non; Sénèque l'enseigne, mais sans y croire.

Pudens leva les yeux avec surprise sur sa femme.
Elle crut devoir interrompre un entretien qui était dé-
sagréable à son mari et passa brusquement à un autre
sujet.

Le stoïcien ne laissa point de blâmer sévèrement le
discours de Sénèque. Peut-être fit-il en même temps
éclater avec trop d'énergie le mépris qu'il avait pour
les courtisans de Claude; peut-être Polybe se figu-
ra-t-il qu'on ne reprochait à Sénèque que de lui avoir
dédié son livre. Quoi qu'il en soit il fut blessé des cen-
sures que soulevait ce traité. Il ne sollicita point le retour du philosophe, mais il considéra comme ses ennemis personnels tous ceux qui le critiquèrent.

Comme personne ne s'exprima avec plus de
hauteur que Pudens, le favori rassembla toute sa
haine contre lui et ne chercha plus que l'occasion de
lui nuire.

A ce premier grief, Pudens en ajouta, peu de temps après, un autre, qui excita contre lui le ressentiment de toute la cour.

Au commencement de son règne, Claude avait affecté le plus grand respect pour le sénat. Pour toute faveur, il avait demandé l'autorisation de faire entrer avec lui dans la curie quelques officiers de sa garde, et la ratification des jugements que prononceraient ses procurateurs. En revanche il s'était engagé à ne jamais y donner de siége à des fils d'affranchis.

Il s'y était engagé; mais ses courtisans n'avaient point ratifié sa promesse.

Or toute l'autorité impériale était dans leurs mains. Ils amusaient l'empereur à conduire des processions, à présider les jeux publics, à juger les procès des particuliers. Le bonhomme s'y consacrait avec un zèle admirable, prononçant à tort et à travers, selon son humeur, et servant de jouet aux plaideurs et aux avocats. Parfois pour tout arrêt, il se déclarait de l'avis de ceux qui avaient raison. Les défenseurs l'injuriaient avec toute licence, le secouaient quand il s'endormait à leurs discours et l'arrêtaient par son habit lorsqu'il voulait sortir. Un accusé s'emporta un jour jusqu'à le traiter de vieux fou. Un autre lui jeta à la face des tablettes qu'il tenait à la main et lui fit au visage une large blessure.

Claude s'occupait aussi par moments à donner des édits. Il en publia jusqu'à vingt en un seul jour. Dans l'un il exhortait à préparer les tonneaux parce que la vendange allait être abondante. Dans un autre il recommandait le suc des ifs, comme un remède aux morsures des serpents.

Il n'avait jamais fait la guerre. Le sénat, en lui décernant les ornements triomphaux, alluma tout à coup en lui une ardeur inattendue pour les armes. Claude s'embarqua pour les Gaules, passa de là en Bretagne, y reçut la soumission de quelques chefs de clans et revint triompher avec une magnificence inouïe.

Cette campagne n'affermit pas son courage. Un oracle, l'apparition d'un oiseau sinistre, un simple songe suffisait à l'épouvanter. Quand ses favoris voulaient perdre un de leurs ennemis, c'était en effrayant l'empereur qu'ils lui arrachaient l'arrêt de mort.

Il distribuait à profusion les insignes du triomphe et les ornements consulaires. Mais il dégradait les chevaliers qui refusaient le patriciat.

Il voulut remplir les fonctions de censeur. Mais son enquête faite avec négligence n'aboutit qu'à le charger de ridicule. Tous ceux qui méritaient la dégradation y échappèrent.

Malgré sa promesse, il ne sut point refuser le rang de sénateur à l'un des fils de ses affranchis. Quelque serviles que fussent devenus les patriciens, leur orgueil se réveilla. Pudens était ce jour-là dans la curie. Il s'éleva avec force contre la volonté de l'empereur, et comme son avis ne prévalait point, il sortit en protestant.

Ce fut pour les courtisans une sanglante injure; mais l'impératrice, qui devenait jalouse de la puissance des affranchis, applaudit à leur humiliation et défendit hautement le fier patricien qui les bravait.

Une ligue se forma dans le palais contre elle-même. Elle ne l'ignora point ; mais elle la méprisa. Elle dominait Claude, en effet, et n'aurait eu rien à craindre si elle ne s'était perdue elle-même.

Éprise du jeune Silius elle résolut de l'épouser. Des noces secrètes ne satisfont pas sa passion ; elle veut toute la pompe d'un mariage public, consigne la dot entre les mains des augures et s'engage à faire signer par l'empereur même, le contrat de cette adultère union. Silius cherche en vain à l'en détourner et lui représente les périls qu'elle affronte ; elle est sourde, et réalise son dessein.

Pour tromper Claude sa fable est toute prête. Des songes l'ont avertie qu'un grand danger menace les jours de son mari ; des oracles complaisants appuient ses mensonges et épouvantent le vieillard. Alors, comme par une inspiration du ciel, Messaline propose de détourner sur une autre tête la colère des destins en prenant en apparence un autre époux.

Claude approuve le stratagème et signe.

L'empereur se reposait dans des fêtes à Ostie. Deux courtisanes qui lui plaisaient étaient avec lui. L'une d'elles, selon qu'elle en avait reçu l'ordre, s'écria :

— Voilà Messaline mariée à Silius. L'as-tu ouï dire ? ajoute-t-elle en regardant sa compagne.

— Oui.

— Comment ! dit Claude, et il appelle Narcisse. Narcisse vient.

— Pardonnez-moi, dit-il, d'avoir dissimulé jusqu'à

présent. Ce ne sont pas encore ses adultères que je reprocherai à l'impératrice. Sa maison, ses esclaves, l'éclat de son rang, laissez-les lui ; qu'elle continue d'en jouir ; mais qu'elle vous rende votre épouse... Connaissez-vous toute votre infortune ? Silius s'est marié à la vue du peuple, du Sénat, de l'armée. Si vous ne vous hâtez d'agir, le marié est maître de la ville.

Claude ouvrit ses yeux avec égarement, et fit appeler ceux de ses affranchis en qui il avait le plus de confiance.

Tous sont d'accord et lui répètent à l'envi :

— Allez au camp ; affermissez la fidélité des prétoriens ; songez d'abord à votre sûreté ; la vengeance viendra ensuite.

L'empereur était dans une perplexité affreuse et perdait la tête. De moment en moment il demandait :

— Est-ce encore moi qui suis l'empereur ?

Cependant Messaline, plus effrénée que jamais, célébrait dans sa maison les fêtes de la vendange, au milieu de ses femmes vêtues de peaux de bêtes, et dansant comme des bacchantes. Les cheveux épars, elle agitait un thyrse. Silius, couronné de lierre, chaussé du cothurne, s'ébattait entre les danseuses. Un des invités grimpa sur un arbre.

— Qu'aperçois-tu ? lui demanda-t-on.

— Une affreuse tempête du côté d'Ostie.

En effet on annonce de toutes parts que l'empereur est instruit de tout et court à la vengeance. Messaline s'efforce de voir Claude, lui envoie ses enfants, implore l'intercession des Vestales, traverse à pied toute la ville et prend la route d'Ostie sur une charrette de jardinier.

César tremblait toujours. Narcisse se fait donner le commandement de l'armée, entraîne Claude à Rome, sans le quitter un instant, l'aigrit et le ramène au camp. Les cris des soldats le rassurent enfin et il condamne Silius, qui pour toute défense demanda une prompte mort.

C'était Messaline qu'on voulait perdre. On l'écarta avec grand soin ; on repoussa également ses enfants, et on renvoya la vestale à ses fonctions. L'empereur hésitait encore et aurait pardonné sans doute ; mais Narcisse prévint ses irrésolutions et donna en son nom l'ordre d'égorger l'impératrice.

On apprit à César, pendant qu'il soupait, le meurtre de sa femme par cette formule vague : Messaline est morte.

Quelques jours après, à l'heure de souper, ayant déjà oublié ce malheur ; il demanda encore :

— Pourquoi donc l'impératrice ne vient-elle pas ?

Mais quand le souvenir rentrait dans son esprit, il frissonnait d'effroi.

— Puisque le mariage, dit-il, me réussit mal, je garderai le célibat toute ma vie.

— Oui, dit-il une autre fois en présence de ses officiers, si je ne reste pas dans le célibat, je consens que vous me perciez de vos propres mains.

Pudens avait souvent flétri les débauches de Messaline ; néanmoins les affranchis l'enveloppèrent dans la disgrâce de l'impératrice, et firent signer à Claude un décret qui le condamnait à sortir de l'Italie.

Pudens reçut avec une indifférence superbe l'ordre de partir. Il régla ses affaires, recommanda les intérêts de ses clients à un ami et se prépara à obéir.

V

Il mit à profit son exil pour visiter les principales écoles de philosophie et s'embarqua pour la Grèce ; il aborda au Pirée.

Athènes était bien déchue de son ancienne gloire. Des grands hommes qui l'avait rendue illustre, elle n'avait qu'à peine conservé le souvenir. A la place de ces maîtres qui cherchaient à résoudre les plus sublimes problèmes de la sagesse, des sophistes disputaient sur des frivolités. La tribune où avait tonné la voix de Démosthènes, ne retentissait plus que des subtiles arguties des rhéteurs. L'académie n'était plus. Les Platon, les Zénon, les Aristote n'avaient pour successeurs que des pédants sans éloquence ni savoir, qui mettaient toute leur étude à imaginer, par l'abus de la dialectique, des raisonnements bizarres et captieux.

Au milieu de ces déclamations, l'image de Pierre revint à l'esprit de Pudens.

— Voilà donc les philosophes élevés dans nos écoles ! Ils épuisent pour des niaiseries les ressources de l'esprit et de la rhétorique ; tandis que le pêcheur galiléen, étranger aux lettres, explique sans effort les plus hautes questions de la destinée des hommes. Il ne se travaille point pour éblouir, et se faire admirer. Il ne songe qu'à persuader. Il est ferme dans sa foi et simple dans ses paroles, et laisse aux disputeurs, gonflés d'orgueil, le soin de conquérir par la singularité, une célébrité éphémère. — Il s'éloigna d'Athènes avec désenchantement. Priscille désirait se rapprocher de Jérusalem, où elle espérait de rencontrer saint Pierre. Elle engagea son mari à passer en Asie-Mineure. Pudens déféra à ses vœux. Ils se rendirent à Éphèse.

Saint Paul avait prêché dans cette ville et y avait formé une église déjà florissante et nombreuse. Ceux qui n'avaient pas encore embrassé le christianisme, honteux des abominations païennes, n'osaient déjà plus pratiquer publiquement l'idolâtrie. Le concours des peuples qui de toute l'Asie affluaient au fameux temple de Diane, diminuait de jour en jour. L'ouvrage manquait aux ouvriers qui vivaient des anciennes superstitions, et les prêtres de la déesse se morfondaient dans la solitude, auprès de leurs autels abandonnés.

— Eh ! quoi, pensa Pudens, la religion de Pierre a-t-elle fait tant de progrès ?

Il ressentit plus vivement le mystérieux travail de la grâce qui s'opérait en lui. Il comparait involontairement les enseignements de l'apôtre avec les doctrines du Portique.

Selon le précepte de Socrate, le sénateur suivait en apparence les cérémonies du culte établi. Mais il méprisait dans le fond de son cœur les dieux impurs du vulgaire. Il confessait devant sa femme que si les immortels étaient sur la terre, au lieu de leur offrir l'encens, il faudrait les livrer aux tribunaux et les condamner aux supplices.

Mais l'austérité des doctrines stoïciennes le séduisait. Priscille avait beau lui répéter que cette philosophie n'était rien qu'orgueil, hypocrisie et dureté, et qu'il était plus vertueux que ses principes ; il n'en voulait point convenir. Peut-être rougissait-il de prendre sa femme pour institutrice et ne repoussa-t-il la lumière que parce qu'elle venait d'elle.

Il allait partir pour Antioche, lorsqu'il reçut des lettres de Rome.

En dépit des serments de Claude, après la mort de Messaline, ses affranchis n'avaient pas laissé de lui chercher une épouse. Parmi les femmes ambitieuses qui briguèrent la main de l'empereur ils choisirent Agrippine, fille de Germanicus et nièce de Claude, alors veuve de Domitius OEnabarbus. Assurée de leur appui, et grâce à la familiarité qu'autorisaient les liens du sang, Agrippine fit la cour au vieux César et le séduisit.

Les lois romaines proscrivaient comme incestueux le mariage de l'oncle et de la nièce. On aposta un homme qui proposa dans le sénat d'obliger Claude au nom de l'intérêt public, à épouser Agrippine, même malgré lui.

Le premier soin de la nouvelle impératrice, en s'asseyant au rang qu'elle avait ambitionné, fut de tout préparer pour y demeurer après la mort de son mari. Elle travailla sans délai à frayer le chemin de l'empire à son fils, Domitius Néron, qu'elle avait de son premier mariage.

Les flambeaux de son hyménée éclairèrent le meurtre de Silanus, fiancé d'Octavie, fille de Claude, qu'elle destinait à Néron. Il y avait un autre obstacle. Messaline avait laissé un fils, nommé Britannicus. Agrippine forma le projet de supplanter l'héritier légitime et d'amener l'empereur à déshériter son propre fils en faveur du fils de Domitius.

L'éducation de Britannicus fut abandonnée aux esclaves. Pour instruire Néron, au contraire, on chercha les maîtres les plus illustres et les plus vertueux. La voix des soldats élevait jusqu'aux nues le tribun Burrhus ; Agrippine donna Burrhus pour gouverneur à son fils, et pour lui enseigner les lettres, elle rappela de Corse le stoïcien Sénèque.

Des largesses répandues au nom de Néron lui attachèrent le peuple et l'armée. On lui fit honneur en même temps de tous les édits bienfaisants que signa Claude.

Les portes de Rome furent rouvertes aux exilés. Le ressentiment de Polybe même dut céder, et Pudens fut autorisé à rentrer dans sa maison.

Il revint, mais à pas lents. Toutefois le changement qu'opérait l'influence d'Agrippine le remplit d'espérance. Il reprit sa place dans le sénat.

Mais quand il vit que les affranchis n'avaient rien perdu de leur puissance et que l'avis des flatteurs était seul écouté, le dégoût le reprit et il se réfugia de nouveau dans sa retraite.

Il s'y retrouva face à face avec le Christianisme, qui emplissait toute sa maison. La vue des vertus évangéliques le frappa d'admiration. Il voulut étudier de nouveau la foi chrétienne. Priscille lui ménagea des entrevues avec Lin, *surveillant* de l'église romaine en l'absence de Pierre. Lin était versé dans la philosophie païenne ; il détruisit toutes les objections qu'éleva Pudens et acheva de l'attirer à la religion de Jésus.

Le sénateur commença à participer aux cérémonies chrétiennes. Il en admira la sublime simplicité. La poésie de nos prières le séduisit, et il souhaita le baptême.

Sur ces entrefaites, Pierre, après avoir présidé à Jérusalem le premier concile, et avoir, de concert avec les autres apôtres, abrogé les formalités du culte mosaïque, revint à Rome, et redemanda à Pudens l'hospitalité qu'il lui avait déjà offerte.

Pudens l'accueillit comme un ami. Les prières et la conversation de Pierre triomphèrent des dernières irrésolutions du sénateur, qui, peu après, reçut le baptême avec toute sa maison.

V. — SIMON LE MAGICIEN [1]

I

Le soir tombait. Un jeune homme de moyenne taille, beau, mais d'une pâleur maladive, entrait dans Samarie. Il semblait exténué et baissait le front, comme sous le poids d'une malédiction. Ses yeux attachés sur la terre n'osaient se lever. Il se traînait avec peine et chancelait de besoin et d'épuisement.

Ses vêtements simples étaient blancs. Il avait les pieds chaussés de grossières sandales, dont les bandelettes se rompaient. Sa tête était nue.

Il s'avançait au hasard, sans interroger personne, comme s'il eût craint ou d'être souillé par les paroles des hommes, ou de les souiller en leur parlant. Il ne voyait pas ceux qui passaient et ne prenait garde qu'à ne point les heurter.

[1] Saint Justin. — Saint Irénée. — Eusèbe. — Tertullien. — Saint Épiphane.

Arrivé devant une maison dont l'entrée était ombragée par quelques arbres fruitiers, il s'arrêta et délibéra un moment avec lui même ; puis cédant à la fatigue, il s'assit sur le gazon.

Des figues nouvelles, mûries par la chaleur de la journée, faisaient courber vers lui les rameaux alourdis. La tentation était rude pour un homme qui mourait de faim. Aussi commença-t-il aussitôt à consulter sa conscience.

— Il m'est défendu de rien recevoir des profânes ! Mais prendre n'est pas recevoir. Je ne violerai donc pas mon serment.

Il étendit la main, cueillit quelques fruits et les mangea.

Il allait se retirer quand la porté de la maison s'ouvrit, et une voix singulière, cauteleuse et hardie, douce et impérieuse à la fois, retentit à son oreille et le fit tressaillir.

— Entre, lui dit la voix, je suis celui que tu cherches.

Le jeune homme regarda avec surprise qui lui avait parlé.

Il vit un homme d'environ cinquante ans, au visage sombre, à l'œil insolent et fascinateur. Un effort de bienveillance éclairait pourtant la morosité de ses traits ; il répéta son invitation :

— Oui, me voici : je viens au devant de toi. Car je t'attends, ou plutôt c'est moi qui t'ai inspiré la pensée de me chercher, et qui ai dirigé tes pas jusqu'ici.

Une terreur superstitieuse s'empara du jeune homme, et peu s'en fallut qu'il ne prît la fuite.

— Ne doute point de mes paroles, continua le vieillard.

— J'allais trouver les disciples de Jésus de Nazareth qu'on appelle le Christ.

— Je le sais, et voilà pourquoi je te dis : Ménandre, réjouis-toi. Tu vois en moi plus que tous les disciples; tu vois le Christ et le Messie même.

— J'avais ouï dire qu'il a été mis à mort par l'ordre du procurateur.

Un fin sourire contracta la figure du vieillard.

— Aussi ne suis-je pas Jésus de Nazareth, mais le maître de Jésus, ainsi que de tous les génies. Quant à Jésus, ceux qui le croient mort sont des insensés. Comment un esprit peut-il mourir? Ses disciples, en affirmant sa résurrection, affirment la vérité, quoiqu'ils ne la comprennent pas. Ceux qui croient en moi sont seuls exempts d'erreur. Car je suis, comme je l'ai proclamé par la bouche de Jésus, le flambeau, le sentier et l'immortalité... Je ne suis point mort. Quand les soldats se sont emparés de moi, je n'ai laissé dans leurs mains qu'une ombre, à laquelle j'avais prêté ma figure et ma ressemblance. Pour moi, mêlé dans la foule et invisible je riais en les voyant s'acharner contre un corps imaginaire et un fantôme.

— Tous les miracles que l'on raconte sont-ils donc vrais ?

— Sans doute ; ils se sont accomplis en présence des multitudes, et il faut être aveugle pour les nier... Mais entre dans ma maison, car c'est principalement pour ton salut que je suis descendu du ciel.

Le jeune homme récita en lui-même en forme de

prière quelques versets de la Bible, et subjugué par l'autorité du vieillard, il le suivit.

— Tu vas souper, car tu as faim ; tu te reposeras ensuite.

— Il m'est interdit de rien accepter de ceux qui ne sont point nos frères.

— Et qu'as-tu à craindre auprès de moi?

— Je crains le serment que j'ai fait ; depuis trois jours qu'ils m'ont chassé, je ne l'ai point encore violé.

— Par qui as-tu juré?

— Par Adonaï.

— Rassure ta conscience. Si tu avais juré par mon nom redoutable, je ne te délierais point de ton serment. Adonaï n'est que mon serviteur et mon esclave.

En parlant ainsi, le vieillard entraîna le jeune homme, qui, malgré ses scrupules, céda et se laissa conduire dans une salle où une table était dressée. Il s'y étendit, mais n'osant toucher aux plats, il restait immobile et en silence.

— Tu es de la secte des Esséniens, reprit le vieillard; si je ne le savais pas, je le reconnaîtrais à tes hésitations superstitieuses.

— Je n'en suis plus, depuis ma faute.

— Ils t'ont rejeté, parce que tu n'as pu porter le joug de leurs stupides lois.

— Je ne les maudis point; leur sentence est dure, mais elle est juste... Tant que j'ai été fidèle, j'ai été heureux.

— Heureux ! Appelles-tu bonheur une lutte sanglante et perpétuelle contre tous les désirs de ton cœur et les plus doux penchants de la nature? Le séjour des villes a trop de délices ; ils t'y ont arraché. Ils t'ont confiné dans des bourgades sans agrément. Tu ne possèdes ni or ni argent, et tu n'as point espérance d'en gagner, ni par le commerce ni par l'exercice d'aucun métier. Tu étais né dans la richesse et environné d'esclaves qui te servaient. Tu n'as plus ni esclaves ni serviteurs, et au contraire tu es le serviteur et l'esclave des autres.

— Si je servais mes frères en ce que je pouvais, ils me servaient à leur tour.

— Les festins, les plaisirs te sont défendus. A peine t'accorde-t-on ce qui est absolument nécessaire à prolonger tes souffrances. Aucune délicatesse dans tes re-pas ; du pain, un mets grossier, qu'il plût ou non à ton goût, composait, à la table commune, toute ta nourriture. Tu es bien fait et de bonne mine ; tu serais beau, si ton habillement faisait ressortir tes avantages. Point; il faut prendre au même vestiaire un vêtement qui n'est point taillé pour ton corps. Ton intelligence est haute et vive ; elle est faite pour comprendre les grandes choses. On l'enfouit dans les pesants travaux du labourage... Et quand tu as répandu beaucoup de sueurs, les récoltes que tu as fait croître t'appartiennent elles? non, elles appartiennent à tes frères. Que dis-je? Un inconnu, un étranger, tout homme affi-lié à la secte peut te sommer de partager avec lui, non-seulement le fruit de tes peines, mais tout ce qui est à toi, jusqu'à ta demeure, et tu n'oserais le repous-ser. Ne l'aurais tu jamais vu, tu dois l'accueillir, l'em-brasser, lui sourire et te dépouiller de tout pour lui.

— Ils agiraient de même envers moi.

— Que t'importe, si tu n'as jamais occasion de faire l'épreuve de leur bonne volonté ?

— D'ailleurs, avant de m'engager, on m'avait expliqué la règle, je n'ignorais pas ce que je jurais.

— On t'avait ébloui et fasciné en te promettant des mystères, et on avait allumé en toi la soif de les connaître, en te les proposant comme une récompense après de longues épreuves!

— On éprouve pendant un an la continence, et les autres vertus pendant deux ans... Que n'ai-je péché avant la fin de ces épreuves.!

— S'ils ne t'ont permis d'apprendre ni un art ni un métier, tu devrais posséder au moins les biens de ta famille. Ils ne t'ont point rendu ce que tu leur as donné. Ce n'était pas assez du lien de tes serments ; ils voulaient t'enchaîner par la crainte de mourir, en les quittant, de misère et de faim.

— Ce sont des hommes justes.

— Ce sont d'habiles fourbes. Leurs vertus sont calculées, comme leurs lois, pour leur intérêt. Ils prescrivent le respect des vieillards, parce que la plupart sont vieux, et qu'il est doux de se voir respecter. Ils te défendaient le mensonge, parce qu'ils aimaient à lire dans ton âme, et le serment, pour t'enlever un moyen de les tromper. Pourquoi, s'ils condamnent le serment, en exigent-ils un des candidats qu'ils adoptent ?

— Il faut bien s'engager à observer les règlements.

— Qu'est-il besoin de jurer obéissance aux supérieurs, puisqu'ils chassent de leur société ceux qui désobéissent?Pourquoi t'obliger, si tu deviens supérieur, à ne point te distinguer des simples frères, quand cette supériorité même est la plus grande des distinctions ? Je comprends le reste du serment. Tu renonces au droit de rien changer dans l'enseignement, parce que l'institution périrait, si la raison pouvait en retrancher les superstitions et les abus. Il importe aussi de ne rien révéler aux étrangers, car on veut imposer au peuple, et l'estime du peuple n'est le prix que du mystère.

— La vie qui nous est tracée est pure et vertueuse.

— Jeune homme, tu oublies que je sais tout et que rien n'est secret pour moi.

— Notre seule étude est la morale ; nos efforts ne tendent qu'à en observer les préceptes. Nous nous levons au point du jour ; nous attendons le soleil en priant Dieu. Toute parole profane nous est interdite jusqu'à ce moment. Notre supérieur nous avertit, quand il l'aperçoit ; nous nous répandons aussitôt dans les champs. La cinquième heure nous rassemble. Un bain nous délasse et nous purifie. Nous n'y descendons jamais sans voile ; nous en sortons sans verser aucun parfum sur nos têtes. Nous nous asseyons ensuite au repas qui nous est préparé. Une prière le précède, une prière le suit, et quand il est terminé, nous retournons à nos travaux que la nuit seule interrompt. Voilà toute notre vie. Le jour du sabbat seulement est exempt de tout labeur. Nous le passons dans nos synagogues. Un de nos frères lit à haute voix la sainte Écriture, et un autre l'explique.

— Votre morale est fausse et illogique...

— C'est la morale de la Bible.

— Vous adorez donc la Bible?

— Elle est le plus saint de tous les livres. Il est vrai que les rabbins ne l'interprètent point comme nos docteurs. Aussi n'avons-nous pas confiance en leurs cérémonies et ne croyons-nous pas qu'ils accomplissent les purifications avec assez d'exactitude. Nous n'allons point sacrifier au temple et nous nous contentons d'y envoyer nos offrandes.

— Les juifs sont devenus idolâtres.

— L'Écriture n'en est pas moins sainte... Nos docteurs y trouvent la révélation de ce qui doit arriver, les vertus des simples et tous les secrets de la médecine.

— Ils rêvent et ils radotent. Depuis que Jésus n'est plus sur la terre, moi seul j'ai la connaissance anticipée de l'avenir.

— La Bible a été inspirée par Dieu même.

— Par Dieu? Elle n'a été dictée que par les plus méchants des génies... Les humains n'ont été que trop longtemps les jouets de ces esprits pervers; c'est pour les sauver et pour les affranchir de la tyrannie des superstitions que je suis venu sur la terre, moi qui suis, non le Fils de Dieu, mais Dieu même, le Dieu unique en trois personnes, Père, Fils et Esprit.

— Quoi! Vous êtes Dieu?

— Oui, jeune homme, je suis le seul Dieu. C'est de moi qu'il est écrit que j'étais avant les temps et que toutes choses ont été faites par mes mains. Je suis l'ancien des jours, je suis celui qui est, je suis le Dieu des dieux, Adonaï, Jéhovah, la grande Vertu et le maître du monde !

— Jésus n'était donc qu'un imposteur, quand il se disait le Fils du Très-Haut et l'égal de Dieu ?

— Jésus n'était pas un imposteur, car ses paroles étaient vraies. Aussi, a-t-il confessé qu'après lui viendrait celui qui achèverait son ouvrage et poserait le faîte de l'édifice qu'il fondait. Celui qu'il annonçait, ce Paraclet qui devait venir, c'est moi.

— Vous affirmiez tout à l'heure que vous étiez Jésus même...

— Sans doute.

— Comment êtes-vous à la fois Celui qui est venu et Celui qui doit venir ?

— La trinité des personnes divines est un emblème qui représente mes trois révélations. Je me suis montré aux Samaritains comme Père ; je suis apparu aux Juifs sous le nom de Fils ; et chez les nations je suis le Paraclet, et j'achève et complète les prédications que j'ai ébauchées jusqu'à la sentence de Ponce-Pilate.

— Vous avec donc une puissance surnaturelle ?

— Rien ne m'est impossible ; après que j'ai fait lès auteurs de la terre et des mers, mon pouvoir aurait-il des bornes ? Je me rends invisible à mon gré, et je substitue à ma place un corps fantastique. Je l'ai fait dans le prétoire du procurateur au milieu des soldats romains. Je passe à travers les montagnes et les rochers. Je me précipite du haut des promontoires et je défie les blessures. Charge-moi de chaînes, je me dé-

gagerai de tous les liens et j'échapperai. Je touche le
sol et des palmiers en sortent et s'élèvent en un moment
leur cime jusque dans les nues. Je n'ai qu'à le vouloir,
et je dépouillerai mes traits, comme un masque ; je
revêtirai une figure différente et changerai mon visage
au point de tromper l'œil même de ma mère. J'ai accompli toutes ces choses devant un peuple entier. Tes
yeux en seront témoins, si tu le souhaites... Est-il
parmi les morts quelque personne que tu désires
revoir ?

— Non, la seule créature que j'aie aimée est vivante
et loin d'ici.

— As-tu connu ta mère?

— Elle est morte en me donnant le jour.

— Tu n'as point connu ta mère ! reprit le vieillard en
se levant. Eh bien! tu vas la connaître.

Surpris de tout ce que lui avait dit son hôte, le
jeune homme n'avait point examiné la salle dans laquelle il avait été introduit.

Le vieillard leva la main. Le flambeau qui les
éclairait s'obscurcit brusquement et ne jeta plus qu'une
lumière douteuse et pâle, semblable à celle du cré-
puscule.

En même temps, la table devant laquelle il était
couché recula d'elle-même, et disparut à travers la
muraille qui s'ouvrit pour la laisser passer et se re-
ferma. Puis cette même muraille se fendit de haut en
bas et les deux côtés se replièrent à droite et à gauche,
comme une tapisserie.

Par l'ouverture, on apercevait une galerie bordée

de plantes et d'arbrisseaux, qui conduisait à un sépulcre.

De ce sépulcre s'éleva une nuée qui se dissipa peu à peu et s'évanouit. Il en sortit une ombre dont les formes vaporeuses se dégagèrent par degrés, et revêtirent la figure d'une femme.

Elle s'avança vers le jeune homme. A mesure qu'elle approchait, il la distinguait plus nettement. Elle paraissait âgée d'environ quarante ans, belle encore, bien que flétrie. Un long voile ombrageait son visage, et une robe à larges plis cachait sa taille et traînait sous ses pieds.

Quant elle fut parvenue à quelques pas de lui, ses yeux, fixés sur les siens, le reconnurent sans doute ; elle tressaillit, le salua d'un sourire et s'arrêta.

Le jeune homme ne resta point maître de son émotion. Il se leva, se précipita vers elle, les bras ouverts, en s'écriant :

— Ma mère... !

L'ombre échappa à ses embrassements et se fondit dans les airs. Il voulut la poursuivre ; une force invisible le retint et il ne put passer.

Comme il se retirait avec désappointement et la tête baissée, il fut ébloui par une clarté merveilleuse, si vive qu'il n'en put soutenir l'éclat. Au milieu de cette flamme qui l'environnait, son hôte se tenait debout.

Le vieillard n'avait plus sa taille ordinaire, mais avait grandi de plusieurs coudées et sa tête s'était transfigurée.

— Jeune homme, dit-il d'une voix majestueuse, crois en moi, reçois mon baptême et tu seras immortel.

A ces mots, la lumière s'éteignit, et le jeune homme resta plongé dans les plus profondes ténèbres.

II

Pendant qu'étourdi par ce qu'il avait vu et entendu, il palpitait de surprise, d'émotion et d'inquiétude, le dieu rejoignait, dans l'intérieur de ses appartements, l'ombre qu'il avait évoquée.

C'était une femme à l'air sec, à la voix brève, au geste nerveux. La débauche avait brûlé son visage qui avait été beau et régulier. Elle était d'ailleurs intelligente ; sa vie libertine et le dévergondage de ses mœurs avaient ajouté à son esprit naturel, que ne modérait point la modestie.

Elle avait dépouillé son costume de fantôme et, demi-nue, elle lavait dans un bassin d'argent les couleurs funèbres dont elle avait peint sa figure, pour ressembler à une morte ; elle était contrariée parce qu'elle ne pouvait effacer le noir qui cerclait ses yeux.

— Que Cerbère ait cet infâme charbon ! criait-elle aigrement. Je ne pourrai pas l'enlever !

— Il est pris ! répondit le vieillard.

— Je m'inquiète bien s'il est pris ou non. Je vais rester noire pendant huit jours !

— L'illusion a été complète.

— Que la lèpre te gagne, avec tes apparitions ! je ne veux plus m'occuper de tes farces... Je me moque de tes miracles ; me voilà laide pour une semaine !

— Tu as très-habilement tenu ton rôle.

— Pour ce qui m'en revient !... J'en suis lasse.

— Ce qui t'en revient ? Il a donné aux Esséniens les biens de son père ; mais il a une tante sadducéenne qui lui léguera une grande fortune... D'ailleurs je ferai de lui le premier de mes apôtres, et le prince, après moi, de mon Église.

— Tu veux singer le Christ et tu ne peux égaler seulement le dernier de ses disciples.

— Pierre m'a vaincu, mais j'aurai ma revanche.

— Il t'a maudit et repoussé. Quand il eut dit : Que ton argent périsse avec toi ! tu n'as su rien répondre et tu t'es retiré la tête basse, avec confusion, heureux qu'il ne t'arrivât point le même accident qu'à Saphyre et Ananie, que sa malédiction a frappés de mort.

— Il a été maladroit ; je lui aurais gagné des prosélytes, au lieu que je travaille contre lui, et que je lui enlève les plus riches.

— Que lui importe ! Il méprise l'or, et n'en veut recevoir de personne. Et puis il a bien assez de disciples sans les tiens. Chaque jour lui en amène en foule... Toi même, tu lui en as attirés par ton exemple, car tu l'as été.

— J'ai reçu le baptême de Jésus, comme Jésus a reçu celui de Jean. Il prépare au mien.

— Depuis que Pierre est venu en Samarie, le peuple te fuit.

— C'est un entraînement passager. On est séduit de l'entendre prêcher la mortification, la pénitence et la croix. Un grand nombre qui ont embrassé sa doctrine par amour de la nouveauté, s'en rebuteront bientôt et reviendront à moi, car je connais mieux que lui le cœur humain, et je m'appuie non sur l'austère vertu qui effraie, mais sur l'amour des plaisirs, sur le penchant qu'ont les hommes pour les délices et la débauche ; j'ai leurs vices pour alliés.

— Il est cent fois plus habile que toi... Pour faire des miracles, il n'a besoin ni d'engin, ni de machines. Il commande, et les malades guérissent, et les morts mêmes ressuscitent. Et non seulement il fait lui-même ces prodiges, mais pour communiquer sa puissance à ses disciples, il n'a qu'à lever les mains sur eux.

— C'est le secret que je voulais acheter, et s'il avait consenti à me le vendre, avant un quart de siècle, toute la terre serait à mes pieds... Mais c'est en cela qu'éclate la supériorité de mon génie : Par la seule puissance de mon art, j'égale presque ce qu'il accomplit par la vertu divine.

— Oui, et tout ce qu'il y a d'épineux et de fatigant retombe sur moi. Et quand j'ai pris beaucoup de peine, si le prodige réussit par mon adresse, on crie que Simon est Dieu. On ne parle jamais d'Hélène... Est-ce que la Mère de Jésus a tant de labeurs à supporter ? elle ne sort presque pas de sa maison.

— Elle confirme les prosélytes par sa douceur. Toi, tu es méchante comme une furie.

— J'ai raison. Pourquoi aussi ne suis-je pas traitée comme elle ? On la respecte et on l'honore presque à l'égal d'une divinité.

— Si tu es docile, tu n'auras plus désormais rien à envier à la Mère de Jésus. Je t'élèverai plus haut qu'elle. On lui rend des honneurs presque divins ; on t'adorera, on te dressera des autels, on t'offrira des sacrifices ; Jésus n'a fait de Marie que la Mère de Dieu, moi, je te ferai déesse.

— Ne raille donc pas.

— Tu seras la fille et l'épouse de Dieu et son égale.

— Oh ! les promesses ne coûtent rien ; tu n'en as jamais été chiche.

— Je ne promets rien à l'aventure. Tu seras au-dessus de toutes les autres femmes, au-dessus des anges, des chérubins et des archanges. Tu ne seras inférieure qu'à moi seul.

— On ne croira jamais cela... Si du moins je n'avais pas été esclave !

— Tu as été esclave et prostituée, et c'est pour cela que tu seras adorée.

— Nos ennemis me le reprocheront.

— Je leur en ôterai le plaisir en le proclamant le premier.

— Tu es fou ! quelle besoin de me rendre méprisable ?

— Mon esprit, te dis-je, est sublime, et je mérite l'encens des hommes.

— Vieil imbécile! espères-tu que je t'adorerai aussi?

— Écoute, Hélène, ce que j'ai résolu, et défends-toi, si tu peux, de m'admirer... A partir de ce moment tu n'es plus une femme ; tu deviens une pure intelligence, et je n'ai plus avec toi qu'un commerce tout spirituel.

— Qu'est-ce que cela veut dire ? Est-ce que tu vas faire ce que tu permets aux autres et chercher d'autres femmes ? Je ne m'accommoderai pas de cette doctrine-là, d'abord, et au premier signe de mépris, je démasque toutes tes fourberies.

— Que l'impatience fait dire de sottises aux femmes ! Certes, le plus grand de mes miracles sera de t'avoir transformée en intelligence et en pur esprit.

— Explique-toi donc, alors, si tu sais ce que tu dis.

— Tu es mon intelligence et ma première conception. Je t'ai engendrée avant le temps et avant la création du monde...

— Comment, avant la création! je n'ai pas quarante ans !... Voyez-vous ce benet qui va crier que je suis plus vieille que le monde !

— Pour ce motif, je t'appellerai aussi, en chaldéen, Prunique, c'est-à-dire *germination*. Tu es donc ma fille et ma vertu créatrice. Par toi, j'ai produit les génies d'en haut, les anges et les archanges. Instruite de ma volonté et portant dans tes flancs le germe de mes desseins, tu descendis des hauteurs des cieux, et, connaissant que je songeais à former l'univers, tu donnas l'être aux génies et aux puissances qui ont fait le ciel et la terre.

— Ton conte est ridicule. Si j'avais eu tant de pouvoir, je me serais conservé au moins la liberté.

— Quand les génies eurent ordonné le monde et qu'ils en eurent vu la beauté, émerveillés de leur propre ouvrage, ils s'admirèrent et se complurent dans l'orgueil. Ils eurent honte de n'avoir pu s'engendrer eux mêmes et d'avoir eu besoin d'une mère. Une infernale pensée leur vint alors : ils songèrent à te faire disparaître... Ils conspirent donc contre toi, se révoltent, se saisissent de toi et t'enchaînent. Pour moi, leur aïeul, j'habitais au-dessus d'eux et ils ne me connaissaient point. Lorsqu'ils te virent garrottée et entre leurs mains, ils t'accablèrent d'affronts et de mauvais traitements et t'enfermèrent dans un corps humain. Quand la dissolution de cette première prison te laissa libre, ils te firent successivement passer en d'autres corps, jusqu'à ce que tu fusses entrée dans celui que tu habites aujourd'hui. C'est ainsi que tu fus la belle Hélène, cause de la guerre de Troie. Le poète Stésichore, pour avoir insulté tes charmes, perdit la vue. Tu ne la lui rendis qu'après qu'il fut venu à résipiscence et qu'il eut chanté sa fameuse palinodie. Maintenant encore la jalousie des Puissances ne cesse de te poursuivre. Ce sont elles qui t'avaient faite esclave et t'avaient traînée dans un lieu de débauche.

— Et pourquoi ne m'arrachais-tu pas de leurs mains ?

— Je l'ai fait, et je n'ai quitté le trône où je règne au plus haut des cieux que pour courir après la brebis égarée... Je t'ai retrouvée, et je te relève au rang qui t'appartient et que t'avait fait perdre l'ingratitude des méchants génies, tes enfants.

— Tu devais remonter de suite dans le ciel avec moi ?

— Non, car, en traversant le monde, j'ai vu les désordres et les maux qu'ont semés les puissances qui les gouvernent. Partout la souffrance et les pleurs, le meurtre et la guerre, la mort et les funérailles. Ce spectacle a réveillé mon amour pour les hommes, et j'ai résolu de séjourner parmi eux pour les instruire et réparer, en les sauvant, les méfaits des génies... Il ne suffira plus désormais de croire en moi, il faudra croire aussi en mon Hélène, ma fille et mon égale, qui devient par là très-supérieure à la Mère de Jésus.

— Et comment persuaderas-tu cette fable ?

— Ne connais je pas la bêtise humaine ? Est-il rien qu'on ne fasse accroire aux hommes, quand on autorise leurs vices ? D'ailleurs, je marie dans mon système la philosophie orientale avec la théogonie de l'occident. Mes miracles confirmeront mes paroles, et avant peu tu recevras les vœux sous le nom de Minerve.

— Il faudra imaginer de nouveaux miracles : ceux que nous avons faits ici commencent à s'user. Pierre les a tous pénétrés.

— Nous ne chercherons pas de nouveaux miracles, mais de nouveaux admirateurs. Nous irons prêcher à Antioche.

— Tu ne crains pas qu'on ne te persécute, comme on persécute les disciples du christ, si tu enseignes une religion nouvelle ?

— Ce n'est point parce qu'ils enseignent une religion nouvelle que les apôtres sont saisis, battus de verges et lapidés. Leur crime, c'est de proclamer que le salut est lié à la pratique de l'austère vertu. Leurs prédications irritent les vices ; les vices se soulèvent contre eux et veulent les réduire au silence. Tant que je flatterai les passions et que j'applaudirai au mal, les peuples me laisseront paisiblement renverser l'Olympe et en détrôner les dieux, dont ils n'ont aucun souci.

— Et ce jeune homme ?...

— Ce jeune homme sera mon disciple. Pour l'attacher plus étroitement à nous, car il hésitera et chancellera encore, fais-lui amener la petite paysanne pour laquelle ses frères l'ont chassé.

— Oui, demain, dès le point du jour, j'enverrai à sa recherche.

— Ne perds point de temps. Mets cette nuit à profit et dresse-la, sans qu'elle s'en doute, à jouer son rôle. Dès qu'il sera séduit, nous partirons.

III

Simon n'avait rien exagéré quand il avait promis à son Hélène l'encens et les honneurs divins. Le polythéisme s'affaissait alors sous le poids de sa propre folie. Les autels, cimentés du sang des contempteurs des dieux, ne restaient plus debout que par la protection des lois pénales. Si la police avait cessé de faire la garde au pied de l'Olympe, le mépris l'aurait escaladé hardiment, et plus heureux en sa lutte que les Titans antiques, en aurait précipité la tourbe impuissante des faux dieux.

La théogonie chantée par les poètes était tombée dans un discrédit universel. Les sages n'osaient s'en railler publiquement; mais si la crainte les contraignait encore en public à un silence hypocrite, ils épanchaient librement dans leurs écoles, fermées aux profanes, leurs doctrines incrédules, et excluaient de leurs systèmes la religion populaire.

Pyrrhon, en donnant à sa doctrine le doute pour base, n'avait fait qu'exprimer le sentiment général des philosophes. Or, le doute est frère de la négation. Le scepticisme tua les divinités païennes. Le bon sens, en corrigeant ses écarts, ne rendit pas la vie aux notions idéales; il ne laissa plus de foi que dans le témoignage des sens, et de dieu que la matière.

Un siècle à peine s'écoulera encore avant que le sceptique Lucien de Samosate, fasse, sans presque les travestir, des maîtres du tonnerre des valets de comédie, en parlant le dialecte même dans lequel fut écrite la condamnation de Socrate.

Les longues guerres d'Alexandre le Grand et de ses capitaines avaient rapproché l'Asie de l'Europe et mis leurs religions face à face. Dans ce parallèle, le sabéisme des vaincus avait eu l'avantage; les Perses, adorateurs du feu, les Chaldéens qui déifiaient les astres, avaient pu reprocher aux Grecs la grossièreté de leur culte et le matérialisme de leur idolâtrie.

Enfin les Juifs, disséminés alors jusque dans tout l'Occident, étalaient ouvertement l'horreur que leur inspiraient les abominations des fêtes païennes, et répandaient autour d'eux l'idée d'un Dieu unique, incréé, incorporel. Leurs prosélytes se multipliaient peu à peu. Les femmes surtout, plus studieuses de la religion que les hommes, abandonnaient en foule le polythéisme et s'attachaient aux leçons des synagogues.

La conscience humaine se révoltait contre les monstrueuses aberrations du paganisme. Quel esprit droit eût voulu s'incliner dans des temples élevés au parricide, à l'adultère, au rapt, au vol, au meurtre, à tous les crimes et à toutes les infamies?

L'adoration des peuples, après qu'elle s'était prostituée à de pareilles divinités, ne pouvait se montrer bien prude. Pour être dieu, Alexandre n'avait eu qu'à le vouloir. La liste divine resta ouverte à tous les noms. L'encens n'était plus qu'une forme de la flatterie. Jules-César fut dieu, comme Alexandre. Après lui, la bataille d'Actium décida que ce serait Octave et non Antoine qui hériterait de la divinité. Auguste, à sa mort, la légua à Tibère; de Tibère, elle passa naturellement à Caligula. Caïus assassiné, les honneurs divins échurent à l'imbécile Claude. Pourquoi Simon n'y aurait-il pas aspiré?

De cette immonde religion était sortie une morale

non moins impure. Le matérialisme ne saurait avoir
d'autre conséquence. Les mœurs étaient descendues
à une corruption telle que notre esprit refuserait d'y
croire, s'il était permis d'en exposer l'effroyable
tableau.

Ce n'étaient point seulement les *pourceaux* d'E-
picure qui s'abandonnaient aux vices les plus honteux.
L'orgueilleuse dureté des stoïciens ne les préservait
pas de l'avarice, de l'ivresse, de la débauche. La chasteté même était inconnue aux païens, et à peine peut-
on citer dans toute l'antiquité deux hommes qui aient
méprisé les grossières jouissances des sens.

La philosophie n'avait point de barrière à opposer
à ce débordement. Il eut d'abord fallu la prédication
de l'exemple; vertueux dans leurs livres, les sages
portaient sous leurs manteaux les vices mêmes contre
lesquels ils se déchaînaient.

Et puis, quelle vérité avaient-ils découverte? Le
divin Platon, le plus grand des sages de la gentilité,
dans son plus sublime essor, n'était parvenu qu'à
idéaliser la matière et à faire de l'ordre et de la fécon-
dité de la nature le dieu suprème qu'il appelait *l'âme
du monde*.

Tous sentaient que la vérité s'était éclipsée et que
la terre sortie de son orbite ne gravitait plus que dans
les ténèbres. Tous reconnaissaient que les efforts de
la sagesse et de la raison n'étaient point capables de
faire rentrer l'humanité dans sa voie, et que l'action
de Dieu était nécessaire.

Les Juifs affirmaient qu'un Messie devait descendre

sur la terre. Leurs livres sacrés ne l'avaient point annoncé en termes vagues. Ils avaient marqué les principales circonstances de sa vie, et précisé le temps de sa venue. Dieu avait même employé, à le saluer par avance, la bouche menteuse des démons, et l'Orient était plein d'oracles qui promettaient son avénement.

Les peuples étaient donc en une mystérieuse attente. Aussi les imposteurs s'élevèrent-ils en grand nombre dans ce siècle, et réussirent-ils à l'aide de quelques prestiges à se faire prendre pour le Messie.

Simon n'eut qu'à faire mouvoir par des ressorts cachés des serpents d'airain, à faire grimacer des statues, à produire des chiens dressés à hurler en rhythme, à grimer son visage ; beaucoup d'ignorants, frappés d'admiration, embrassèrent sa doctrine et l'adorèrent.

Il n'aurait été qu'un imposteur vulgaire et n'aurait fait courir à l'Église naissante aucun péril s'il s'était contenté d'éblouir les imaginations crédules et d'exercer le pouvoir qu'il avait par son commerce avec les démons.

Ce qui le rendait dangereux, c'est qu'il abusait dans ses œuvres impures du nom très-pur de Jésus ; c'est qu'il se disait plein de l'esprit du Christ et envoyé pour compléter sa mission. Un grand nombre de gens frivoles devaient le confondre avec les vrais chrétiens et imputer les turpitudes et les hontes de l'apostat aux disciples fidèles.

' Voir la légende Ara-Cœli. (*Légendes des litanies* t. III).

La vie du magicien était donc une calomnie contre la foi. Chacun de ses pas imprimait une souillure sur la robe immaculée de l'Église.

Un autre motif encore le rendait odieux aux apôtres. L'homme n'était point seul dégradé par le péché. Le paganisme avait abaissé la femme au-dessous de l'esclave. Dieu n'avait point oublié la femme dans ses desseins miséricordieux. Pour la relever à jamais de son humiliation, il l'avait rapprochée de son trône inaccessible en prenant naissance dans son sein ; il avait placé sa Mère au-dessus des apôtres et des anges, au-dessus de tous les êtres créés.

Les disciples, dépositaires et confidents des pensées de Jésus, avaient hérité de sa filiale tendresse pour Marie. Ils avaient tous accepté le legs de leur Maître, qui leur avait dit en la présence de Jean: Voici ta Mère ! Ils l'aimaient et ils répandaient son culte en même temps que celui du Christ.

En faisant asseoir sur les autels l'impureté d'Hélène, le magicien dépoétisait par avance le culte dû à la nouvelle Ève et rendait plus difficile la prédication de sa gloire.

Voilà pourquoi le chef de la nouvelle synagogue déploya tant d'activité à combattre Simon. Il s'attacha à ses pas, réfuta ses mensonges, démasqua ses fourberies ; à la puissance des démons qui servaient le magicien, il opposa la vertu du vrai Dieu et ne prit point de repos qu'il n'eût consommé sa victoire.

Antioche fut, après Samarie, le théâtre de cette

grande lutte, entre l'Église et l'hérésie, entre la vérité et le mensonge, entre le ciel et l'enfer. Simon était soutenu par les esprits du mal ; il avait toutes les ressources de Satan, les artifices de l'éloquence, la corruption et les prestiges. Pierre n'avait d'autre arme que le nom de Jésus. Mais, à ce nom redoutable, les portes de l'enfer tremblaient et se renversaient.

Témoin de ce duel formidable, le peuple d'Antioche ne balança pas longtemps. L'école ouverte par le magicien se vida en quelques jours. La plupart de ses disciples reconnurent la ridicule fausseté de ses miracles et rougirent de la surprise qu'ils avaient éprouvée. Les sévères leçons de l'Apôtre portèrent des fruits nombreux, et le ciel, pour la confusion des démons, tourna contre eux leurs propres efforts.

L'autel où on offrait des sacrifices à Hélène sous le nom de Minerve portait l'inscription : *A la déesse Prunique*. Par une transposition des lettres grecques qui la composaient [1] un plaisant y fit lire : *A la déesse Prostituée*.

Dès lors, les insultes se succédèrent sans relâche. On y portait des gâteaux pétris dans la fange, des œufs pourris, des cadavres d'animaux. Enfin, on le trouva un jour renversé dans la boue.

Le petit nombre de disciples qui demeuraient encore fidèles au Maître, frappés des paroles de Pierre, chancelaient eux-mêmes. Étrange logique ! Simon comptait pour les retenir sur l'amorce de la corrup-

---

[1] De Pouniké Προυνική, il fit Πορνική.

tion qu'il autorisait, et c'était cette même corruption qui les révoltait.

Le jeune Ménandre surtout, qui avait grandi dans les rigides préceptes des esséniens, était travaillé par des scrupules et d'incessantes défaillances. La passion qui l'avait poussé à violer ses serments, commençait à se refroidir par la satiété, et il avait plus d'une fois songé à quitter en même temps la maîtresse dont il était las et le couple de dieux qui la lui avaient donnée.

La tentation était devenue plus vive, depuis que la mort de sa parente lui avait rendu la fortune. Il n'était plus accessible à l'enthousiasme. La rhétorique de Simon le laissait indifférent. Il approchait de trop près les divinités ; elles perdaient à ses yeux toute poésie.

Mais il avait, dans un élan d'admiration, remis entre les mains du Maître tout ce qu'il possédait. D'ailleurs, jeune encore et droit, son esprit était à la merci du magicien, qui lisait dans son cœur, et surprenait tous ses secrets. Son projet de fuite fut connu de Simon aussitôt qu'il l'eût formé.

— Mon fils, lui dit-il, mon heure approche et le jour n'est pas éloigné où je dois remonter dans l'empyrée où est posé mon trône. Le joug que les génies ont imposé aux hommes est forgé avec l'airain et le diamant, et le temps l'a trop affermi pour que je le brise pendant le séjour que j'ai résolu de faire ici-bas. Je pourrais... Mais non, j'aime cette génération et je n'ai pas la force de la réduire en poudre. Les hommes

ne sont pas méchants ; ils ne sont que faibles et indo-
lents, et quand je sonne la guerre au milieu d'eux,
ils se détournent et ne prêtent l'oreille qu'à ceux qui
les invitent à la paix.

— Il me semble aussi, répliqua Ménandre, que Pierre
a raison, et que la paix est préférable à la guerre.

— Parmi les génies qu'a enfantés Prunique, les
uns sont bons et amis des humains ; les autres mal-
faisants, et ne cherchent qu'à leur nuire. De cette
opposition il résulte une guerre incessante, dont les
âmes des hommes sont les théâtres, et la terre ne
peut connaître la paix jusqu'à ce que mon règne s'é-
tablisse par tout l'univers.

— Que n'enchaînez-vous la puissance de ces méchants esprits ?

— Ce n'est point pour te rendre raison de ma Providence que j'ai souhaité de t'entretenir. Néanmoins
il t'est donné à toi d'entendre la vérité sans ambages,
tandis qu'aux autres elle n'est révélée que par
énigmes, afin qu'ils ne soient pas damnés sans rémis-
sion et qu'ils puissent excuser leur incrédulité...
Sache donc que les génies ont reçu de leur mère une
parcelle de ma divinité et que je ne puis les anéantir.
Je ne veux pas allumer leur courroux de peur qu'ils
ne bouleversent le monde et ne le replongent dans
l'antique chaos. Il faut que la rénovation s'accom-
plisse en silence et sans que l'on cesse de leur offrir
des victimes...

— Et pourquoi des victimes à des êtres méchants
qui nous tourmentent ?

— Mon fils, ce sont les méchants qu'il faut ménager avec le plus de soin. Les bons ne sont point à craindre.

— Voilà ce que je ne puis comprendre. Loin de ménager mon ennemi, je lui ferais tout le mal possible.

— Laisse calmer à l'âge la fougue de ton jeune sang. Crois à mes leçons; les années t'en apprendront la sagesse.

— Il est encore une autre maxime qui me choque...

— Parle, expose-moi tes doutes; car tu es mon fils bien-aimé; que rien ne demeure obscur pour toi.

— Comment assurez-vous qu'il n'y a ni vice ni vertu et que toutes les actions humaines sont indifférentes ?

— L'âme des hommes, je te l'ai dit, est un champ de bataille où se poursuit la lutte des génies. Selon que les uns ou les autres l'emportent, les hommes sont poussés vers ce qu'on appelle bien, ou tombent dans le mal. Pour eux, ils ne sont ni plus criminels ni plus vertueux que la chaloupe dont se jouent les flots, ou que l'arbre qui s'incline vers l'orient ou le couchant, selon le côté d'où vient la tempête.

— Pourquoi donc ne réduisez-vous pas Pierre au silence ?

— Pierre éblouit les esprits crédules par les prestiges qu'opèrent sur son ordre les génies qui gouvernent ce monde. Je souffre qu'il abuse les peuples jusqu'à ce que mon heure soit venue... Elle approche, mais ce n'est pas ici que je dois faire éclater ma puissance. Il faut que ma gloire brille dans la capitale de l'empire et devant les députés de toutes les nations. C'est à Rome que je dois être frappé du glaive, et ressusciter, après être demeuré trois jours dans la mort.

— Vous ressusciterez ?

— A tes yeux, pour t'investir de ma divinité, te créer le prince de mon peuple et m'élever en ta présence dans le ciel. Après mon ascension, mon esprit surviendra en toi, et loin de conserver des doutes, tu confirmeras tes frères dans la foi... Mets donc ta ceinture sur tes reins, nous allons partir.

— Vous me ferez participer à votre divinité ?

— Je t'ai aimé, mon fils, avant ta naissance, et t'ai choisi dès le sein de ta mère pour te couronner de mon diadème ; sois donc intrépide. Le bruit de ton nom emplira l'univers ; car c'est toi qui ramèneras les tribus dans leur patrie et qui gouverneras mon royaume... Il me reste encore à t'initier aux secrets de mon héritage et à t'enseigner les moyens de communiquer avec moi, quand j'aurai abandonné la terre. Mais je réserve ces révélations pour la dernière heure.

— Et que deviendra ?...

— Elle siégera sur ton trône et, comme Prunique a ses autels auprès des miens, elle recevra à tes côtés les honneurs que te rendra le genre humain.

— Je suis à vous ! s'écria le jeune homme. Je vous suivrai jusque dans les enfers.

IV

L'arrivée de Simon avait jeté dans l'Église de Rome un étonnement qui s'était changé en affliction, quand on avait connu le magicien. Puis cette douleur même était devenue un sujet de bénédiction et de joie.

Car, après l'apostat, le chef des apôtres était revenu. Il avait posé définitivement dans Rome même, au cœur de l'idolâtrie, le siége de la foi et les éternels fondements de cette Église contre laquelle ne prévaudront jamais les portes de l'enfer.

De là il détachait successivement toute une série de colonies évangéliques, et les envoyait semer la parole de Dieu en Gaule, en Espagne, en Bretagne, en Germanie, à tous les vents du ciel. Ces colonies, à leur tour, se multipliaient et répandaient leurs essaims jusque dans les régions les plus barbares, et en quelques années la religion, vraiment catholique, pressa tous les peuples dans ses larges bras.

Simon avait fait aussi des prosélytes parmi cette société corrompue, où les plus illustres personnages étaient clients ou tributaires de l'empoisonneuse Locuste, et où des ambassadeurs parthes, sous prétexte d'enseigner la magie, avaient fait acheter à un prix fabuleux la révélation de quelques simagrées impuissantes.

Telle est la loi ordinaire. Quand la religion s'éteint

dans les âmes, la superstition s'y établit et y épaissit ses ombres.

Le magicien avait excité d'abord une vive curiosité. Beaucoup de nobles avaient voulu étudier, sous sa discipline, les sciences cabalistiques dont il faisait profession. Mais quand Pierre avait publiquement démasqué ses artifices, quand on avait regardé au fond de son savoir, et qu'on en avait vu l'inanité, un grand nombre s'étaient retirés de lui.

Un jour que Simon songeait à ces désertions, et aux moyens de l'arrêter, Hélène s'approcha de lui et lui dit :

— Je te répète qu'il faut nous éloigner ; ton astre s'obscurcit ; demain il ne viendra plus personne.

— Où veux-tu que j'aille ?

— Cherche une ville où Pierre ne soit pas.

— Puisqu'il me suit partout, en quelque endroit que je me réfugie, je le trouverai.

— Oh ! tu es toujours le même, entêté et orgueilleux ! Il suffit que j'ouvre un conseil pour que tu ne le suives point. Tu aimes mieux que Pierre se joue de toi et te rende la risée du peuple !

—Comment, la risée du peuple ! A-t-il, comme moi, un autel dans l'île du Tibre et au centre de la ville, avec une statue d'airain ? A-t-il réussi à faire adorer, je ne dis pas sa femme ou ses filles, mais la Mère de son Jésus ? A-t-il la faveur de César ? A-t-il été entendu en solennelle séance par le Sénat, et lui a-t-on décerné, par un sénatus-consulte, le rang et les honneurs de la divinité ?

— La belle gloire, si tes adorateurs t'abandonnent aussitôt ! Ton autel et le mien, malgré le décret du Sénat, tomberont ici avant longtemps, comme à Antioche. Pierre, au contraire, inspire à ses disciples un attachement invincible, et ni les insultes ni les outrages ne les détournent de son école dès qu'ils y sont entrés.

— La mienne se renouvelle. A ceux qui s'éloignent d'autres succèderont.

— Ton Ménandre, le plus fidèle de tes amis, que tu appelais ton fils, est parti lui-même !

— N'est-ce pas moi qui l'ai envoyé porter mon culte aux nations ?

— Oui, tu l'as envoyé, parce qu'il s'en allait sans ta permission.

— Il reviendra dès que je le rappellerai. Il aura fait connaître mon nom au loin.

— Ton nom ? On connaît celui de Pierre et celui de son Maître ; on les connaît au bout du monde ; mais le tien !...

— Je suis seul à répandre mon école. Ils sont soixante disciples à prêcher le Christ : il n'est pas surprenant qu'ils fassent une plus grosse moisson.

— Ce serait l'occasion d'employer la faucille de ta mère Rachel, dont tu parles si souvent.

— Je raconte la vérité.

— Garde tes fables pour le public ! Je sais ce qu'il faut croire de tes miracles, puisque c'est moi qui les fabrique.

— Je te jure que le fait est arrivé...

— Tu as commandé à une faucille de moissonner à ta place ?

— Dans le champ où m'avait envoyé ma mère, et elle a d'elle-même, tandis que je sommeillais sous un arbre, coupé autant de gerbes qu'auraient fait soixante moissonneurs.

— Commande-lui encore, allons ! et qu'elle te ramène quelques auditeurs.

— Il en viendra toujours assez pour que je ne manque de rien. Et, d'ailleurs, j'ai gagné assez d'or pour vivre sans souci jusqu'à la fin de ma vie... Que Pierre compte avec moi : il n'a pas un denier ; il ne se nourrit que d'aumônes.

— Peut-être ; mais son école lui survivra ; tu ne fondes rien de stable, et après toi, ta religion périra.

— Que m'importe, pourvu que je vieillisse dans l'abondance et les délices ! Que la terre marche, après moi, comme il lui plaira. Après moi, il n'y a plus de monde.

— On en a vu qui portaient la tête plus haut que toi, précipités subitement par un caprice de la fortune plus bas que la ruine, dans la mort même. En ce temps surtout, les grandes chutes ne sont point rares.

— Je n'ai rien à craindre.

— Oh ! la faveur de César n'est pas une protection déjà si sûre. Elle est plus souvent un péril qu'une sauvegarde.

— L'amitié de l'empereur me protége contre les

autres, et contre l'amitié de César, je me protége par mon art.

— De ton art je sais ce qu'il faut juger.

— Néron en juge autrement, et j'ai su lui persuader que je suis immortel.

— Prends garde qu'il n'ait la fantaisie d'en faire l'expérience.

— Au contraire, je vais l'en convaincre par le témoignage de ses yeux.

— Es-tu fou ? Es-tu devenu ta propre dupe, et crois-tu à tes mensonges ?

— J'ai déjà tenté plusieurs fois de lui en suggérer l'idée. C'est le meilleur stratagème pour empêcher qu'elle ne lui vienne. Il n'a point osé accepter, parce que je lui ai fait croire que sa vie est liée à la mienne et qu'il ne me survivra point.

— Tu as eu raison, mais n'insiste pas. S'il te faisait une fois saisir, tu n'aurais pas de fantôme à substituer et à faire crucifier à ta place.

— C'est là justement ce que j'ai résolu de faire.

— Si tu es fatigué de vivre...

— Je veux qu'on me tranche la tête en présence de Néron même...

— C'est bien par là que finiront tes folies.

— Et après qu'on me l'aura tranchée, me porter mieux qu'auparavant.

— Tu as le secret de vivre la tête coupée ?

— Oui, je suis assuré de réussir.

— Tu es si habile !..,

— On le croit, c'est assez. Qui fait mon succès? C'est

qu'on suppose mes miracles opérés par les esprits, et qu'on ne cherche pas à en pénétrer le secret. Si on espérait en découvrir l'explication, je serais perdu. C'est sur cette opinion que je compte pour en accomplir d'autres plus éclatants encore, et celui que je t'annonce.

— Je te déclare d'avance que je ne veux pas y tremper. Risque ta vie et péris, si cela t'amuse. Moi, je n'expose pas ma tête.

— Je ne demande point ton concours. Je te prie, au contraire, de rester en repos, de peur de m'entraver.

— Mais enfin, que prétends-tu faire ?

— Rien de plus simple. Il est dans les prisons palatines une salle qui m'est connue. Elle est percée d'une porte secrète qui s'ouvre sur un passage souterrain. Parmi les Germains qui forment la garde de Néron, il en est un qui me doit la vie... Comprends-tu ? Je n'ai qu'à me faire forger une chaîne dont les anneaux soient rompus et que je puisse dénouer...

— Le jeu est dangereux ; le moindre contre-temps te coûtera la vie.

— Je règlerai toute chose avec tant de précision que tout contre-temps sera impossible.

— Au moins que Pierre n'en soit pas averti.

Quelques jours plus tard, un vieillard cassé, décrépit, consumé de maigreur, chargé de fers et attaché à un soldat prétorien, demanda à être mené devant Néron. Dès qu'il entendit son nom, l'empereur donna l'ordre de l'introduire.

Il ne le reconnut pas d'abord.

— Je pensais voir Simon, dit-il.

— C'est moi, répondit le magicien.

— Et qui a permis de t'enchaîner ?

— Le destin, et il commande encore que tu me fasses enfermer dans un cachot et frapper de la hache.

— Toi ? reprit Néron alarmé... Et si mes jours dépendent des tiens...

— Ils seront tranchés à la même heure, et ta mort serait proche, en effet, si je devais mourir. Mais rassure-toi, le dieu qui protége ton empire, qui t'a donné de surpasser Apollon dans l'art de jouer de la lyre, et de conduire un char avec plus de grâce que le soleil, ne cessera point de veiller sur ta fortune et sur ta vie. Je ne périrai point puisque je ne saurais périr ; je ne quitterai ce corps affaibli par l'âge que pour en revêtir un autre plus jeune dont la vigueur prolongera ton existence.

— Es-tu assuré de cette métamorphose ?... Souviens-toi de Jason !

— Médée n'avait qu'un vain savoir... Pourvu que les prescriptions du destin soient exactement observées, je mourrai sans mourir, et après que j'aurai eu la tête tranchée, je demeurerai deux jours dans le Tartare, et je ressusciterai le troisième.

— Que signifient ces paroles ?

— J'ai connu qu'il faut que je remonte dans le ciel. Mais sitôt que j'aurai mis ordre aux affaires qui m'y rappellent, je me hâterai de redescendre.

— Et quelles sont les prescriptions qu'a marquées le sort?

— Elles sont faciles à remplir... Tu assisteras à ma mort, de peur que l'ordre ne soit mal exécuté. Tu resteras sur le seuil de la prison, et le soldat qui devra me tuer entrera seul avec moi. Quand ma tête aura roulé sur le sol, personne ne touchera à mon corps ; mais la prison sera fermée et scellée de trois sceaux. Et il sera défendu, sous peine de mort, de les rompre et d'y pénétrer. Tel est l'arrêt de la destinée, et si on le violait, je ne renaîtrais point, et tu resterais livré, sans secours, à la colère des mauvais génies.

Soit crainte réelle, soit pure curiosité, Néron fit conduire le magicien dans un cachot. Le soldat détacha la chaîne qui le liait à Simon et la fixa à un crampon scellé dans la muraille. L'empereur s'arrêta à la porte avec l'esclave qui portait le flambeau. Le soldat était seul avec le magicien, qui se mit à genoux dans l'angle le plus obscur.

— Frappe, dit-il, donne-moi la vie, et délivre-moi de ce corps épuisé.

Le Germain hésitait.

— Frappe, ajouta l'empereur.

Le soldat leva son épée et la laissa retomber par trois fois. On n'entendit ni un gémissement, ni une plainte, mais seulement la chute d'un corps et un bruit de fers rouillés.

Le Germain sortit aussitôt. A la vue du glaive dégouttant de sang, Néron frissonna. Il fit en toute hâte

fermer la prison, et de peur que sa défense ne fût
enfreinte, il y posa une garde. Mais quoiqu'il ne
fût pas sans quelque soupçon, il n'osa faire ouvrir le
cachot.

Vers le soir du troisième jour, on l'avertit qu'un
jeune homme de bonne mine, qui s'appelait Simon,
demandait à le saluer. Il le reçut.

— Que César, dit le magicien, droit, frais et rajeuni, fasse laver la trace de mon sang et relève la
garde qu'il a établie devant la prison ; car il ne convient pas qu'elle veille sur un mort qui est ressuscité.

V

Une vive curiosité régnait dans Rome. Les crieurs
publics, en invitant le peuple aux jeux que donnait
l'empereur pour célébrer l'anniversaire de sa naissance, avait annoncé, entre autres merveilles, qu'un
homme y représenterait l'histoire d'Icare et volerait
jusque sur le Capitole.

La chose, en effet, était extraordinaire et pouvait étonner les esprits. Jusqu'au moment du
spectacle, il n'y eut presque point d'autre conversation.

— N'est-ce pas une amorce pour nous attirer ? Enfin,
il n'est pas donné à un homme de voler.

— Si quelqu'un en a pris l'engagement, c'est qu'il
se sent en état de le remplir.

— Crois-tu qu'il le puisse ?

— Par l'empereur ! je le verrai ; jusque-là je n'en sais rien.

— Pour le tenter seulement, il faut bien de l'audace.

— Sans doute. Mais on n'entend parler que de prodiges. Tantôt c'est un malade guéri soudainement sans le secours des médecins ; tantôt ce sont des statues qui se meuvent, ou mêmes des morts qui reviennent à la vie. Jamais la science magique n'a été portée aussi loin qu'aujourd'hui.

— Serait-ce le magicien qui déclame dans la place publique, et à qui on a dressé un autel entre les deux ponts du Tibre ?

— Je l'ignore. Mais qui pourrait-ce être ?

— Est-ce que tu ajoutes foi à ses charlataneries ?

— Je l'écoute : ses contes sont bizarres et m'amusent par leur étrangeté.

— Je crains bien qu'il ne joue le rôle d'Icare plus complétement qu'il ne se propose, et qu'il ne donne son nom, je ne dis pas à une mer, mais à un de nos carrefours.

— La vie est douce à tous les hommes, et personne ne s'expose volontairement à la perdre. Si donc il tente ce rôle, c'est qu'il est assuré de n'avoir aucun accident à redouter.

— Il faudrait donc qu'il fût dieu, comme il l'affirme ; car l'entreprise passerait la puissance humaine.

— Cela n'est pas impossible. Ne dit-on pas qu'autrefois les dieux prenaient la figure des hommes et se mêlaient à eux ?

— Que signifie donc le mot de l'oracle : *Les dieux s'en vont ?* Loin de s'en aller, il n'en est jamais venu en aussi grand nombre qu'aujourd'hui.

— Qu'ils viennent ou qu'ils s'en aillent, je m'en inquiète fort peu, pourvu qu'ils n'emportent pas mon souper et qu'ils ne fassent point fermer le cirque.

— Tu es sceptique.

— Je suis ami de ce qui rend mes jours agréables et heureux, et ne me tourmente pas du reste.

— C'est la maxime d'Épicure. Je suis aussi épicurien dans la pratique, mais en théorie je professe le stoïcisme, et je m'intéresse vivement à tous les problèmes de la philosophie.

— La philosophie est une science inutile. C'est la science des oisifs.

— Tu ne l'as point étudiée ?

— Les dieux m'en gardent.

— C'est pour cela que tu la méprises. Depuis que je m'y applique, j'ai reconnu ses bienfaits, et je trouve ses enseignements admirables.

— Admirables, si tu veux ; on n'en vit pas.

— On en vit mieux. Aussi, je m'informe très-curieusement des doctrines de chaque secte. Il s'en est établi, sous le divin Claude, une nouvelle dont les principes sont tout à fait extraordinaires. C'est à cette secte qu'appartient Simon.

— Et qu'a-t-elle de si extraordinaire ?

— C'est l'alliance de toutes les écoles. Ainsi ils sont platoniciens dans leur morale, sceptiques envers nos dieux ; ils suivent Zénon dans leur vie, et cultivent la science des nombres comme Pythagore. Ce n'est pas Simon qui en est l'inventeur, mais un certain Chrestus, qui périt sous Tibère, et comme son nom est heureux, ils l'ont adopté et s'appellent chrestiens.

— Chrestiens, c'est-à-dire vertueux.

— Oui, et Simon est le disciple de Chrestus. Mais il n'est pas le seul. Il y en a un autre qui l'accuse d'altérer le système du maître, et qui s'est fait son ennemi juré. Tiens, vois-tu l'homme qui passe là-bas enchaîné à un soldat ?

— C'est l'autre disciple.

— C'est un autre disciple, et il répète les leçons de Chrestus de la même manière que les répète l'ennemi de Simon ; de sorte qu'ils sont deux contre un.

— Ont-ils aussi des secrets magiques ?

— C'est un privilége de l'école. Ils parlent des langues diverses, prédisent l'avenir, guérissent les malades, et non-seulement ils font eux-mêmes ces choses merveilleuses, mais ils montrent à les faire à tous ceux qui s'affilient à leur secte.

— Si leur rival parvient à voler, ce sera pour eux une terrible défaite.

— C'est là ce qui excite ma curiosité. Ils ne voudront point rester sous le poids de cette victoire, et lutteront sans doute pour le dépasser.

— Alors nous pouvons attendre bien d'autres choses prodigieuses.

— C'est mon avis.

Après cette conversation, les deux romains se séparèrent.

Cet entretien se répéta par toute la ville à peu près dans les mêmes termes.

Aussi, à l'heure marquée, la foule s'empressa-t-elle de courir vers le grand cirque. Les rues étaient encombrées de litières voilées de tentures brillantes. Sur le trottoir, le peuple et tous ceux qui étaient à pied se poussaient et tâchaient à se devancer pour arriver les premiers.

A l'entrée du cirque le tumulte croissait d'instant en instant, et menaçait d'emporter les barrières.

Enfin l'amphithéâtre, tout immense qu'il était, se trouva plein : il y eut un mouvement de reflux parmi la multitude, qui recula sur ceux qui voulaient encore entrer ; malgré tous les efforts, il fallut s'arrêter.

Une grande partie de la foule demeura en dehors autour des barrières, car ce qu'il y avait de plus piquant dans le spectacle, c'était de voir voler un homme, et si on était privé du reste des jeux, on jouirait au moins de celui-là.

Les sénateurs couvraient les siéges que leur avait réservés Claude. Les vestales même y assistaient par la permission expresse de Néron, qui n'avait pas voulu qu'elles en fussent plus longtemps exclues, quand les jeux olympiques n'étaient pas fermés aux prêtres de Cérès.

Sur l'avant-scène était dressé un riche pavillon où

se tenait l'empereur, étendu sur un lit de pourpre. En face et à peu de distance on avait fait construire une tour en bois dont le sommet plat était sans parapet. C'est de là que Simon devait prendre son essor à travers l'air pour aller se poser sur le Capitole.

Le spectacle commença par les danses guerrières que les Grecs appelaient pyrrhiques, du nom de leur inventeur. Des adolescents portant des boucliers de toile et des armes légères figuraient en cadence tous les mouvements des soldats qui, sur le champ de bataille, s'attaquent, se repoussent, luttent corps à corps. Pour récompenser leur adresse, Néron leur délivrait des diplômes réguliers de citoyens romains.

Vinrent ensuite les combats de gladiateurs. Vingt couples s'égorgèrent tour à tour avec une grâce égale, aux applaudissements du peuple.

De nouvelles danses servirent d'intermèdes ; puis on lâcha dans l'arène des bêtes féroces, amenées à grands frais des déserts qui bornaient l'empire. Ce ne furent point des gladiateurs ni des esclaves fugitifs, ni des condamnés qui les chassèrent, ce furent des chevaliers et des sénateurs. Plusieurs même d'entre eux étaient maîtres d'une grande fortune et au faîte de la considération publique.

Enfin parut la merveille de ce jour, le nouvel Icare, l'homme qui devait voler.

L'orgueil avait enivré le magicien. Ses succès antérieurs lui avaient inspiré une confiance aveugle.

Forcé de soutenir sa réputation par des prestiges toujours nouveaux, il compta sur le secours de ses démons, et crut pouvoir se soutenir dans les airs.

Il avait mandé la plupart de ses disciples, afin de
les rendre témoins de son élévation. Cette tentative
n'était qu'un prélude ; il se proposait, après cette expérience, de renouveler le miracle dans des proportions plus grandes et de parcourir en volant la moitié
du monde.

Mais il réservait ce grand œuvre pour son extrême
vieillesse. Ce serait son ascension. Il se cacherait ensuite jusqu'à l'heure de sa mort, et ferait croire qu'il
était monté au ciel.

Ménandre était parmi les spectateurs. L'essénien
apostat avait parcouru une partie de l'Orient ; mais
n'étant pas initié à tous les secrets du maître, il n'a-
vait pu séduire qu'un petit nombre de disciples, et
l'ennui l'avait ramené auprès de Simon.

Saint Pierre n'avait point ignoré la promesse du
magicien. Il s'était mêlé à la foule, et ne voulant pas
autoriser par sa présence ces jeux barbares et obscènes, il était resté au dehors.

Dès la veille, par son ordre, l'Église romaine s'était
mise en prière et avait observé un jeûne rigoureux.
Il demanda à Dieu de ne point souffrir que l'imposteur
fît plus longtemps illusion au peuple, et déshonorât
le Christ en abusant de son nom.

Il redoubla ses instances quand il vit se dresser au
faîte de la tour le monstre à figure humaine qui représentait Icare.

Simon était couvert de plumes de la tête aux pieds ; sur son corps il avait collé de fins duvets. A ses bras et à ses jambes il avait attaché de plus grosses plumes, disposées dans l'ordre où les range la nature dans les ailes des oiseaux, les plus fortes aux extrémités.

Il se tint hardiment debout sur le sommet de la tour afin de laisser à la multitude le temps de le contempler. Puis il s'avança au bord, et étendant ses ailes, il s'élança.

Un cri d'admiration s'éleva de la foule, haletante de curiosité et de surprise. Le magicien se soutenait dans l'air.

Pierre ne cessait de crier au Seigneur, au nom de toute l'Église.

Dieu prononça ce jour-là entre les disciples fidèles et l'apostat, entre son Christ et son ennemi, entre le culte de sa très-pure Mère et celui de la courtisane Hélène.

La puissance qui portait Simon se rompit. Il eut beau agiter ses ailes et en battre le vide des airs ; le poids de son corps l'entraîna. Il descendit avec une précipitation de plus en plus rapide et tomba dans le pavillon où était l'empereur.

Il se brisa sur les appuis du lit. Son sang jaillit et inonda Néron lui-même.

On le transporta dans la maison qu'il possédait au quartier de Brunde ; il y mourut quelques instants après. Entre ses disciples, le plus grand nombre se convertirent à la religion que prêchait Pierre ;

d'autres redoutant l'austère morale de l'Évangile, restèrent fidèles aux licencieuses doctrines du magicien.

— A moi donc son héritage! dit Ménandre. A moi la principauté de son Église ! c'est moi qui rassemblerai les tribus pour les conduire au dieu.

VI. — LÉGENDE DES DOUZE APOTRES [1]

I

SAINT BARTHÉLEMY

Une idole, nommée Astaroth, avait dans l'Inde Supérieure un temple célèbre. Les prêtres qui la servaient amassaient de grandes richesses, car l'idole rendait des oracles et de toutes les contrées voisines, on lui apportait en foule des offrandes et des victimes.

Or cette idole devint tout à coup muette, et ni les dons ni les sacrifices ne la décidèrent plus à parler.

Ce malheur jeta la consternation dans le sanctuaire. Les prêtres voyaient déjà l'autel abandonné, et leurs revenus perdus avec les présents dont le peuple les comblait. Ce qui achevait de les désoler, c'est qu'ils ne pouvaient deviner la cause de ce soudain silence, ni partant y remédier.

Il y avait dans le même pays un autre temple moins fameux où une idole du nom de Bérith répondait aussi

[1] Actes des Apôtres. — Hymnes des brév. — Livre de Méliton. — Évang. apocr. — Eusèbe. — Jean Damasc. — Denis l'aréop. — Bède etc.

à ceux qui la consultaient avec des présents. Les prêtres d'Astaroth lui envoyèrent demander pourquoi leur dieu se taisait.

— Astaroth, dit Bérith, a été enchaîné par un étranger appelé Barthélemy, qui vient de l'Occident et, n'ayant point d'asile, s'est réfugié dans son temple... Empêchez, ajouta-t-il, ce Barthélemy de m'approcher, car il me traiterait de la même façon et me réduirait aussi au silence.

Sur cette réponse, les prêtres d'Astaroth résolurent de s'emparer de l'homme qui leur était désigné et de le faire périr. Mais comment le distinguer dans la multitude des étrangers qui chaquejour se pressaient dans leur temple ?

Ils apprirent bientôt par la voix publique qu'un voyageur venu de loin enseignait une religion nouvelle. Ils jugèrent que ce devait être l'ennemi de leur idole. Car cet homme avait nom Barthélemy, et il guérissait les malades et faisait beaucoup de prodiges.

Ils n'osèrent l'attaquer à force ouverte par crainte du peuple qui l'admirait et l'aimait déjà. Ils lui dressèrent des embûches, et cherchèrent à le tuer en secret.

Le roi du pays, Polémius, avait une fille unique, possédée du démon et folle. Dans sa folie, elle cherchait à mordre et à déchirer ceux qui l'approchaient, et on avait été obligé de la lier.

Le bruit des miracles qu'opérait Barthélemy parvint jusqu'au roi. Le prince espéra que l'étranger guérirait sa fille et le fit appeler. En effet l'apôtre pria pour la princesse et obtint sa délivrance.

En récompense de ce service, le roi voulut le combler de présents. Barthélemy les refusa.

— Ce n'est pas, dit-il, pour acquérir de l'or que j'ai traversé la moitié du monde. C'est pour vous donner à vous et à vos peuples les richesses du royaume céleste et la couronne des élus.

Il obtint aisément la liberté de prêcher et il annonça la religion du Christ, confirmant ses paroles par de nouveaux prodiges.

Pour détruire l'idolâtrie, il retourna au temple d'Astaroth et commanda à l'idole de confesser la puissance de Jésus. Le démon, qui était devenu muet, recouvra la parole. Il avoua en présence d'une grande multitude de témoins, qu'il n'était pas dieu, mais l'ennemi de Dieu; que c'était en punition de la méchanceté du peuple qu'il lui avait été permis de tromper la crédulité publique par des prestiges et de faux miracles, et que tandis qu'on l'adorait sur la terre, il était plongé aux enfers dans d'horribles supplices, où devaient tomber aussi tous ses adorateurs, s'ils ne se convertissaient point.

Après ces mots l'idole éclata et se brisa.

Le roi Polémius embrassa le Christianisme et un grand nombre de ses sujets crurent avec lui. Il se fit à son tour le prédicateur de l'Évangile. Les simulacres des faux dieux furent partout abattus et les temples idolâtres changés en églises, où l'on chanta les louanges du vrai Dieu.

Les prêtres païens n'osant nuire à Barthélemy, et craignant sa vengeance s'enfuirent au delà des frontières. L'apôtre résolut de les poursuivre, non pour les perdre, mais pour les convertir et les sauver.

Il confirma donc ses disciples et s'éloigna dans la direction qu'avaient suivie les fugitifs vers l'Orient.

Après avoir marché plusieurs jours et plusieurs nuits, il entra dans une ville. Comme il en demandait le nom on lui apprit qu'il était dans Hiéraple, capitale de la Phrygie.

Il crut qu'on se moquait de lui. Car la Phrygie était séparée de l'Inde par des contrées immenses, des montagnes, des fleuves et des déserts. Il avait d'ailleurs suivi une route opposée, et il était impossible qu'il fût revenu sur ses pas, ni qu'il eût franchi en si peu de temps une si grande distance.

Il interrogea d'autres personnes. Force lui fut de se rendre à la vérité ; il était arrivé à Hiéraple.

II

SAINT PHILIPPE

La ville était ce jour-là en fête. Les boutiques ne s'ouvraient point. Les rues étaient pleines de groupes en riches habits, qui se dirigeaient vers le même endroit. Les fragments de discours qui venaient à ses oreilles lui firent comprendre qu'il devait se passer quelque chose d'extraordinaire. Une curiosité vive se trahissait partout.

Il suivit la foule, cherchant quelque habitant qui pût lui apprendre la cause de cette agitation. Après avoir fait quelques pas il se trouva à côté d'un vieillard à l'air affable ; il lui demanda :

— Excusez un étranger arrivé d'aujourd'hui : Pourquoi ce concours ? célébrez-vous des jeux publics ?

Le vieillard leva les yeux sur lui et répondit :

— Nous ne célébrons pas des jeux ; nous allons assister au spectacle le plus surprenant qui puisse exister. Nos grands pères nous ont parlé de la guerre des dieux. Ils ne l'avaient pas vue. Il nous est donné à nous d'en être témoin aujourd'hui. Jugez si nous avons raison d'accourir.

— Comment ? reprit Barthélemy.

— Oui, nous avons un Dieu puissant et bienfaisant, que nous aimons et que nous vénérons. Mais il est venu il y a quelque temps un étranger nommé Philippe, qui s'est vanté de le faire mourir d'une seule parole, en notre présence.

— Votre dieu est donc vivant ?

— Sans doute. Nous n'adorons point le soleil et les astres, comme les Persans, ni d'impuissants simulacres de bois ou de pierre, dont les yeux ne voient pas, et dont les oreilles n'entendent point. Nos ancêtres nous ont enseigné un culte plus raisonnable, le culte d'une divinité qui se révèle à nous sous une figure vivante, sous la figure d'un serpent.

— Vous adorez un serpent ?

— Ce n'est pas un serpent ordinaire. Il n'a point de venin et son attouchement n'est pas malfaisant. Il

guérit nos maladies, favorise nos entreprises, protége
la ville et en écarte les fléaux. Quoiqu'il vive et respire, il n'est point sujet à la mort. Chaque année au
printemps, il dépouille sa vieillesse et sort rajeuni
de son vieux vêtement, dont les fragments précieux
deviennent pour les pieux adorateurs qui peuvent
les acheter, des gages de prospérité et de fortune.

Barthélemy, en l'écoutant, leva les yeux vers le ciel.
Dans quelles aberrations, ô Très-Haut, soupira-t-il,
les démons ont-ils entraîné vos enfants !

— Aussi, poursuivit le vieillard sans l'entendre, ne
sommes-nous pas ingrats. Si le dieu nous comble de
bienfaits, il ne nous trouve pas avares d'offrandes et
de sacrifices. Nous lui avons élevé un temple splendide ; nous lui offrons du lait pur, de la fleur de farine, des viandes rares, et l'encens fume jour et nuit
sur son autel posé sur la grotte où il se retire. Souvent
attiré par l'odeur des victimes, il témoigne qu'elles lui
sont agréables, en se montrant au milieu de ses prêtres
et en se prêtant à leurs caresses.

— Et Philippe doit faire périr ce serpent?

— Il l'a publié. Dès le jour qu'il est entré dans cette
cité, il a commencé à nous reprocher notre culte et à
se déchaîner contre notre dieu qu'il blasphémait et
traitait en ses invectives de reptile immonde. En même
temps il nous annonçait l'avènement d'un autre Dieu,
créateur du monde et ennemi de toutes les divinités.

— Vous ne l'avez pas écouté ?

— Nous l'avons écouté avec moins de surprise que

d'indignation. Mais il y a, vous le savez, dans toutes les villes une jeunesse inquiète et avide de nouveauté. Plusieurs se sont attachés·à lui et se sont faits ses disciples. Il paraît d'ailleurs que c'est un sage, qui a connu beaucoup de peuples et conversé avec beaucoup d'hommes. Il a parcouru toutes les contrées voisines et partout il a fait déserter aux nations les autels des divinités de leurs pères.

— Et savez-vous quel est son pays ?

— Non. Il s'est élevé contre nos prêtres qu'il appelle imposteurs, et prétend que notre divin serpent est mortel. C'est pour nous en convaincre qu'il a annoncé que son Dieu le tuerait à nos yeux, au milieu de nos sacrifices.

Nos prêtres ont été indignés de son audace sacrilége. Il s'est dérobé jusqu'ici à toutes leurs recherches. Mais il va être obligé de paraître aujourd'hui. S'il reste caché, son impuissance sera manifeste et rien n'excusera sa témérité. S'il tue en effet notre Dieu, qui le défendra de la fureur populaire ?

Ils touchaient au seuil du temple. Ils entrèrent avec la multitude qui inonda l'immense édifice.

On célébrait ce jour-là la plus solennelle des fêtes instituées en l'honneur du serpent. Mais le concours des peuples était plus grand que d'ordinaire encore, à cause de la menace qu'avait faite l'apôtre Philippe.

Les cérémonies commencèrent. La fumée de l'encens roula ses vagues parfumées et emplit le temple. Les chants sacrés retentirent et les jeunes gens préludèrent à leurs danses. Puis le grand pontife éleva la voix et psalmodia les prières.

Les assistants attendaient dans un religieux silence le moment de l'évocation. On craignait que le serpent n'eût déjà éprouvé le sort dont l'avait menacé l'étranger. Le bruit avait même couru par avance qu'il ne paraîtrait point cette année-là. Tous les regards se portèrent donc vers l'autel, quand le grand prêtre conjura le dieu, s'il agréait les vœux de ses adorateurs, de se révéler à leurs yeux.

Le serpent répondit à son appel. Il souleva lentement sa tête pointue à l'entrée de la grotte, puis développa ses anneaux qui étincelèrent à la lueur des flambeaux, et enfin s'avança jusque sur l'autel.

Des cris de triomphe et d'allégresse éclatèrent dans toute la multitude, et saluèrent ce présage favorable. Les chants interrompus retentirent de nouveau... L'étranger n'était donc qu'un imposteur et le serpent était vraiment dieu.

Peu à peu le bruit s'apaise et s'affaiblit. A la faveur de ce silence, Philippe, caché derrière une des colonnes du temple, cria tout-à-coup :

— Puisque vous ne rougissez point d'adorer une créature stupide, voici que votre dieu que vous croyez immortel a expiré et n'est déjà plus... Connaissez que Celui qui l'a frappé est le seul Dieu et maître du monde.

Il parlait encore ; le serpent glacé par la mort s'était arrêté au milieu de ses jeux. En vain les prêtres essaient de le réveiller ; il reste immobile. Ils le soulèvent; ses anneaux flasques et inanimés pendent entre leurs mains.

Le temple qui retentissait un peu auparavant d'acclamations joyeuses, se tait maintenant de stupeur et d'épouvante.

L'apôtre sortit du temple, entraînant un grand nombre d'hommes qui se convertirent ce jour-là

Les prêtres irrités de l'injure faite à leur dieu coururent au magistrat qui gouvernait la ville et dénoncèrent Philippe comme un perturbateur et un sacrilége. Ils obtinrent qu'il envoyât des soldats pour le saisir et l'emprisonner.

Pendant ce temps Barthélemy avait rejoint Philippe, à travers la foule.

Barthélemy n'avait point vieilli. Ses cheveux étaient toujours durs et noirs. Le soleil ni les voyages n'avaient point bruni son teint, dont sa barbe d'ébène faisait ressortir la blancheur. L'âge respectait les traits de son visage et jusqu'à ses vêtements. Il portait encore la robe de pourpre et le manteau blanc qu'il avait vingt ans auparavant. Philippe le reconnut sur-le-champ. Ils se saluèrent et se donnèrent le baiser de paix.

Pendant qu'ils s'embrassaient un jeune homme semblable à un ange se dressa tout-à-coup auprès d'eux et leur dit :

— Que faites-vous ? On vous attend à Jérusalem. Partez ; et hâtez-vous, faites diligence, de peur que vous n'arriviez trop tard.

Comme Philippe hésitait à s'éloigner de la ville en ce moment, le jeune homme ajouta :

—Ne crains rien : ton absence ne sera point longue. Dieu suppléera ici à ton œuvre.

Ils obéirent et sortirent de la ville. Ils ne savaient point le chemin de Jérusalem ; mais ils se fiaient à la Providence. Ils marchèrent toute la nuit.

Quand le jour se leva, ils étaient sur la pente d'une colline et une grande cité s'étendait à leurs pieds.

— Si je n'étais assuré, dit Philippe, que nous avons quitté Hiéraple hier, je croirais que nous touchons à Jérusalem.

— J'avais la même pensée, répondit Barthélemy... Eh ! oui, c'est la ville sainte ; voici les trois collines ; voilà le temple. Cette vallée est la vallée de Josaphat, et la montagne que nous descendons est la Montagne des Oliviers.

Ils promenèrent leurs regards autour d'eux ; ils aperçurent un vieillard qui suivait la même route qu'eux. Ils attendirent qu'il les eût rejoints, afin de l'interroger.

III

SAINT THOMAS

Lorsqu'ils l'eurent envisagé, Barthélemy s'écria :

— Fils de Didyme, est-ce toi ?

— Oui, frères, répondit le vieillard, je suis Thomas qui ne voulus croire le Seigneur ressuscité qu'après l'avoir touché de mes mains et avoir mis mon doigt dans ses plaies.

— D'où viens-tu, et qu'a fait Dieu par tes mains?

— Je viens des extrémités du monde, du pays voisin des Sines. Quant aux prodiges que Dieu a opérés par mes mains, ce jour entier ne suffirait point à vous les raconter. Mais allons ; en descendant la colline, nous pourrons nous entretenir.

Comme ils tournaient les yeux vers la ville, ils virent en face d'eux, à l'extrémité opposée, un nuage qui avait la forme d'un char, et qui roulait dans l'air avec la rapidité du vent. Parvenu à l'entrée des faubourgs, le nuage s'abaissa jusqu'à terre et plusieurs hommes en descendirent.

— Sais-tu, reprit Philippe, pourquoi nous revenons à Jérusalem ?

— Le cavalier qui m'a amené ne m'a pas même dit où j'allais et j'ai été surpris, quand j'ai mis pied à terre, de me revoir aux portes de la ville sainte.

— Tu ne savais donc pas où tu allais ?

— Non, je sors de prison, et je dois mourir dans quelques jours.

— Tu as donc aussi eu la joie de souffrir pour le Seigneur Jésus ?

— Ce que j'ai souffert est peu de chose; mais j'ai la promesse d'être couronné du martyre.

— Raconte-nous, frère, ce que tu as fait, pour que nous puissions en louer Dieu.

— Après l'ascension du Seigneur et la venue du Paraclet, j'envoyai. vous vous en souvenez, au roi d'Edesse, mon frère Thaddée qui le guérit et le baptisa.

Pour moi, j'allai attendre à Césarée que l'Esprit m'envoyât où je devais prêcher.

Un jour que j'étais devant un temple païen, quelques personnes se trouvèrent autour de moi qui en admiraient la magnificence. Il m'arriva, je ne sais comment, de relever quelques défauts dans le plan et la construction de l'édifice. Un des hommes qui m'écoutaient me prit pour un architecte ; il s'approcha de moi et me dit :

— Vous êtes justement ce que je suis venu chercher ; si vous voulez partir avec moi, votre fortune est assurée.

Il s'appelait Abanès, intendant, me dit-il, d'un roi des Indes nommé Gondofor. Son maître désirait un palais semblable à ceux des Romains et l'avait envoyé pour ramener en son royaume des architectes romains.

J'hésitai... Je n'osais repousser une aussi heureuse occasion de porter l'Évangile au bout du monde ; mais j'ignorais entièrement l'art de l'architecture et j'étais incapable de construire je ne dis pas un palais, mais une simple chaumière.

J'aurais fini par refuser les offres d'Abanès, si le Seigneur ne m'avait ordonné lui-même de partir.

Je m'embarquai donc avec Abanès. Je mis à profit les loisirs de la traversée pour évangéliser l'équipage. J'ai même eu la consolation de voir embrasser la foi par le gendre et la fille d'un roi qui nous accueillit dans un port où le vent nous obligea de relâcher.

La ville était en fête, et tout le peuple était invité au

festin des noces. On nous y conduisit et on nous fit asseoir aux tables, parmi les sujets du roi. Quand vint mon tour de complimenter les jeunes époux, je les bénis et priai Dieu de faire germer en eux des pensées de vie.

L'époux tenait à la main une branche de palmier ; pendant que je lui parlais, la branche reverdit et se couvrit de dattes vertes.

La nuit suivante, Dieu même éclaira leurs âmes par des songes. Ils revinrent à moi. Je les instruisis et ils reçurent le baptême. Avant de reprendre la mer, j'imposai les mains au gendre du roi et lui laissai le soin de multiplier le peuple de Dieu.

Le moment de l'épreuve approchait pour moi. Je me fiais à la parole du Seigneur ; mais parfois je retrouvais en moi le vieil homme, et je tremblais. Que répondrais-je au roi? Comment me justifierais-je de mon ignorance, quand je serais forcé de la confesser?

Bien que fatigué des longueurs de la traversée, je sentis mon cœur se serrer en débarquant.

Le roi me reçut avec distinction. Il était sur le point de passer dans une autre province ; avant de partir, il m'expliqua ses vues pour le palais que je devais bâtir, et me laissa des trésors.

Alors j'éprouvai l'embarras que j'avais prévu, en face d'une tâche au-dessus de ma capacité et que je n'osais même essayer de remplir. Je me représentais la juste colère que témoignerait le roi à son retour et je m'attendais à périr. Je ne craignais pas seulement pour ma tête. Je savais que j'entraînerais aussi la perte

d'Abanès, qui n'était point coupable de mon ignorance;
j'avais pitié de lui et son sort m'affligeait plus que le
mien propre.

Je recourus au Seigneur. Mais il ne m'enseigna
point l'art qui m'était nécessaire, pour me punir sans
doute de mes criminelles défiances, et mon affliction
croissait de jour en jour.

Je me souvins enfin que j'étais apôtre. Ne pouvant
bâtir le palais de marbre qui m'était demandé, je résolus de bâtir à Dieu un temple dans le cœur des
peuples. Je commençai donc à publier la bonne nouvelle. Le Seigneur parla en même temps que moi à
ceux qui m'entendirent et il opéra un grand nombre
de conversions.

La ville regorgeait de pauvres qui manquaient
de tout, et ils m'assiégeaient nuit et jour. Je n'avais
point la force de les repousser et les trésors que m'a-
vaient confiés le roi se dissipèrent peu à peu en aumônes.

Le pays est rempli de sages qui font métier de pratiquer la vertu. Les uns jeûnent toute leur vie ou de-
meurent des années entières dans la même attitude,
assis, debout ou agenouillés. D'autres s'enferment,
comme nos Esséniens, mais ils y vivent dans une
honteuse oisiveté. Ils s'abstiennent de manger la chair
des animaux, et se contentent de fruits et de légumes.
Ils croient que les âmes passent d'un corps dans un
autre et s'adonnent à toute sorte de superstitions.
Après qu'ils ont pratiqué pendant quelque temps leur
vie austère, ils se persuadent que la souillure ne peut

plus les atteindre et se livrent sans retenue à toutes leurs passions. Néanmoins, leur prétendue sainteté leur donne du crédit et la multitude les révère. On les consulte, on sollicite leurs avis et leurs prières.

Quand ils apprirent que le peuple s'empressait autour de moi, ils m'envoyèrent plusieurs de leurs disciples sous prétexte d'étudier ma doctrine, mais en réalité pour m'épier et tâcher de me perdre. Au commencement, ils n'osèrent m'accuser à cause de la protection royale dont je semblais couvert.

Enfin, après une longue absence, le roi revint dans sa capitale. Hélas ! le palais qu'il espérait habiter n'était pas encore tracé. Il m'appela ; je me tus en sa présence. Il s'irrita contre moi et me jeta en prison avec Abanès, en attendant qu'il nous fît punir.

Les brahmes choisirent ce moment pour s'approcher de l'oreille du roi ; ils l'aigrirent contre moi et le décidèrent à me condamner à mort.

Et je fus saisi dans ma prison d'un ardent désir de revoir Jérusalem et ce désir me faisait souffrir plus que les fers et la crainte du supplice.

Tout-à-coup ma prison s'ouvrit et un cavalier s'offrit à moi. Il menait par la bride un cheval tout sellé et m'invita à le monter. Je le fis : les deux chevaux commencèrent à courir avec tant de rapidité que leurs pieds ne touchaient plus la terre et qu'ils semblaient voler à travers l'air.

Je ne sais combien de temps dura le voyage, parce que la lumière m'aveuglait et que je ne distinguais plus ni le lever ni le coucher du soleil. Mais lorsque vous m'avez rencontré, ils venaient de s'arrêter et de me mettre à terre. »

Les trois apôtres étaient en ce moment à un carrefour. Philippe demanda :

— Où allons-nous ?

— A la maison de Jean, répondit un petit vieillard au teint basané, à la barbe épaisse, qui venait de les rejoindre.

Les trois apôtres se retournèrent et considérèrent celui qui leur avait parlé.

— Suis-je donc si changé, reprit-il, que l'on ne puisse me reconnaître ou avez-vous oublié le fils de Jonas, le frère de Simon-Pierre, le pêcheur André ?

IV

SAINT ANDRÉ

André avait été envoyé en Scythie. Il y avait trouvé des gens grossiers, adonnés à l'ivrognerie et à toutes les passions. Au commencement les Scythes avaient méprisé l'apôtre à cause de sa petite taille, et n'avaient point daigné l'écouter. A peine avait-il gagné à la foi quelques jeunes gens qui n'étaient pas encore infectés des vices de leur nation.

L'un d'eux était d'une grande beauté. Son père avait été le chef de la tribu et avait péri glorieusement dans une expédition guerrière.

Chez ces barbares, comme parmi les Persans, les fils pouvaient épouser leurs mères.

La mère du jeune chrétien espéra qu'il mettrait fin à son veuvage. Elle prit soin d'écarter de lui toutes les jeunes filles qui eussent pu lui plaire et ne négligea rien pour l'amener à l'épouser.

Instruit par l'apôtre le jeune homme aima sa mère d'une affection respectueuse et feignit de ne point comprendre ses vœux illégitimes.

Elle affecta un violent chagrin, et un jour qu'il la pressait de lui découvrir la cause de ses larmes, elle rompit le silence et le sollicita en pleurant de l'épouser.

Le néophyte s'enfuit avec horreur.

Elle se crut méprisée. Le dépit s'empara de son âme et son amour se changea en fureur. Elle accusa son fils d'avoir voulu lui faire violence et obligea les anciens de la tribu à le juger.

Le jeune chrétien parut devant le conseil. Il ne voulut pas élever la voix contre sa mère et pendant qu'elle l'accusait, il baissa la tête avec modestie et garda le silence.

André, qui savait la vérité, essaya d'engager par la persuasion cette mère insensée à se désister de sa poursuite.

— Qu'il m'épouse ! répliqua-t-elle, je le justifierai.

La douceur intrépide du jeune homme ne fit que l'exaspérer.

— Il aime mieux mourir, pensait-elle, que d'être mon époux !

Elle redoubla ses cris en présence des juges. Le chrétien se tut jusqu'à la fin. Les anciens prirent son silence pour la confusion du crime et le condamnèrent à périr.

A périr comme les parricides, enfermé dans un sac enduit de poix et précipité dans le fleuve.

La mère espérait que la mort épouvanterait son fils; elle obtint qu'on lui laisserait quelques jours avant d'exécuter la sentence. Quand elle vit qu'il demeurait inébranlable, elle ne se crut pas assez vengée. Elle imputa ses résistances à l'apôtre, le dénonça aux anciens comme le complice de son fils et demanda sa tête.

André prêchait à quelques milles de là, quand on lui annonça cette nouvelle. Il accourut. Comme il était au bord du fleuve, un pêcheur monté sur une nacelle s'offrit à le transporter. L'apôtre avait marché toute la journée et se sentait las. Il accepta.

Il s'éleva alors un vent frais qui les poussa avec rapidité. André épuisé de fatigue posa la tête sur ses genoux et sommeilla. Quand il rouvrit les yeux, la nacelle entrait dans un port.

— Où sommes-nous? dit-il.

— A Joppé, répondit le pêcheur. Prenez terre et allez à Jérusalem. Vous trouverez tous les frères assemblés dans la maison de Jean. Vous reviendrez ensuite et je vous ramènerai en Scythie.

V

SAINT MATHIEU

Deux magiciens, Zaroës et Arphaxat, s'étaient acquis par leurs prestiges une grande influence parmi les peuples d'Éthiopie. On les révérait comme des dieux.

Ils avaient amené des monstres sauvages inconnus dans le pays et les avaient dressés à obéir. Au moindre de leurs signes, ils s'élançaient contre leurs ennemis et les dévoraient.

Comme ils étaient au faîte de leur puissance, il vint dans le pays un homme qui s'appelait Mathieu, et il faisait aussi des choses extraordinaires. Ils lui proposèrent de s'associer avec eux et d'exploiter ensemble la crédulité publique ; mais, non content de rejeter leurs offres, Mathieu s'éleva contre eux et désabusa les peuples de leurs enchantements. Ils jurèrent de le perdre.

Ils postèrent leurs dragons dans un chemin où Mathieu devait passer, les monstres se précipitèrent sur lui. Mais il leur parla au nom de Jésus, et ils se couchèrent à ses pieds. Mathieu leur commanda ensuite de se retirer dans les déserts. Ils le firent et ne reparurent plus.

— Où est votre science ? dit-il aux magiciens. Vous ne pouvez rien contre moi ! Cessez donc de m'attaquer, et sans chercher à me nuire, comprenez mes enseignements et convertissez-vous.

Mais, loin de se laisser toucher, les enchanteurs s'endurcirent dans leur méchanceté et n'en travaillèrent qu'avec plus de rage contre lui.

Le fils du roi vint à mourir. Le roi tomba dans une affliction extrême. Sa cour pleura avec lui sans pouvoir le consoler. Le peuple même prit part à sa douleur et le deuil fut général.

Les grands conseillèrent au roi d'assembler tous les magiciens de ses états, dans l'espoir que l'un d'eux peut-être saurait par son art rendre la vie au jeune prince.

Zaroës et Arphaxat furent les premiers présentés au roi. Comme ils ne pouvaient ressusciter le mort, ils concertèrent leur réponse et dirent :

— Nous n'avions pas attendu votre commandement, ô roi, pour interroger les destins. Et voici ce que notre science nous a révélé. Les dieux jaloux des vertus du prince votre fils, se sont hâtés de l'appeler à eux, et de l'introduire dans le séjour qu'ils habitent. Il est impossible de résister aux dieux et ils ne rendront pas votre fils. Lui-même d'ailleurs ne consentirait plus à dépouiller sa bienheureuse immortalité et à redescendre parmi les hommes. Le seul désir qu'il éprouve, c'est d'avoir un temple et de recevoir sur la terre les divins honneurs qui lui sont dûs. Si donc, seigneur, vous voulez mettre le sceau à sa félicité, vous prescrirez à tous vos sujets de l'adorer. Si quelque audacieux lui refusait l'encens... qu'il serve lui-même de victime et soit immolé sur l'autel de votre fils.

Ils comptaient par cette réponse assurer la perte de Mathieu qui ne reconnaissait d'autre dieu que Dieu et renversait les idoles.

La renommée des miracles qu'avait faits l'apôtre était parvenue jusqu'au roi. Mandé à son tour, il se mit en prières auprès du corps mort, et le ressuscita.

Frappé d'admiration et de terreur, le roi tomba aux pieds de l'Évangéliste, qu'il prit pour un dieu caché sous une figure humaine et enjoignit à tout son peuple de l'adorer.

Les Éthiopieus qui avaient vu les œuvres de Mathieu n'étaient que trop disposés à obéir à cet édit. Ils vinrent de toutes parts avec des couronnes d'or, de l'encens et des victimes.

L'apôtre eut grand'peine à se défendre de leurs hommages. Néanmoins il réussit dès ce jour-là à en convertir un grand nombre et du prix de leurs offrandes, il fit construire une église.

Quelques années après, pendant qu'il était couché sur une natte de joncs, il sentit qu'on la soulevait par les quatre coins, et qu'on la balançait à droite et à gauche comme pour le bercer. Ce mouvement dura toute une nuit. Quand il s'éveilla, il était au milieu de Jérusalem.

Quant aux deux magiciens, ils avaient pris la fuite et étaient passés dans les états d'un autre prince.

VI

SAINT SIMON ET SAINT JUDE

Ils reconquirent en peu de temps chez ce peuple qui ne les connaissait point, le même crédit que chez les Éthiopiens. Ils surpassèrent tous les sages de la contrée et les plus puissants des mages.

Le roi du pays était en guerre avec les Indiens, ses voisins. Baradach, général de ses troupes, sur le point de livrer une grande bataille, assembla les prêtres du feu et tous ceux qui faisaient profession de lire l'avenir dans les astres, afin de les consulter sur l'issue de la lutte.

Il y avait dans le voisinage du camp deux étrangers dont on vantait la sagesse. Baradach les fit venir.

L'un était Simon le Cananéen et l'autre Thaddée ou Jude, tous deux apôtres de Jésus-Christ. Simon était venu par la Cappadoce et l'Arménie. Jude s'était d'abord rendu à Édesse, auprès du roi Abgare.

Le nom de Jésus était parvenu dans cette ville, même avant sa mort. La tradition nous a transmis une lettre qu'Abgare aurait écrite au Sauveur pour lui offrir un refuge à sa cour, s'il voulait se dérober à la haine des Juifs.

Quelques auteurs affirment que le Seigneur n'aurait pas dédaigné de lui répondre, et qu'en lui rendant grâce de son affection, il aurait refusé ses offres, au nom du sacrifice qu'il devait consommer. Néanmoins il lui aurait promis de lui envoyer, après sa mort, un de ses disciples pour le guérir de la lèpre dont il était attaqué.

Thaddée aurait donc rempli la promesse de Jésus en portant au roi Abgare la guérison qu'il attendait.

Le zèle de l'Évangile n'avait point permis à l'apôtre de s'arrêter dans la faveur du roi d'Édesse. Mais laissant à ce prince le soin de répandre la foi dans ses États, il s'était enfoncé dans la Perse, où il avait été rejoint par Simon.

Ils furent amenés devant Baradach.

— Nous ne sommes pas venus, répondirent-ils, pour vous prédire des avantages terrestres et des triomphes sanglants, mais pour vous enseigner à vaincre vos passions et à conquérir le royaume du ciel.

— Or bien, dit l'homme de guerre. Je vous écouterai à loisir sur ce chapitre après la bataille.

— Celui que nous vous annonçons, reprirent les apôtres, est l'arbitre des combats !

— Dites-moi donc s'il me donnera la victoire.

— N'avez-vous pas vos prêtres des astres et le collége de vos mages ?

— Je les ai consultés et ils m'ont répondu que la guerre serait longue et pleine pour les peuples de calamités et de désastres, mais que je finirais par triompher.

Les apôtres sourirent.

— Vous riez, reprit le général, lorsque moi qui ai vieilli dans le carnage, je ne puis me défendre de frissonner ?

— Nous rions de l'ignorance des imposteurs qui vous ont trompé. Sachez que demain, peu après le lever du soleil, la guerre sera finie, sans qu'il ait coulé une seule goutte de sang. Vos ennemis consentent à vous payer tribut, et leurs députés sont tout près d'arriver.

A leur tour les mages se mirent à rire, tant cette nouvelle leur paraissait incroyable. Ils insinuèrent que ces étrangers pourraient bien être des émissaires envoyés par les ennemis pour inspirer une fausse confiance et préparer une surprise.

Les apôtres persistèrent dans leurs affirmations. Comme le délai qu'ils avaient fixé était court, Baradach fit retenir tous les devins et attendit.

L'événement confirma la prédiction des deux disciples.

Alors le général méprisa les mages, et songeant à quels maux leur avis aurait exposé les peuples, s'il l'avait suivi, il les jeta dans les fers, avec le dessein de les faire périr. Il l'annonça aux apôtres et promit de leur donner tous les biens des imposteurs. Les apôtres implorèrent sa clémence en faveur de leurs ennemis.

— Nous ne souhaitons pas, dirent-ils, de donner la mort aux vivants, mais de donner la vie à ceux qui sont assis dans la mort de l'erreur.

Leur désintéressement frappa le général plus que

leurs prédictions. Ils les présenta au roi avec beaucoup d'éloges.

Jaloux de leur crédit, les mages ne cessèrent de leur tendre des piéges et de répandre contre eux toute sorte de calomnies. Ils les accusaient de méditer la trahison et de n'attendre que l'occasion pour introduire les armées romaines et leur livrer le pays. Les apôtres, calmes dans leur innocence, détruisirent tous les maléfices des devins, et aucun d'eux ne put leur nuire.

La fille d'un seigneur parthe, d'après le conseil des prêtres du feu, accusa un diacre de l'Église chrétienne de l'avoir surprise et de lui avoir fait violence. Ses parents pleins de fureur, envoyèrent à la poursuite du coupable qu'elle désignait, pour venger par sa mort l'outrage que leur fille avait reçu.

Il importait de sauvegarder l'honneur des chrétiens encore peu nombreux. Les apôtres accoururent, et dirent aux parents :

— Où est l'enfant de votre fille ?

On l'apporta devant eux.

— Au nom de Jésus nous t'adjurons de déclarer si le diacre a commis le crime qui lui est imputé.

L'enfant né depuis quelques jours à peine, prit la parole et attesta la chasteté du chrétien.

— Qu'il nomme le coupable ! s'écrièrent les parents.

— Ce n'est pas à nous, répondirent les apôtres, à perdre les pécheurs ; il suffit que l'innocent soit absous.

Comme ils prêchaient dans une ville du nom de

Sannir, les mages ameutèrent le peuple, et on voulut les contraindre à adorer le feu. On les traîna à la porte du temple, et on poussa contre eux des menaces de mort. Ils voulurent parler à la multitude ; le tumulte étouffa leur voix. Dans ce danger, ils se tournèrent vers le Seigneur ; un ange se tint aussitôt sur le faîte du temple et le frappa du pied... L'édifice croula en un moment.

La fureur du peuple ne s'apaisa point devant ce prodige, parce qu'il l'attribua à la colère de ses dieux Alors l'ange toucha les apôtres sur l'épaule et leur dit :

— Montez dans ce char.

Ils se retournèrent et virent un char attelé de deux chevaux écumants. Ils y montèrent. Les coursiers hennirent et prenant leur course à travers les airs, ils les enlevèrent aux yeux de la foule, et les déposèrent à Jérusalem.

Ils se dirigèrent vers la maison de Jean, avec saint Mathieu qui était à côté d'eux. Jacques le Mineur, évêque de Jérusalem, et Mathias qui avait spécialement choisi d'évangéliser les pauvres villageois de la Judée et de la Samarie, les rejoignirent au détour de la rue et firent route avec eux.

VII

LE TRÉPAS DE LA VIERGE

La mère de Jésus soupirait depuis vingt ans après le jour où elle serait témoin dans le ciel de la gloire de son fils. Ce désir devint enfin si ardent qu'elle comprit qu'il allait être satisfait.

Un ange lui apparut en effet, tenant une palme à la main.

— Je vous salue, dit-il, ô Marie, qui êtes bénie entre toutes les femmes. Voici que votre Fils vient à vous.

La Vierge tressaillit de joie.

— Je suis sa servante, répondit-elle, toute prête à le suivre. Le seul vœu que forme encore mon cœur c'est de revoir ses apôtres et de leur dire adieu avant de mourir.

— Ils vont entrer, ajouta l'ange, et vous rendrez le dernier soupir entre leurs bras.

Au même instant, Jean, frère de Jacques, fut enlevé pendant qu'il prêchait à Éphèse et transporté dans une nuée à Jérusalem.

A sa vue, Marie versa des larmes de joie.

— Tu devais accourir le premier, dit-elle, car tu es mon fils. Je vais sortir de ce monde. Les méchants voudront outrager mon corps. Tu protégeras mon cercueil et tu feras porter devant moi cette palme qu'à laissée le messager de ma délivrance.

On heurta de nouveau à la porte. Jean courut au devant des frères qui entraient. Paul était parmi eux avec saint Luc, le compagnon et l'historien de ses travaux.

Ils comprirent alors pourquoi ils étaient rassemblés, et ils s'affligeaient de perdre la mère de leur maître.

— Que personne ne pleure, dit Jean, de peur que
le peuple ne dise : ils prêchent la résurrection et ils
craignent de mourir.

— Félicitez-moi, dit Marie, car il y a bien longtemps que je suis séparée de mon fils et que je souffre
l'exil.

Pierre n'était pas encore venu. Marie demanda :

— Pourquoi Pierre n'est-il pas avec vous ?

— Me voici, répondit Pierre qui venait d'entrer. J'ai
craint d'arriver trop tard.

La Vierge bénit alors le Seigneur et dit adieu à chacun des apôtres.

— Je ne vous loue point de votre zèle, car vous savez quelle récompense vous est préparée. Déjà plusieurs d'entre vous ont eu le bonheur de participer à
la passion de mon fils. Jacques se repose auprès de lui
des souffrances de la mort.

« André, vous sauverez votre jeune disciple ; et
vous monterez au ciel par le martyre, mais vous ne
mourrez point de la main des Scythes qui ne connaissent pas le supplice de la croix.

« Vous aussi, fils de Didyme, vous sortirez de votre
prison, non pour marcher à la mort, mais pour être
élevé en gloire par ce même roi qui veut vous faire
périr. Et quand vous aurez gagné à mon fils une
grande multitude de serviteurs, vous le rejoindrez par
le martyre.

« Réjouissez-vous ! sur tous vos fronts, je vois des
couronnes. Pierre et Paul combattront le même jour
et triompheront ensemble, l'un par le glaive, l'autre

par la croix. Jean vaincra ensuite, mais il survivra à son martyre, pour empêcher Satan de déchirer la robe de mon fils.

« Adieu ! mon heure est venue ; je vous quitte, mais mon âme sera toujours avec vous. »

On était à la troisième heure de la nuit, et on avait allumé les flambeaux. Quand la Vierge eut cessé de parler, les apôtres se mirent à genoux, et Pierre commença de prier au nom de tous à haute voix.

Tout-à-coup le plafond parut s'entr'ouvrir. Jésus apparut sur une nuée lumineuse, suivi d'un cortége innombrable d'anges, de patriarches et de saintes femmes.

— Viens, dit-il, ô ma Mère bien-aimée ; viens prendre place avec moi sur mon trône.

— Au son de votre voix, Seigneur, mon âme s'est fondue, répondit Marie. Oh ! que je vous ai attendu longtemps.

Les anges entonnèrent aussitôt leurs cantiques.

— Elle a vécu chaste et pure, loin des délices ; sa récompense est préparée.

Marie à son tour murmura :

— Mon âme glorifie le Seigneur à cause des prodiges qu'il a opérés en moi. Il est tout-puissant et son nom est saint.

Une voix céleste reprit :

— Descends du Liban, ô mon épouse, viens recevoir la couronne que j'ai fait tresser pour ton front.

— Me voici, répondit Marie... Mon esprit a tressailli,

parce que le Seigneur a regardé sa servante dans sa bassesse, et toutes les générations me proclameront bienheureuse.

En prononçant ces mots, son âme quitta son corps et s'envola dans le sein de Jésus.

Jésus dit encore :

— Dans la vallée de Josaphat vous trouverez une grotte récemment creusée et qui n'a point servi. Vous y déposerez le corps et vous veillerez auprès jusqu'à ce que je revienne à vous.

Les apôtres saluèrent la Vierge pour la dernière fois :

— Mère du Christ, souvenez-vous de nous !

Le chœur des anges, en se retirant, continuait de chanter :

— Quelle est celle qui s'avance, belle entre toutes les filles d'Israël, pleine de grâce et d'amour ?

Quand les chants se furent éloignés, les pieuses femmes qui servaient Marie, la dépouillèrent pour laver son corps. La blancheur en était devenue éblouissante et il exhalait l'odeur des parfums les plus précieux.

Quand elles eurent roulé autour du corps un linceul blanc, elles le couchèrent dans la bière. Puis on s'apprêta à le conduire au sépulcre.

Jean présenta à Pierre la palme qu'avait donnée l'ange :

— Pierre, lui dit-il, tu es notre chef ; c'est à toi de marcher à la tête du cortége.

Pierre lui répondit :

— Il n'appartient qu'à toi de porter la palme de la virginité, puisque seul tu es resté vierge : précède-nous. Quant à moi, je porterai le corps.

— Et moi aussi, dit Paul, qui suis le dernier d'entre vous, si vous m'en jugez digne, j'aiderai à porter le cercueil.

Ils prirent donc le corps sur leurs épaules et se mirent en marche. Pierre commença le psaume :

— « Lorsqu'Israël sortit d'Égypte, etc. »

Les autres s'unirent à lui et ils s'avancèrent à pas lents, en chantant :

Une nuée couvrait le cortége et les anges voltigeaient dans cette nuée, accompagnant la voix des apôtres du son des plus mélodieux instruments.

Le peuple étonné sortait en foule à leur passage, et demandait :

— Quelle est cette pompe ?

— C'est la mère de Jésus, qui est morte et que ses disciples vont enterrer.

Quelques-uns murmurèrent et un sacrificateur qui se trouvait là, excitait la multitude, en disant :

— Voyez quels honneurs reçoit le corps où s'est formé l'imposteur qui voulait détruire le temple et renverser la religion !

Peu à peu les têtes s'échauffèrent aux paroles du sacrificateur qui s'écria :

— Fondons sur eux ! Exterminons d'un seul coup toute cette troupe sacrilége !

Et donnant l'exemple, il s'avança au devant des apôtres et voulut les empêcher de passer. Le peuple l'encourageait par ses clameurs. Il leva les bras et saisit le cercueil pour le renverser.

Ses mains frappées d'une subite paralysie, restèrent collées à la bière. Il poussa des cris aigus, comme s'il avait plongé ses bras jusqu'aux épaules dans un brasier ardent.

Alors il reconnut son crime, et, frappé d'épouvante, il tourna des yeux suppliants vers Pierre, en le conjurant de le guérir.

— Confesse, répondit Pierre, que Jésus est le Christ et prie sa sainte mère d'intercéder auprès de lui.

Le sacrificateur obéit. Ses mains se détachèrent, et il demeura chrétien.

Le cortége poursuivit sa marche à travers la foule muette d'étonnement et de frayeur.

Les apôtres arrivèrent au lieu que le Seigneur leur avait indiqué et ils placèrent le corps dans la grotte.

Ils veillèrent à l'entour, comme il leur avait été prescrit, en jeûnant et en priant.

VIII

SAINT PAUL

Ceux d'entre les apôtres qui étaient venus de loin, s'informaient avec une sainte curiosité des progrès qu'avait faits la foi dans l'Occident. Car ils savaient qu'ils devaient être rendus à leurs églises et transportés de nouveau au bout du monde, sitôt que serait accompli le mystère auquel ils étaient conviés.

Ils prièrent Paul de leur raconter ses travaux afin qu'ils pussent glorifier aussi en lui les œuvres du Seigneur. Saint Paul s'en excusa par modestie. Mais la troisième nuit, saint Luc prit la parole et dit :

« Au sortir du concile de Jérusalem, Paul visita les églises qu'il avait établies en Syrie et en Phénicie. A Lystres, il prit avec lui Timothée, son disciple, qu'il soumit à la circoncision, afin que les Juifs l'écoutassent sans répugnance. Puis il passa en Macédoine, laissant partout des catéchumènes.

« A Philippes, il enseignait assidûment dans une maison de prières que les Juifs avaient bâtie hors des murs. Or, une fille qui prophétisait par l'inspiration d'un démon, le suivit à plusieurs reprises, en criant :

« Ces hommes sont les vrais serviteurs du Dieu très-« haut, et ils annoncent la voie du salut. »

« Paul importuné se tourna enfin vers elle et commanda par le nom du Christ à l'esprit qui la possédait de sortir de son corps. L'esprit sortit à l'instant. Or, les maîtres de la pythonisse, voyant s'évanouir tout espoir de gain, saisirent Paul et Silas qui l'accompagnait, et les menèrent devant les magistrats.

« — Ces hommes, dirent-ils, troublent la cité. Ils sont Juifs et veulent nous apprendre des usages que nous ne pouvons suivre, puisque nous sommes Romains,

« A cette accusation que la multitude appuyait par ses cris, les magistrats déchirèrent leurs tuniques. Puis ils firent fouetter les apôtres et les envoyèrent en prison, en ordonnant au geôlier de les garder avec le plus grand soin. On les mit en conséquence dans la prison intérieure, et on leur serra les pieds dans des ceps.

« Au milieu de la nuit, Paul et Silas priaient et louaient Dieu, et les autres prisonniers les écoutaient; tout-à-coup il survint un tremblement de terre si violent que les fondements de la prison en furent ébranlés. Toutes les portes s'ouvrirent et toutes les chaînes tombèrent. Le geôlier, s'étant éveillé, et croyant que les prisonniers s'étaient évadés, tira son épée et voulait se tuer. Paul cria:

— Ne te fais point de mal ; nous sommes tous ici !

On apporta de la lumière. Le gardien se jeta, tremblant, aux pieds de l'apôtre. Puis il les fit sortir et leur dit :

— Seigneurs, que faut-il que je fasse pour être sauvé ?

— Crois en Notre-Seigneur Jésus-Christ, répondirent-ils, et tu seras sauvé, toi et ta maison.

Ils lui annoncèrent la parole de vie à lui et à tous ceux qui étaient dans sa maison, et les baptisèrent dans cette même nuit.

Le geôlier lava leurs plaies et leur servit un festin.

Le jour venu, des licteurs, envoyés par les magistrats, apportèrent l'ordre de mettre en liberté les deux hommes qu'on avait emprisonnés la veille. Paul répondit :

— Après nous avoir fait, sans jugement, flageller

en public, nous qui sommes citoyens romains, ils nous ont jetés dans un cachot, et maintenant ils nous font relâcher en secret ! Non, non ! qu'ils viennent et nous délivrent eux-mêmes.

En apprenant qu'ils étaient citoyens romains, les magistrats eurent peur ; ils vinrent et les supplièrent de sortir de la prison et de s'éloigner.

Paul et Silas se rendirent à Thessalonique. Ils y convertirent une foule de juifs et de gentils, et surtout des femmes nobles.

Les juifs endurcis y excitèrent contre eux quelques méchantes gens d'entre le peuple, et par eux soulevant toute la ville, ils environnèrent la maison de Jason, qui donnait l'hospitalité aux apôtres. Ils comptaient les y surprendre et les traîner devant le peuple. Mais ils ne les trouvèrent point. Alors ils s'en prirent à Jason lui-même et le menèrent, avec quelques-uns des frères, devant les magistrats, en criant :

— Voilà ceux qui troublent la ville. Ils désobéissent aux décrets de César et reconnaissent un autre roi qu'ils nomment Jésus.

Jason fournit caution et fut remis en liberté.

Néanmoins les fidèles firent passer Paul et Silas pendant la nuit à Béroë. Ils n'y furent pas longtemps en repos ; car les Juifs de Thessalonique les y poursuivirent et y soulevèrent encore le bas peuple. Paul y laissa ses compagnons et se rendit à Athènes.

Dans cette grande ville, toute livrée à l'idolâtrie, son esprit s'enflamma et il ne cessa de prêcher aux Israélites dans les synagogues, et sur la place publique à tous ceux qui venaient l'entendre. Quelques philosophes stoïciens et épicuriens disputèrent contre lui. Les uns disaient : que veut dire ce harangueur ? — Il a l'air de nous annoncer de nouvelles déités, disaient les autres.

Ils le conduisirent à l'aréopage et l'interrogèrent :

— Pouvons-nous savoir quelle est cette nouvelle doctrine que tu professes ?

Car les Athéniens et les étrangers qui habitent leur ville n'ont d'autre occupation que d'entendre ou de dire quelque chose de nouveau.

Paul développa dans l'aréopage les principaux mystères de la foi, et affirma le dogme de la résurrection.

A ce mot de résurrection les aréopagistes se moquèrent de lui. Quelques-uns lui dirent :

— Nous t'écouterons une autre fois.

Néanmoins plusieurs Athéniens crurent, et parmi eux Denys, membre de l'aréopage.

D'Athènes, Paul descendit à Corinthe, où les Juifs le traduisirent devant Gallion, proconsul d'Achaïe. Rendu à la liberté, il continua de prêcher la folie de la croix dans cette cité voluptueuse et corrompue, et y forma une nombreuse Église. C'est là que j'ai sous son inspiration écrit l'Evangile. Après y avoir séjourné deux ans, il se coupa les cheveux, par suite d'un vœu qu'il avait fait et s'embarqua pour la Syrie.

Il parcourut encore la Palestine, la Galatie et la Phrygie, et revint à Éphèse.

Les juifs lui dressèrent de nouvelles embûches et

le persécutèrent de nouveau. Mais il n'était point de miracles que Dieu ne fît par ses mains. Ses mouchoirs même et ses ceintures guérissaient les malades et délivraient les possédés.

Quelques juifs qui faisaient métier d'exorcistes, essayèrent d'invoquer sur les démons le nom de Jésus, que prêchait Paul. Les esprits leur répliquèrent :

— Je connais Jésus et Paul aussi ; mais vous, qui êtes-vous ?

Et un possédé se jeta sur eux, en terrassa deux et les maltraita au point qu'ils s'enfuirent de la maison, nus et blessés.

Cet événement fut connu de toute la ville, qu'il remplit de crainte. Beaucoup vinrent confesser leurs péchés, et ceux qui s'adonnaient aux sciences inutiles, amassèrent leurs livres sur la place publique et les brûlèrent. La valeur de cet holocauste se montait à cinquante mille deniers [1].

Ainsi la parole de Dieu s'étendait et poussait des racines.

Un orfèvre, nommé Démétrius, vendait des miniatures du temple de Diane [2] et occupait un grand nombre d'ouvriers à ce travail lucratif. Il les rassembla et leur dit :

---

[1] Environ 3,500 fr.

[2] Le temple de Diane à Éphèse était une des merveilles du monde ; quatre siècles avaient travaillé à le bâtir des offrandes de l'Asie. Il avait 425 pieds de long, 220 de large et était soutenu par 127 colonnes de 60 pieds ; chacune de ces colonnes était le présent d'un roi. La charpente du toit était en cèdre, les portes en cyprès. L'idole petite et noire, en ébène ou en bois de vigne, avait survécu à 7 incendies. qui avaient consumé l'édifice.

— Ce Paul détruit le culte dont nous vivons et avant peu non-seulement l'autel sera abandonné, mais on méprisera même la déesse qu'adorent l'Asie et tout l'univers.

Aussitôt les ouvriers parcourent la ville en hurlant :

— La grande Diane des Éphésiens !

Ils prirent deux des disciples et coururent d'un commun accord au théâtre. Paul voulait se présenter au peuple ; mais on le retint. Plusieurs même des principaux citoyens qui étaient nos amis le firent prier de ne point paraître au théâtre. L'assemblée en effet y était confuse et tumultueuse. Pendant deux heures on ne cessa de pousser le même cri, jusqu'à ce qu'enfin un secrétaire calma les esprits et congédia la foule.

Paul dit alors adieu à ses disciples et partit pour la Macédoine. Il en visita les diverses provinces et redescendit en Grèce ; puis reprenant la mer, nous débarquâmes à Troade.

La veille de notre départ, comme nous étions réunis pour rompre le pain, l'apôtre se mit à prêcher et prolongea ses discours jusqu'au milieu de la nuit. Il y avait dans la salle des lampes allumées ; cependant un jeune homme assis sur une fenêtre, avait été surpris par un sommeil pesant et, en dormant, il tomba du troisième étage.

On le releva mort. Mais Paul descendit, se baissa vers lui, l'embrassa et dit :

— Ne vous alarmez point : son âme est rentrée en lui.

En effet on ramena le jeune homme vivant.

Nous retournâmes encore à Éphèse. Paul y annonça aux frères qu'ils ne le reverraient plus. Car il se proposait de venir une dernière fois à Jérusalem, et de voir Rome ensuite. Nous passâmes à Césarée, où nous fûmes reçus par le diacre Philippe et ses filles qui sont prophétesses. Le prophète Agab dénoua la ceinture de Paul, et s'en lia les pieds et les mains, en disant :

— Voici ce que dit l'Esprit-Saint : Ainsi les juifs lieront à Jérusalem celui à qui appartient cette ceinture, et ils le livreront aux gentils.

Nous suppliâmes Paul de ne point venir. Mais il nous répondit :

— Pouquoi pleurer et m'affliger moi-même ? Je suis prêt non-seulement à porter des fers, mais encore à mourir pour le nom du Seigneur Jésus.

IX

L'ASSOMPTION

Comme saint Luc achevait ces mots, le soleil se leva. Jésus se montra de nouveau aux regards des disciples et leur dit :

— La paix soit avec vous !

Ils répondirent :

— Gloire à vous, Seigneur, car vous seul êtes admirable.

Le Sauveur s'approcha du sépulcre, et ajouta:

— Mère du Dieu de vie, levez-vous et vivez ! Votre

corps n'a point connu la souillure ; la corruption ne le touchera point:

Aussitôt Marie se releva. Les anges la prirent entre leurs bras et l'emportèrent au milieu des chants célestes et des parfums.

VII. — SÉNÈQUE

I

GALLION, PROCONSUL D'ACHAIE A SÉNÈQUE

— Il s'est fondé ici, depuis quelques années, une nouvelle école de philosophie, qui déjà compte, assure-t-on, des disciples dans toutes les provinces et même chez les nations barbares, et dont les doctrines m'ont paru dignes d'être communiquées au prince de la philosophie.

La secte, née en Judée, eut pour auteur un jeune artisan, que ses compatriotes ont mis en croix, non qu'il fût criminel, mais par haine de ses enseignements. Il n'a point laissé de livres; il enseignait comme Socrate, de vive voix. Il se donnait ouvertement pour fils de Dieu et Dieu même, et pour le prouver, il commandait en maître à la nature, qui n'hésita jamais à lui obéir, de l'aveu même de ses ennemis qui attribuaient à la magie sa puissance extraordinaire.

J'ai ordonné de recueillir et de mettre en ordre les principaux points de sa doctrine. Elle n'a aucune ressemblance avec celle de nos maîtres.

Pour les mœurs, l'austérité du portique n'approche point de celle que s'impose cette école. A leur initiation, les disciples se plongent dans un bain, comme pour se laver de toute leur vie passée. Ils renoncent aux spectacles, aux jeux, aux cérémonies de la religion et font profession de mépriser les dieux. Ils fuient tous les plaisirs et s'interdisent comme un crime la pensée même du mal.

Ils font de grandes aumônes et exercent pieusement l'hospitalité, comme dans les temps antiques. Entre eux ils se traitent de frères, et se prêtent mutuellement assistance, comme les pythagoriciens, sans distinction de patrie ni de langage. Ils s'assemblent le jour du soleil, non pour offrir des sacrifices, mais pour prier. Car ils n'immolent point de victimes. Ils se partagent du pain sur lequel ils ont prononcé des paroles sacramentales, et sont persuadés que par ce pain ils deviendront immortels.

Il semblerait impossible qu'une secte si rigide pût jamais s'établir dans cette ville efféminée et voluptueuse. Eh! bien, elle s'y répand de jour en jour, surtout parmi les femmes du premier rang.

Le chef de cette école, client de Sergius Paulus, a pris le nom de Paul. C'est un vieillard de petite taille, trapu et un peu voûté. Sa tête est de moyenne grosseur, et son front porte plus d'années qu'il n'en a. Il a le teint blanc ; son nez un peu gros a la courbure de sa race, mais cette courbure est gracieuse en lui ; son menton est couverte d'une barbe épaisse et longue.

Les Juifs conviennent qu'il est versé dans leurs lois.

Pour les lettres grecques, dons nous faisons nos délices, il les ignore et, comme un barbare, il fait vanité de les mépriser. Il n'exige de ses disciples aucun salaire et vit très-sobrement de ce qu'il gagne à confectionner des tentes pour l'armée.

Au moins est-il éloquent ? Si tu entends notre éloquence polie, semée de fleurs, qui dupe les oreilles, il n'en a aucune teinte. Il parle avec feu ; ses paroles jaillissent de sa bouche comme l'eau comprimée, par l'orifice d'un réservoir. Selon le vers d'Horace, « il bouil- « lonne à la manière d'un torrent, et vaste, se précipite « d'un abîme sans fond. » Les idées se pressent dans son esprit, fortes, grandes, impatientes; sa langue n'est point assez rapide pour les énoncer et trois ou quatre s'élancent à la fois dans une seule phrase.

On l'écoute, cependant ; son assurance étonne et il captive. Il n'a point l'art de persuader, mais il sait convaincre. Il est aussi habile dans la magie et il a des formules qui guérissent les maladies.

Les Juifs ne semblent pas disposés à le traiter à Corinthe mieux qu'ils n'ont traité son maître à Jérusalem. Ils l'ont tumultueusement amené, il y quelques jours, à mon prétoire. Je ne lui laissai pas la peine de se justifier : « Si vous l'accusiez, répondis-je, d'un délit ou de quelque crime, je vous écouterais. Mais puisqu'il n'y a qu'une question de mots, arrangez-vous entre vous. »

Et je les renvoyai. Alors, ils ont tourné leur fureur contre le chef de leur synagogue et l'ont battu devant mon tribunal, sans que j'aie cru à propos d'intervenir. J'aurais même oublié l'affaire, si plusieurs personnes considérables ne me l'avaient depuis recommandée.

Examine ses enseignements. Peut-être tu trouveras dans cette poussière quelque perle dont tu sauras tirer profit, en la polissant.

Recommande-moi à ta Pauline et dis à notre Lucain que ses derniers vers m'on paru tout à fait bons. Adieu.

II

SÉNÈQUE A GALLION

L'empire est à nous. Le succès a justifié nos espérances : Néron règne.

Nous avons eu quelques alarmes. Après avoir radoté depuis le berceau, Claude, en atteignant l'âge de la déraison, semblait revenir à la raison. Il recommandait instamment le fils de Messaline à l'armée, au sénat, aux dieux. Il avait même laissé échapper quelques paroles de menaces.

— Il est dans ma destinée, avait-il dit, d'avoir des épouses impudiques, mais non pas impunies. — Et rencontrant Britannicus : Grandis, lui dit-il, que je te rende compte de tout ce qui se fait. — Il avait ajouté : Celui qui a blessé peut guérir. Les délateurs l'irritaient secrètement contre nous, et nous savions qu'il s'était formé parmi les affranchis une ligue pour nous perdre.

Rien ne m'attachait à ce vieil imbécile. Il ne s'était souvenu de moi que pour m'exiler. Il avait refusé mon rappel à Polybe qui, tout puissant d'ordinaire, n'avait été impuissant que pour moi seul. Je ne dois rien qu'à l'amitié d'Agrippine. Entre le fils de mon ennemie et celui de ma bienfaitrice, je ne pouvais balancer.

Si tu me demandes en détail le récit de l'événement, le voici. Tu as entendu parler de la gourmandise du vieillard. Comme il n'observait de mesure en rien, il n'en gardait pas à table. Un plat de champignons avait été assaisonné à son goût. Il en mangea plus qu'il n'aurait dû, puis il s'endormit, selon son habitude. Quelques heures après, il se réveilla et vomit tout son souper. Comme il était exténué, on lui donna un bouillon qui le soulagea ; car au point du jour il ne souffrait plus.

Nous tinsmes sa mort secrète, et nous bornâmes à dire qu'il était malade. On fit des vœux pour son rétablissement ; nous fîmes venir même des comédiens, comme pour le distraire. Le temps était affreux et ne permettait pas de prendre les auspices ; Néron ne put être présenté aux gardes qu'entre la sixième et la septième heure. Il fut salué empereur devant les degrés du palais. On le conduisit au camp dans une litière. Là on rassembla à la hâte les soldats et on le porta dans le Sénat. Il n'en sortit que le soir, comblé de félicitations et d'honneurs. Il n'a refusé que le titre de *père de la patrie*, qui ne convient pas encore à un empereur de dix-sept ans.

Nous ferons étalage de piété filiale. Claude aura de splendides funérailles. Je compose déjà son oraison funèbre. Je me souviendrai de la Corse, je vanterai la pénétration et le discernement du vieil imbécile, de façon que les Romains ne puissent s'empêcher d'en rire. Je lui destine d'ailleurs une autre apothéose. Pour temple à ce dieu épais, je dédierai une citrouille.

Le nouvel empereur, docile à mes leçons, ne peut manquer d'être adoré. Ls premier jour de son règne, pour mot du guet il donna : *A la meilleure des mères*. Il jure de gouverner par les maximes d'Auguste. Il assigne des pensions aux sénateurs pauvres, réduit les impôts et gagne le peuple par des spectacles et des largesses. Obligé de signer un arrêt de mort : que je voudrais, dit-il, ne pas savoir écrire. Il salue par leurs noms les sénateurs et les chevaliers. Enfin il n'est personne qui n'avoue qu'en toute sa vie le stupide Claude n'a été sensé qu'un seul jour, le jour où il adopta Néron.

Rien ne sera plus au dessus de mon crédit. Je suis accablé de flatteurs et de courtisans. Agrippine peut tout sur son fils et ne sait rien me refuser. Je serai d'ailleurs toujours nécessaire à l'empereur ; car il n'admire que moi et ignore l'éloquence. Il n'a de goût que pour les vers et le théâtre. Puisse-t-il s'y livrer tout entier et nous laisser le fardeau de l'empire.

Il traite toujours Lucain en condisciple. Mais que notre neveu est orgueilleux et peu habile ! Qui lui fera comprendre qu'il doit mettre sa gloire à être surpassé par un rival couronné ! Engage-le aussi à jeter sur son talent le voile de la modestie. César veut être le plus grand poëte de notre siècle : que Lucain ne lui dispute pas ce rang. Ne lui suffit-il pas d'être le second pendant la vie de Néron, et le premier après sa mort pour tous les âges à venir ? Adieu.

III

SÉNÈQUE A GALLION

Le songe que j'ai fait, la veille du jour où je fus rappelé de la Corse me revient sans cesse à l'esprit. Les dieux ont-ils voulu m'avertir que mon élève ressemblerait à Caligula, ou que j'aurais à réformer une âme pétrie des instincts de Caligula ? La nature n'a point mis dans le cœur de Néron l'amour de la vertu ; à peine obtenons-nous qu'il ne se livre point à ce qui est contraire à la vertu.

Malheureux les princes que la toute-puissance enivre, parce qu'il leur faut une vertu supérieure pour ne pas céder au vice. Que la gloire de Néron nous coûte d'efforts ! C'est peu d'avoir à combattre celui à qui rien ne résiste et de le combattre sans lui déplaire, parce qu'il peut même interdire le combat ; il faut encore lutter contre les flatteurs qui le défendent contre nous. Leur adresse l'emporte souvent sur nos conseils. César sait déjà se cacher de nous, se cacher de sa mère même, dont les bienfaits lui pèsent.

Nous connaissions la jalousie qui régnait entre le fils de Messaline et le petit-fils de Germanicus. Britannicus avait osé donner à son frère adoptif le nom d'Ænobarbus. Il avait d'ailleurs une voix agréable que Néron enviait. Il était à craindre enfin que plus tard le fils de Claude ne l'emportât par le souvenir de son père. Mais personne ne prévoyait que cette inimitié aurait un pareil dénouement.

Nous n'eûmes point confidence du projet, ni moi, ni Burrhus, ni Agrippine même. Les corrupteurs ont surpris à notre insu l'oreille de César. Il fit d'abord donner à son frère un poison lent. Britannicus en fut seulement incommodé. Néron se lève alors, court avec colère à Locuste, s'emporte jusqu'à la battre de sa propre main, en lui reprochant d'avoir donné un purgatif au lieu de poison. — Je n'ai mis qu'une faible dose, répondit-elle pour déguiser le crime. —Sans doute, réplique Néron, j'ai peur des tribunaux. — Il la força de préparer sur l'heure dans sa chambre même le poison le plus rapide qu'il se pourrait. On l'essaya sur un chevreau qui agonisa cinq heures. On le remit au feu et on le concentra de nouveau ; puis on en jeta à un pourceau qui expira sur le champ. L'empereur le fit alors porter dans la salle à manger et présenter le soir même à Britannicus, qui soupait avec lui. Dès qu'il l'eût goûté, le fils de Messaline retomba foudroyé sur son lit. « C'est, dit Néron, son épilepsie qui le prend. » Personne ne le crut. Plusieurs des convives se retirent aussitôt avec épouvante. Mais les vieux courtisans étudient dans les traits de César la figure qu'ils doivent prendre. Agrippine frissonne et pâlit, comme si elle se voyait arracher sa dernière ressource et comme si ce premier crime en présageait un plus grand. Quant à moi, qui me souviens des leçons de la philosophie, j'ai conservé sans effort la sérénité du sage que rien ne peut troubler.

Cependant Néron craint mon visage et me fuit. Pour désarmer mes reproches, il m'assigne une grosse part des dépouilles de la victime. Je reçois ces biens avec indifférence ; depuis longtemps je suis accoutumé à subir l'opulence, comme je subirais la pauvreté. Adieu.

IV

SÉNÈQUE A GALLION

Lucain me ravit et m'effraie, son génie grandit, mais sa modestie diminue de jour en jour. Il méprise déjà les premiers essais de Virgile. Il égalera le poëte Mantouan ; mais je voudrais qu'il l'ignorât. L'orgueil est un aiguillon, je le sais ; mais il est périlleux de chercher à l'emporter sur un prince qui n'ayant point d'égal en puissance ne veut point souffrir de supérieur, même dans la poésie.

J'ai eu beau avertir notre Lucain ; sa témérité a été plus forte. Le voilà brouillé avec l'empereur, par une de ces blessures que la vanité d'un artiste ne pardonne jamais. Je ne sais point si je parviendrai à les réconcilier.

Le philosophe juif que tu n'as point voulu juger à Corinthe, est arrivé ici. C'est en vain qu'il a fui. Les accusations auxquelles il s'est dérobé en Achaïe l'ont

ressaisi en Judée. Ses concitoyens l'ont traduit devant
Festus, qui nousécrit qu'après avoir examiné sa cause, il
lui a paru exalté par l'étude peut-être, mais innocent,
et qu'il l'aurait renvoyé absous, s'il n'avait appelé au
tribunal de César. Il estcommis à la garde de Burrhus,
qui le traite avec beaucoup d'égards.

Je l'ai vu, je l'ai entretenu. Il conserve dans les fers
la liberté que donne la sagesse, ne se plaint pas, bénit
sa destinée et continue d'enseigner à ses geôliers, à ses
compagnons de chaînes, à tous ceux qui vont l'entendre.
Il a quelques maximes remarquables, mais il ne sait
point leur prêter du relief par l'art du discours. Il
parle facilement le latin, ce qui est surprenant, s'il est
vrai, comme il l'affirme, qu'il ne l'ait jamais appris. Il
a amené avec lui plusieurs disciples. L'un d'eux, ancien
médecin, est fort instruit et a écrit plusieurs petits
livres en grec asiatique assez pur. Mais tout cela n'est
point de notre temps. On les aurait lus il y a deux
siècles. Notre âge a trop de politesse pour goûter leur
langage simple, sans artifice et même un peu rude. Aujourd'hui, pour plaire, il faut que la vérité ait plus
d'attraits que la fable même ; et puis, ils déshonorent
leur doctrine, par d'absurdes superstitions. J'ignore
pourquoi les juifs se déchaînent tant contre eux. Ils
ont emprunté au culte judaïque presque tous ses ridi-
cules et n'ont fait qu'y ajouter un petit nombre de ri-
dicules nouveaux.

Aussi n'ont-ils guère d'auditeurs instruits. Ils s'a-
dressent de préférence aux ignorants, aux gens du
peuple, aux esclaves. Ils les séduisent par la promesse

de l'immortalité, et en leur offrant après la mort dans une autre vie la revanche de celle-ci. Ils en ont déjà gagné plusieurs et dans la maison même de Néron, il en est qui les suivent.

Ils se bornent à expliquer les maximes d'une morale que je voudrais embrasser, si je n'étais stoïcien et s'ils la dégageaient de leurs pratiques. Car s'ils affirment la Providence, j'ai composé un traité pour la prouver. Quant à l'immortalité de l'âme, nous en doutons encore; mais c'est en cela que nous avons l'avantage sur eux; leurs vertus sont intéressées; les nôtres sont gratuites. Ils font le bien, comme les mercenaires de la divinité, pour gagner un salaire; nous trouvons dans nos bonnes actions mêmes la récompense de nos bonnes actions. Pour les questions naturelles, que j'ai traitées avec tant d'applaudissement, ils les ignorent et les dédaignent.

J'ai néanmoins pris note de quelques-unes de leurs sentences, qui ont échappé à Epicure, à Platon et à tous nos anciens. Je les taillerai, je les montrerai et je les mettrai en lumière, si toutefois je retrouve assez de loisir pour mener à fin un nouvel ouvrage. Adieu.

V

SÉNÈQUE A GALLION

Ta dernière lettre ne m'est arrivée qu'au bout de trois mois. Je n'ai point demandé au messager comment tu te portes; il ne le sait pas mieux que moi. Je souhaite

que ta santé n'ait pas décliné depuis son départ. J'ai
de nouveau conféré avec le philosophe juif. Je suis
assez content de lui. Il a lu mes livres et n'a pas feint de
les louer. — Vous êtes souvent avec nous, m'a-t-il dit.
A quoi tient-il que vous n'y soyez tout à fait. — N'est-ce
point là une marque naïve de la plus haute admiration?
On raconte de lui des actions merveilleuses. Sur le
vaisseau qui l'a amené, il a prédit une tempête, et,
quand elle fut venue, il rassura l'équipage en affirmant
que le vaisseau serait englouti, mais que pas un homme
ne périrait. Débarqué à Mélita, il y fut mordu par une
vipère et n'en éprouva aucun mal. Enfin ici même il
guérit d'une seule parole toute sorte de malades. Il a
rendu à la santé un des échansons de l'empereur, qui
s'était tué dans une chute. Mais il garde obstinément
ses secrets et prétend n'avoir d'autre magie que la
vertu mystérieuse du nom que portait l'auteur de sa
secte. Il a comparu deux fois devant Néron, qui l'a
fait remettre en liberté.

Tu vas t'écrier : Ce n'est point là ce qui m'intéresse.
Que fais-tu à Rome? As-tu remis Lucain en grâce? —
Je vais répondre avec ordre à tes questions.

Néron prend chaque jour plus de goût pour les vers
et pour le théâtre. Il a fait venir Terpnus et apprend
de lui à jouer de la harpe. Il s'y est exercé avec
beaucoup de zèle, s'astreignant pour fortifier sa voix à
un régime rigoureux. Nous eûmes les prémices de son
talent. Il n'a qu'un organe voilé et de peu d'étendue,
mais qui oserait lui refuser des applaudissements?
Nos louanges l'ont encouragé, il a voulu se produire en

public. Mais n'osant affronter les critiques de Rome, il a honoré Naples de ses débuts. Un tremblement de terre qui fit chanceler la salle pendant qu'il chantait, ne l'a pas interrompu. Après plusieurs représentations, il a pris quelques jours de repos, puis impatient du silence, il est remonté sur la scène, au sortir du bain ; il soupa au milieu de l'orchestre, devant la foule, promettant quelque chose d'exquis, lorsqu'il aurait bu un peu. Cinq mille hommes du peuple, jeunes et robustes, sont embrigadés pour applaudir son chant, et ils ont des maîtres qui leur enseignent toutes les variétés des applaudissements.

Cette gloire ne lui suffit pas, il s'exerce à conduire les chars. Il se tient encore enfermé dans ses jardins et n'admet de témoins que ses esclaves et le peuple ; mais Rome admirera son adresse dans le cirque ; je ne répondrais pas qu'il ne lui prît envie d'aller disputer le prix des jeux olympiques.

D'autres soins, sans doute, conviendraient au maître de l'empire. Mais cette passion est innocente. Il vaut mieux que la toute-puissance soit aux mains d'un histrion que dans celles d'un bourreau. J'aime mieux que Néron emploie ses loisirs à chanter que de le voir courir le soir, un bonnet d'affranchi sur la tête, à travers les rues de Rome, battre et insulter les passants, piller les boutiques et s'exposer aux coups de bâton.

Tel n'est point l'avis d'Agrippine. Elle reprend, elle censure toutes les actions de l'empereur, non par amour de la vertu, mais par haine des favoris qui l'ont supplantée. Aussi son crédit décline ; elle importune, elle se perd. Tous ses rêves se détruisent. La domination qu'elle s'était promise et qu'elle avait cru acheter pour jamais, lui échappe, et tout ce qu'elle fait pour la ressaisir achève de l'en dépouiller. J'essaie en vain de la contenir. Elle ne reculerait devant aucun artifice, ni la corruption, ni même l'inceste. Néron parle néanmoins quelquefois de lui céder l'empire ; mais ou je connais peu l'âme de Néron ou il ne vise qu'à la rendre odieuse et ne lui prépare qu'une éclatante disgrâce.

Quant à notre Lucain, il est intraitable. J'aurais obtenu de César qu'il oubliât les torts de notre neveu. Il l'aurait même admis, comme autrefois, à partager ses plaisirs. Car Néron supporte avec assez de constance les épigrammes et les satires. Il suffirait que Lucain louât son talent. Mais Lucain se montre plus inflexible que Néron. Je l'ai engagé à passer quelque temps à la campagne, afin d'y travailler avec plus de calme à sa Pharsale. Adieu.

VI

SÉNÈQUE A GALLION

Si tu vas bien, tout est bien. Laisse-moi user encore de cette formule prescrite autrefois par la bienséance et que la mode proscrit aujourd'hui.

Nous venons d'assister... dirai-je à une grande chute, ou à un grand malheur ? Agrippine a suivi Germanicus. Elle était moins innocente, car le fils de Claude n'a expié que sa naissance, tandis que la mère de César s'est perdue elle-même.

Ainsi elle n'a point joui du pouvoir qu'elle a poursuivi avec tant d'ardeur. Il lui a échappé au moment qu'elle a cru l'atteindre. Elle a empoisonné son mari pour élever son fils à l'empire et ce même·fils venge sur sa mère le crime qu'elle a commis pour lui, et lui arrache à la fois l'empire et la vie.

Je prévoyais depuis longtemps sa destinée. Que n'ai-je pas tenté pour l'adoucir et la ramener à la modération ? Car je me souvenais de son amitié et de ses bienfaits. Elle ne m'a point écouté. Au contraire mes conseils me rendaient suspect. Elle me traitait en ennemi, parce que je lui parlais en ami. Elle était jalouse de mon influence et me faisait un crime de la faveur de son fils.

Il ne lui suffisait pas d'être la mère de César, elle en voulait être aussi la gouvernante. Ses reproches fatiguèrent Néron. Il la dépouilla de tous ses honneurs. Ce premier châtiment ne l'effraya point, mais redoubla sa fureur. L'empereur lui ôta sa garde, et la bannit de sa présence et de sa maison. Elle s'emporta de nouveau ; elle parlait de lui enlever l'empire qu'elle lui avait donné et citait déjà le successeur qu'elle prétendait lui substituer. Il répugnait de l'exiler. Pour la contraindre à quitter Rome, on la fit tracasser, tant qu'elle y demeura, en lui suscitant des procès. Elle se retira frémissante de rage, et se vengea par des injures et des menaces. Néron de son côté envoya des gens pour l'insulter en passant, par terre et par mer, devant sa retraite. Enfin effrayé de sa violence et de ses emportements, il se décida à la perdre.

Il essaya par trois fois de la faire empoisonner. Elle s'y attendait et avait du contre-poison. Il fit fabriquer des lambris qui devaient par le jeu d'un ressort tomber sur elle pendant qu'elle dormirait. Ceux qui savaient le secret, ne surent point le garder. Alors il imagina un bateau à soupape afin de la noyer ou de l'écraser par la chute du pont.

Il feignit de lui rendre ses bonnes grâces et l'invita par une lettre très-tendre à célébrer avec lui à Baïes les fêtes de Minerve. Elle s'y rendit et fut accueillie avec empressement. Les pilotes ont ordre de heurter comme par hasard la galère qui l'a amenée et de la briser. Pour leur en laisser le loisir, Néron prolonge le repas. Quand elle voulut retourner à sa maison, en place de la galère qui était fracassée, il lui offrit le bateau qu'on avait préparé. Il la reconduisit d'un air gai et en la quittant lui baisa la poitrine. Elle partit ivre de joie et d'orgueil, se croyant redevenue la maîtresse de l'empire et rêvant déjà la perte de ses ennemis, la mienne peut-être.

Cependant Néron veillait attendant avec anxiété le dénouement de la tragédie. Toutes ses prévisions furent renversées. Un affranchi accourut lui annoncer, comme une heureuse nouvelle, que sa mère s'était sauvée à la nage. Après un moment de réflexion, Néron appelle ; il accuse l'affranchi d'avoir été envoyé par sa mère pour l'assassiner. Le malheureux, en effet, avait un poignard à ses pieds. Il est saisi, chargé de chaînes.

« Faut-il, demandai-je à Burrhus, donner ordre de l
« tuer ? » Burrhus secoua la tête. Mais Anicetus s
chargea de délivrer l'empereur de son ennemie. Pou
moi j'ai passé la journée à développer, dans une lettr
au Sénat, les motifs qui ont fait de cette rigueur un
nécessité d'État.

J'ai remis Lucain en grâce et obtenu pour lui l
questure. Adieu.

VII

GALLION A SÉNÈQUE

J'apprends de Rome que Suillius se déchaîne contr
toi en invectives. Il t'accuse de nourrir une haine implacable pour tous les amis de Claude, et de maintenii
ton crédit à la cour en rampant devant César plus bas
que les plus vils adulateurs. Il publié que tu es à
l'affût des testaments, que tu assiéges les vieillards
riches pour capter leurs héritages, et que tu écrases
par d'exorbitantes usures les villes d'Italie et les provinces. Il te fait un crime d'avoir accepté les dépouilles
de Germanicus et amassé en quelques années trois
millions de sesterces [1]. Il te reproche encore d'avoir
corrompu la jeunesse de Néron en le plongeant dans
tous les vices et d'avoir conseillé son parricide. Il ne
te pardonne pas même ta maison de campagne, ni tes
tables de cèdre, ni tes mignons. Tu ignores sans doute

____
[1] 570,000 francs.

ces accusations, puisque Suillius n'est point puni. Souviens-toi que ta gloire appartient à la philosophie et que tu dois la protéger. Adieu.

VIII

SÉNÈQUE A GALLION

Je connaissais les infâmes calomnies de Suillius. Je n'en ai pas été plus ému que Socrate ne l'était des éternelles criailleries de sa femme. Oui, je suis riche. Les présents d'Alexandre ont-ils déshonoré Aristote ? Si je tire intérêt de mon argent, est-ce aux amis de Claude à m'en faire un crime, eux qui pendant quatorze ans ont mis au pillage toutes les provinces? Tous nos sages n'ont-ils pas aimé avant moi, depuis Socrate jusqu'à Platon qui a même composé un traité sur l'amour? qu'ai-je à rougir de mes tables de cèdre et de mon opulence, moi qui ai l'âme assez haute pour fouler aux pieds le faste qui m'environne, pour mépriser les richesses dont je suis accablé et ne me servir de ma vaisselle d'or que comme si elle était d'argile? D'ailleurs la voix de Suillius n'ira pas à nos descendants ; c'est moi qui donne l'immortalité, ce n'est pas lui.

J'aurais dédaigné ses invectives, si elles n'avaient été capables de me noircir auprès de César et de m'ôter sa faveur. C'est pour cela que j'ai sollicité le châtiment de l'accusateur. Il est exilé. C'est une peine bien légère. La mort l'aurait mieux réduit au silence; mais il faut me contenter de son bannissement.

Cet événement m'a fait faire quelques réflexions. La cour devient un séjour dangereux. César ne m'écoute plus. Les adulateurs lui ont ouvert la porte des vices et il s'y précipite. Les débauches de Tibère sont effacées; on n'a plus même la pudeur de les cacher derrière les bords d'une île inaccessible. C'est au sein de Rome, et sous les yeux des Romains que l'on se roule dans l'infâmie. Néron parle d'épouser solennellement un homme, l'eunuque Sporus. — Heureux, dit un plaisant à cette occasion, si le père de l'empereur n'avait eu qu'une pareille femme !

Pour subvenir à ses dépenses les tributs du monde subjugué ne suffisent plus. Il admire son oncle Caligula qui en peu de temps a su dissiper les trésors amassés par l'avare Tibère. Jamais il ne remet un habit qu'il a une fois porté. Il joue aux dés à 500 sesterces le point. Il pêche avec des filets de pourpre et un hameçon d'or. Mille voitures au moins le suivent dans tous ses voyages, avec une troupe d'écuyers et de coureurs ornés de bracelets. Ses mules sont ferrées d'argent, ses muletiers habillés de laine précieuse. Il fait prolonger son palais jusqu'aux esquilies et le trouve encore indigne de lui.

Il se berce de trouver en Afrique un trésor enfoui par Didon. Quand cette illusion sera détruite, il faudra recourir aux confiscations et aux rapines. Le tigre alors reparaîtra tout entier. Néron poursuivra la route qu'a inaugurée le meurtre de sa mère et celui de sa tante Lépida. Sais-tu l'histoire? Il lui rendait visite. Elle lui toucha la barbe par manière de caresse en di-

sant : « Que je la voie couper et je consens à mourir. »
Néron se tourna vers ses courtisans : « Allons me faire
raser tout de suite, » dit-il, et il ordonna aux médecins
de la purger largement. Puis, sans attendre qu'elle eût
expiré, il s'empara de tous ses biens.

Je me tais ; car à quoi serviraient les paroles ? Mon
silence même importune. Il faut louer toujours, au
mépris de la morale, et si les flatteurs enchérissent
sur mes louanges, elles paraissent un blame déguisé.
Burrhus a payé de sa tête la sévérité de son front. Pour
le guérir d'une irritation de gorge, l'empereur lui envoya un remède qui l'emporta en quelques jours.

Ce n'est que par un prodige d'adresse que j'ai pu
jusqu'à présent naviguer entre tant d'écueils sans faire
naufrage. Mais je sens que mon crédit décline. Au milieu de ces embarras, Lucain jette encore son orgueil et
provoque des tempêtes. On t'a raconté quel chatouilleux
amour-propre Néron porte sur la scène. Il dénigre ses
rivaux, rampe devant les juges et se soumet avec une
docilité servile aux règles des concours. Pendant qu'il
chante, la salle est fermée et il n'est permis à personne
d'en sortir sous aucun prétexte. Lucain ne se contente
pas de lui disputer le prix et de l'emporter même sur
lui. Il lit sa *Pharsale* les jours que Néron chante et lui
ravit les auditeurs. Lucain se perd, je l'en ai averti, et
ce qui est plus triste, il nous perd tous avec lui. Néron
lui a fait défense de lire ses ouvrages en public.

Heureux si je pouvais me dérober à temps à ces périls, me cacher dans la retraite et cacher ma retraite
même. Adieu.

IX

SÉNÈQUE A GALLION

J'ai tardé à répondre à tes dernières lettres, parce que je voulais achever le nouveau travail que je t'envoie. Ce sont des lettres. J'ai choisi cette forme parce qu'elle est nouvelle et qu'elle se prête mieux à la variété des sujets et des tons. Je crois que tu ne les trouveras pas inférieures à mes autres ouvrages. Tu le verras : j'ai tiré parti sans rien dire, de quelques-unes des maximes de Paul, et je pense m'être élevé bien au dessus de Cicéron et même de Platon.

Je fuis la cour et l'empereur, autant que je le peux, et ne sors de ma campagne que si j'y suis contraint. Car j'ai vainement supplié César de reprendre ses dons et de me congédier. Il m'a embrassé et m'a juré que je le soupçonnais à tort et qu'il mourrait plutôt que de me faire aucun mal. Je le connais trop, pour me fier à ses caresses. Tous mes services passés sont oubliés. Je sens que je suis devenu odieux.

Jupiter qui envoie des songes ne m'avait pas trompé. C'est bien un Caligula que j'ai instruit. Tu sais comment César, pour rebâtir Rome et lui donner son nom, y a fait mettre le feu. Des sénateurs ont reconnu dans leurs maisons des esclaves de l'empereur avec des torches et des étoupes. Il a fait abattre par des machines de guerre les greniers qui touchaient à son palais et dont il convoitait le terrain. L'incendie dura six jours et sept nuits. Le peuple, sans asile, fut réduit à coucher dans les tombeaux. Outre les maisons particulières, dont le nombre est incalculable, le feu a consumé les demeures de nos anciens généraux, encore décorées des dépouilles de l'ennemi, les temples bâtis par nos rois ou pour accomplir des vœux faits pendant nos guerres contre Carthage ou les Gaulois. Pendant que Rome brûlait, Néron, monté sur la tour de Mécène, chantait en costume théâtral, la destruction de Troie. Puis pour ne rien laisser échapper des dépouilles, il promit de faire enlever gratuitement les décombres et personne n'eut le droit d'approcher des restes de sa propre demeure. Il se fit encore de ce malheur un prétexte non-seulement pour accepter, mais aussi pour exiger des offrandes et pour épuiser les revenus des provinces et des particuliers.

Ajoute à ce fléau une peste qui en un seul automne a emporté trente mille hommes, un désastre en Bretagne où les ennemis ont pris deux places importantes, et massacré une multitude de citoyens et d'alliés, et enfin la honte de nos légions qui ont passé sous le joug en Arménie ; voilà la gloire de l'empereur, depuis qu'il rejette mes conseils. Il est vrai qu'il remporte au théâtre des couronnes d'or en abondance et qu'il se fait proclamer le premier histrion de notre temps. Il fait reconstruire son palais dans des proportions gigantesques. Dans le vestibule il doit placer sa statue qui aura cent vingt pieds de haut. Les portiques auront un mille de longueur. On y enfermera un bassin grand comme une mer, et les édifices bâtis à l'entour ressembleront à une ville. On ménagera dans son enceinte des campagnes, avec des champs labourés, des vignobles, des pâturages et des bois peuplés de troupeaux et de bêtes de toute sorte. Tout l'intérieur sera doré, orné de pierreries et de nacre. Les salles à manger seront lambrissées de lames d'ivoire qui répandront en tournant des fleurs et des parfums. Elles seront surmontées de dômes dont le mouvement suivra la succession du jour et de la nuit.

Cependant pour détourner de sa tête la haine excitée par l'incendie de Rome, il rejette son crime sur les chrétiens. C'est le nom que prennent les disciples de Paul. On les saisit, on les emprisonne, on les torture. Aucun n'est épargné. L'échanson de Néron que Paul a guéri, et les officiers du palais du prince, qui ont embrassé la nouvelle doctrine, ont été les premières victimes. On en a arrêté ensuite une multitude innombrable. La cruauté de Tibère et de Caligula n'a point imaginé de raffinements pareils à ceux qu'on a employés contre eux. Quelques-uns ont été enveloppés de peaux de bêtes et déchirés par des chiens affamés. D'autres ont péri sur le pal. Il y en a qu'on a enduits de cire et de poix et qu'on a fait brûler, en guise de flambeaux, pendant la nuit. Néron en a éclairé ses jardins, pendant qu'en habit de cocher il donnait une course de chars.

Ces malheureux ont montré un courage digne de la philosophie. Le luxe des supplices, le fer, le feu, les chevalets, la croix, les bêtes féroces, la tunique ardente, le glaive qui rouvre des plaies à demi fermées, et fait couler de nouveau le sang tari dans les blessures, rien ne les intimidait. C'est peu de ne point gémir, ils ne suppliaient point ; c'est peu encore, ils ne répondaient point ; c'est peu encore; ils souriaient et sans peine. Je les ai vus, calmes et forts, regardant à travers les blessures leurs entrailles mises à nu et contemplant d'en haut leurs souffrances. La populace avait pitié de leurs douleurs et ils semblaient ne point les sentir. C'est qu'ils ont foi en l'immortalité et qu'ils savent que les dieux assistent à leur combat.

Paul, citoyen romain, a eu la tête tranchée. Un de ses compagnons, nommé Pierre, a péri sur la croix. On ajoute une circonstance très-poétique. Effrayé de la persécution, ce malheureux fuyait. L'auteur de leur école lui apparut sur la voie Appienne. — Où allez-vous, Seigneur? demanda Pierre. — Je viens à Rome pour y être crucifié de nouveau, répondit le fantôme. — A cette réponse, l'infortuné baissa la tête et revint mourir. Il est vrai qu'il n'eut point aisément trouvé d'asile ; car l'édit est général, et on égorge les chrétiens de Ravenne, de Milan et de Brescia, qui pourtant ne peuvent guère être coupables de l'incendie de Rome.

Lucain est toujours irrité. Il ne garde plus aucune retenue en ses paroles, ni en ses actions; il poursuit par des satires l'empereur et les plus puissants des courtisans... Je m'attends chaque jour à apprendre qu'il est condamné et moi avec lui. Adieu.

X

PAULINE A GALLION

Vous désirez apprendre de moi le malheur qui nous a frappés ; je puis répéter avec Virgile que le seul souvenir m'en remplit encore d'horreur. Néanmoins je ne l'oublie point, et s'il faut vous confesser toute la vérité, j'éprouve quelque douceur à m'en retracer les douloureuses circonstances.

Mon mari est mort en stoïcien, mort comme Socrate, sans regret, sans plainte et sans larmes. Toute sa vie n'avait été qu'une longue préparation à la mort. Mais dans ces dernières années surtout, il en faisait l'objet de ses méditations et s'exerçait avec plus de courage à la mépriser. Il était résolu à s'affranchir du fardeau de son corps, aussitôt qu'il sentirait son intelligence obscurcie et ses facultés voilées par l'âge. Hélas ! ce moment était encore éloigné ; son génie était dans toute sa vigueur et il a expiré avec tout le courage d'un jeune homme.

Vous jugez bien qu'il n'a souillé sa gloire par aucun crime et qu'il a été condamné sans l'avoir mérité. Pison avait formé une conspiration à Rome. Sénèque en était averti, mais n'y avait point pris part. Il est vrai que plusieurs conjurés ne pardonnaient pas à Pison de jouer la comédie, et, ne voulant point substituer à un histrion un comédien, avaient parlé de se défaire de lui, après le meurtre de Néron, et de porter votre frère à l'empire. Mais on n'a pu convaincre mon mari que d'un seul entretien avec Pison (et il lui était facile de justifier ses paroles), et de nous être approchés de la ville le jour où le complot devait éclater. Mais notre perte était décidée. Une comète l'avait annoncée. Néron n'attendait qu'un prétexte ; il ne lui laissa que le choix de la mort.

Des soldats cernèrent donc la maison où nous nous étions arrêtés. Mon mari demanda ses tablettes pour écrire son testament. Les soldats s'y opposèrent. Alors se tournant vers nos serviteurs : « Puisqu'on m'empêche, dit-il, de reconnaître vos services, je vous lègue le seul bien qui me reste, l'exemple de ma vie. » Comme nous fondions tous en larmes, il ranima notre courage. « Où sont, reprit-il, les sages maximes qui depuis tant d'années ont dû vous fortifier contre l'adversité ? Ne connaissiez-vous pas la cruauté de Néron ? Meurtrier de son frère et de sa mère, pouvait-il épargner son précepteur ? » Je sanglotais ; il m'embrassa et me conjura de modérer ma douleur. Je déclarai que je voulais mourir avec lui. Il applaudit à ma résolution et le même fer ouvrit les veines de l'épouse après celles du mari. Il était exténué par l'âge et l'abstinence, et son sang coulait avec lenteur. Mes larmes redoublaient parce que la vue de ses souffrances affaiblissait mon courage. Il me persuada de me laisser transporter dans une autre chambre. Alors séparé de moi, n'étant plus entouré que de ses serviteurs et de ses secrétaires, il leur dicta ce discours admirable que vous avez lu.

Cependant, comme la mort ne venait qu'à pas lents,

il demanda au médecin de la ciguë. Le poison n'agit pas sur ses organes fatigués et déjà froids. Il se fit apporter un bain chaud. En y entrant il jeta de l'eau sur les esclaves en disant : « J'offre ces libations à Jupiter libérateur. » Puis il s'y plongea et rendit l'âme.

Ils ont eu la cruauté de me séparer de lui et de m'arracher à la mort qui allait sceller notre union. Quand César apprit mon dessein, il envoya l'ordre de fermer mes plaies et de me réserver malgré moi au deuil et aux larmes. Je pleurerai jusqu'à mon dernier jour le mari que j'ai perdu. Je ne reçois de consolation que par l'espoir de ne pas lui survivre longtemps.

Votre neveu Lucain a péri aussi, mais avec moins de constance. Il s'est laissé séduire par la promesse de la vie et n'a point su taire le nom de ses amis, ni même celui de sa mère. Quel deuil pour les lettres ! Car que ne pouvait-on espérer de l'auteur de la *Pharsale ?* Et maintenant ce bel ouvrage demeure imparfait ; il n'a pu avec l'aide de sa femme en corriger que les trois premiers chants ! La postérité lui tiendra compte sans doute de ses vingt-sept ans, et le lira avec indulgence. Adieu.

VIII. — LE TRIOMPHE DE NÉRON

I

LE CHEMIN DU CAPITOLE

Le triomphateur était de moyenne taille, portant avec aisance sur des jambes grêles un ventre proéminent. Son visage avait plus de beauté que de grâce. Ses cheveux légèrement blonds étaient frisés avec soin, disposés en étages et retombaient en longues boucles sur sa large nuque et jusque sur ses épaules. Il était vêtu de pourpre, avec une chlamyde semée d'étoiles d'or. Sur sa tête était posée la couronne des jeux olympiques, et il tenait à la main droite celle des jeux pythiens. Les autres couronnes qui lui avaient été décernées, étaient pompeusement portées devant lui, avec des inscriptions qui indiquaient où il les avait obtenues, sur quels rivaux, en quel genre de chant ou de poésie il les avait gagnées. Des chevaux blancs traînaient son char, le même qu'avait monté Auguste dans les fêtes de son triomphe. Pour figurer les troupes victorieuses qui accompagnent d'ordinaire les vainqueurs, on fai-

sait marcher derrière lui l'armée de ses applaudis-
seurs.

Le peuple, toujours avide de spectacles, était sorti en
foule au devant de lui ; et par admiration de la pompe
qu'il déployait autant peut-être que par crainte, le sa-
luait de loin, par les acclamations accoutumées : Io !
triomphe ! gloire à César.

Un incident frivole retenait le cortége devant la
brèche qu'on avait faite, pour lui livrer passage, dans
les murs de Rome. De peur que le triomphateur ne
vînt au milieu des cris de la multitude, et dans l'orgueil de sa gloire, à oublier qu'il était homme, on pla-
çait derrière lui, sur son char, un esclave, chargé de
lui rappeler la fragilité humaine. C'était un rôle périlleux, car la mort en était le salaire. Celui qui avait
rempli cette charge à Naples, à Antium et Albe, s'était
enfui durant la nuit. Pendant qu'on le cherchait, un
jeune homme au visage gracieux, s'offrit à prendre sa
place ; on le fit monter aussitôt et on partit.

La multitude poussa jusqu'aux nues des clameurs
joyeuses ; le triomphateur sourit. L'esclave se pencha
vers son oreille et lui dit:

— Quels honneurs pour un fratricide !

— Eh ! répondit Néron, si je ne m'étais garanti de
l'inconstance des Romains, aujourd'hui, au lieu de
m'acclamer, c'est Britannicus, peut-être, qu'ils verraient
triompher.

— Quand le prêtre de Cérès criait *arrière les impies*,
pourquoi t'es-tu éloigné?

— Parce qu'il me semblait inutile de me faire initier.

— Parricide!

— Ma mère m'avait fait élever à l'empire, mais ce n'est point ma grandeur qu'elle avait cherchée, c'est la sienne. Quand j'ai cessé d'être en ses mains un instrument docile, elle s'est tournée contre moi. Lorsqu'elle a péri, elle travaillait à m'arracher l'empire et la vie, et me destinait un successeur.

— Est-ce pour le même crime, que tu as condamné ton précepteur Sénèque?

— Qu'était-ce que Sénèque. Un sophiste qui faisait de la philosophie un manteau pour ses vices. Il professait le mépris de l'or et nageait dans le luxe ; il éclipsait l'empereur. Il a laissé un héritage de 17,500,000 drachmes [1]. Quand m'a-t-il détourné d'une mauvaise action ? De quel crime m'a-t-il blâmé ? Il a rampé à mes pieds, comme les plus vils de mes esclaves. Il a osé justifier le meurtre de ma mère que je n'ai pu encore excuser à mes propres yeux. Il était d'ailleurs complice de Pison et se flattait d'être choisi pour régner à ma place. J'ai empêché que l'empire ne tombât entre les mains d'un sophiste.

— A quelles cruautés cette conspiration n'a-t-elle pas servi de prétexte !

— M'auraient-ils épargné, s'ils l'avaient emporté ?

— Encore si tu n'avais puni que les coupables ! mais tu fais périr par la faim ou le poison jusqu'à leurs enfants.

— Ils n'auraient grandi que pour venger leurs pères.

---

[1] 16,430,000 francs.

— Le fils de ta femme Poppée grandissait-il aussi pour ta perte ?

— Je l'ignore, mais je n'aimais pas à le voir jouer à l'empereur.

— Si du moins tu avais fait grâce à la mère !

— Si je l'ai tuée, ç'a été sans le vouloir, car je l'aimais. Elle était violente, elle me faisait des reproches intempestifs. La patience m'a échappé un soir et je l'ai frappée.

Le char approchait du grand cirque dont on avait abattu la porte. L'esclave reprit :

— Que sont devenus tous les anciens monuments de Rome ? Je ne reconnais plus cette grande ville. Il semble qu'elle ait été prise par l'ennemi et livrée au pillage et à l'incendie.

— Des masures qui menaçaient ruine ! J'ai eu raison de les brûler. Il aurait fallu des siècles pour transformer Rome et la rendre digne de la majesté de l'empire. En une semaine, j'en suis venu à bout. J'ai d'autres projets encore qui effaceront la gloire des anciens rois de Babylone et d'Égypte. Par là je rendrai mon nom fameux, et en même temps j'occupe à des œuvres utiles une multitude de bras criminels qui ne prépareraient que des forfaits.

— Tu n'achèveras point ces travaux ; tu seras bientôt obligé de les suspendre ; tes revenus sont épuisés.

— Est-ce que les anciens généraux et les gouverneurs des provinces n'ont pas pris soin d'amasser par leurs exactions et leurs rapines plus d'or qu'il n'en faudrait pour changer le lit de la mer ? Je vengerai les peuples qu'ils ont opprimés et foulés, en faisant rendre gorge à ces vautours.

— N'as-tu pas encore assez répandu le sang des Romains ? Quoi ! Ta cruauté n'est point rassasiée de la mort de tant de malheureux que tu as condamnés en masse, torturés, déchirés et mis à mort, sous tant de prétextes ?

— Qui donc ? Les chrétiens ?

— Oui, tu les as chargés du crime que tu avais commis.

— Ils sont en horreur au genre humain.

— Combien d'autres n'as-tu pas égorgés, hommes du peuple, chevaliers, sénateurs même, sans distinction, sans crime, par pur caprice ! Depuis Cassius qui était aveugle...

— Il honorait le meurtrier de Jules César.

— Jusqu'à Thraséas.

— Il avait l'air sévère d'un pédagogue.

— Tu ne leur laisses pour mourir que quelques heures, et pour hâter leur lenteur, tu les fais soigner par tes médecins.

— Il faut bien détourner de ma tête les malheurs dont me menacent les comètes.

— Ne suffit-il pas des processions et des sacrifices expiatoires ?

— Et quelle pitié méritent ces sénateurs dégénérés ? Ils n'ont plus ni dignité, ni vertu. Leurs éternels applaudissements me fatiguent, leur servilité me lasse. J'exterminerai l'ordre entier, et je donnerai les gouvernements et les armées aux chevaliers et aux affranchis.

— Si aucun frein ne peut te retenir dans les bornes de la justice, au moins crains que ces esclaves ne finissent par se révolter, et hardis par peur ne se dérobent, en t'immolant, au supplice que tu leur destines.

— Eux! Personne, avant moi, n'a connu ce qu'il y a de lâcheté dans le Sénat. Personne n'a su ce que peut l'empereur. D'ailleurs n'ai-je pas la faveur du destin? Les mathématiciens m'ont annoncé il y a longtemps que je perdrais l'empire; je m'en suis peu alarmé, parce que l'artiste vit partout. Depuis ils m'ont promis la royauté de l'Orient et même un entier rétablissement. La perte de la Bretagne et celle de l'Arménie m'ont acquitté de ces oracles, et la Pythie de Delphes a déclaré que je n'ai à craindre que la 63ᵉ année. J'en ai donc trente-trois encore à jouir d'une félicité inaltérable.

Pendant la marche, les citoyens ne se bornaient pas à pousser des acclamations; de distance en distance on offrait des sacrifices aux dieux; on lâchait des oiseaux, on jetait des parfums et des rubans. Une pie dressée par avance vint tournoyer au dessus du char et se posant devant Néron, lui dit: salut au vainqueur!

Le triomphateur la prit et la donna à un de ses officiers.

— Vois, dit-il en riant, s'il n'y en a pas une seconde instruite à saluer mes ennemis.

On approchait du temple d'Apollon palatin, à qui Néron voulait faire hommage de ses victoires.

— Pourquoi, reprit l'esclave, ne montes-tu pas, selon l'usage, au capitole?

— Qu'ai-je affaire des dieux qui ne savent point la musique ? Apollon seul est digne de mon encens.

— Oseras-tu bien lui consacrer ta lyre, quand tu n'as obtenu tes couronnes qu'en corrompant la religion des juges?

— Ils m'ont couronné parce que j'ai surpassé tous mes rivaux.

— A Olympie, tu es tombé de ton char et n'as pas moins été proclamé vainqueur.

— Silence, esclave!

— Sont ce là des soins qui conviennent à Néron? Ne devrais-tu pas rougir de ces indignes prix, et n'es-tu pas honteux de transformer le maître du monde en histrion et en cocher?

— Assez, te dis-je. Tu blasphèmes.

— Lucius, Lucius, rends-nous tes premières années et ta gloire sans tâche. Tu avais promis de suivre les maximes d'Auguste: Auguste soupait-il au milieu des courtisanes? Massacrait-il les hommes dont il convoitait les femmes ? Epousait-il ses eunuques? Se souillait-il par de monstrueuses débauches, assaisonnées de sang humain?... Reviens à toi. Chasse les flatteurs qui te séduisent et te déshonorent et redeviens les délices de Rome.

Néron considéra attentivement l'esclave, car il avait la vue basse et ne l'avait pas envisagé.

— Qui es-tu, lui dit-il, pour me parler ainsi?

— Une misérable qui te fut chère... Acté.

— Acté! folle, oublies-tu que la loi te condamne à mourir?

— Puissé-je à ce prix te rendre à toi-même!

— Que veux-tu de moi?

— Rien, mais ta réputation m'est toujours précieuse et je me désole de te la voir fouler aux pieds.

— Par Apollon! Tu ne périras point; mais tu souperas à ma table ce soir même.

II

LA ROCHE TARPÉIENNE

L'entreprise hardie qu'elle avait exécutée ne détourna point Néron de ses vices, mais remit l'affranchie Acté en faveur. Néron avait eu pour elle une vive passion. Il avait aposté des sénateurs pour affirmer qu'elle était de race royale et n'avait été qu'à grand'peine détourné de l'épouser.

Ce feu longtemps éteint se ralluma tout-à-coup. Messalina fut dédaignée. Néron reprit son ancien projet de faire Acté impératrice.

— Si tu l'avais été, disait il, tu aurais épargné à mon nom beaucoup de souillures, car tu aurais su me dire la vérité. Mais je répudierai Messalina et tu prendras sa place.

Pour que la favorite fut témoin de sa gloire, il la traîna à Naples, où il était assuré de recueillir des applaudissements. Pendant ce voyage le jour même où il avait quelques années auparavant tué sa mère, il apprit les menées de Vindex, propréteur des Gaules.

Le gaulois avait convoqué une assemblée générale de ses compatriotes, et peignant à ces âmes encore fières la honte de l'empereur, il les avait entraînés à la révolte.

Néron ne changea point de visage; il se réjouit au contraire.

— Bon! pensa-t-il, la guerre m'autorisera à dépouiller ces opulentes provinces. — Allons-nous au gymnase? dit-il à ses courtisans?

Il assista aux luttes avec un entier abandon. Pendant son souper, il reçut d'autres lettres plus inquiétantes. Vindex avait écrit aux armées d'Espagne et de Germanie pour les engager à punir les crimes de César. Néron s'emporta et proféra des menaces contre les révoltés.

J'enverrai des successeurs, dit-il, à tous les commandants des armées et des provinces, et je les ferai tous égorger. Ils conspirent tous et ont tous les mêmes sentiments. Il parla aussi de faire massacrer tous les exilés pour les empêcher de se joindre à la révolte, et tous les Gaulois qui étaient à Rome, comme complices de leurs compatriotes, et d'abandonner les Gaules au pillage des légions.

Mais pendant huit jours il ne prit aucune mesure, ne donna aucun ordre, et garda sur l'événement le silence d'un entier oubli.

Enfin piqué des proclamations injurieuses et multipliées de Vindex, il exhorta par une lettre le Sénat à venger l'empereur et la république, s'excusant de ne point venir à la curie sur un mal de gorge qui l'empêchait de parler. Ce qui le blessait le plus c'était d'être traité par le Gaulois de mauvais harpiste et appelé Ænobarbus au lieu de Néron.

— Puisqu'on me fait une injure du nom de ma famille, dit-il, je le reprendrai et je quitterai celui de mon adoption. Quant à ses autres reproches, voyez combien ils sont faux, puisqu'il m'accuse d'ignorer un art que j'ai tant étudié et dans lequel j'ai atteint la perfection.

— Et vous, continua-t-il, connaissez-vous un plus grand talent?

Cependant les courriers arrivaient les uns sur les autres avec des nouvelles plus pressantes. Plein d'effroi il partit pour Rome.

Pendant le voyage, Acté lui montra un monument qui portait sculpté en bas-relief un soldat gaulois vaincu par un chevalier romain et traîné par les cheveux. Néron, à cette vue, tressaillit de joie, et remercia les dieux de lui envoyer ce présage.

A Rome, il n'assembla ni le Sénat ni le peuple. Il se borna à mander quelques-uns des principaux citoyens, et, après avoir pris à la hâte leur avis, il passa le reste du jour à considérer le jeu de quelques machines hydrauliques de récente invention. Il en expliqua le mécanisme et ajouta:

— Je les ferai jouer sur le théâtre, si Vindex pourtant me le permet.

Mais lorsqu'il eut appris la défection de Galba et des Espagnes, il perdit tout courage et demeura longtemps sans voix et anéanti. Acté et sa nourrice s'approchèrent de lui et le ranimèrent. Il sortit de sa prostration, déchira ses habits et se frappa la tête en murmurant:

— C'est fait de moi!

— Ne te désespère pas. Tu n'es pas le premier prince qui éprouve de semblables malheurs.

— Non, ce qui m'arrive est sans exemple, puisque je perds l'empire sans perdre la vie.

Elles réussirent pourtant à le tirer de son abattement et à le rendre à ses plaisirs habituels. On lui annonça que l'armée de Germanie restait fidèle et allait marcher contre Vindex. La joie rentra dans son cœur. Il donna un grand souper et sur la fin du repas, il chanta avec des gestes comiques, contre les chefs de la révolte, des vers satiriques qui se répandirent aussitôt dans le public. Il se fit porter secrètement au théâtre et envoya dire par manière de compliment à un acteur qu'on applaudissait:

— Tu abuses de mes occupations.

Il destitua les deux consuls et se revêtit seul de leur autorité. Cependant le cœur lui manqua bientôt; à la fin d'un repas, en sortant de la salle, appuyé sur les épaules de ses familiers:

— Je partirai, dit-il, je me présenterai sans armes aux soldats; je verserai des pleurs en leur présence, et quand je les aurai rappelés à leur devoir, j'entonnerai, au milieu de la joie, des chants de victoire que je vais composer dès ce moment.

Le lendemain, il fit préparer son départ, veillant surtout à choisir les voitures et à faire emporter avec

lui tous ses costumes de théâtre. Il fit couper les cheveux à toutes ses concubines, les arma de haches et
de boucliers d'Amazones et les plaça sous le commandement d'Acté.

Mais les femmes ne suffisaient point pour vaincre.
Il donna l'ordre aux tribus urbaines de s'enrôler. Il ne
se présenta aucun homme capable de servir. Il obligea
les chefs de maison à fournir un nombre déterminé
d'esclaves. Il choisit les plus vigoureux, sans exempter
ni les intendants, ni les secrétaires. Il avait aussi
besoin d'argent. Il contraignit tous les ordres de l'État
à payer sur-le-champ leurs contributions, et les lo-
cataires des maisons particulières à verser au trésor
l'impôt qu'ils devaient pour un an. Ce qui mit le
comble au mécontentement, c'est qu'il n'acceptait que
de la monnaie neuve, de l'argent ou de l'or au premier titre. La plupart refusèrent de payer et dirent :

— Faites rendre plutôt aux délateurs les primes de
toute nature qu'ils ont reçues.

Ses exigences étaient d'autant plus odieuses que
les vivres étaient très-chers. Au milieu de la famine
générale, la nouvelle se répandit qu'il était arrivé
d'Alexandrie un navire chargé de sable pour les athlètes
de la cour. L'exaspération ne connut plus de bornes.
Il n'y eut point d'outrages qu'on ne fît subir à Néron.
On suspendit à une de ses statues un char avec cette
inscription : « Voici l'instant décisif; tu touches la
borne. » A une autre on attacha un sac avec ces
mots : « Voilà ce que tu mérites. » On écrivit jusque
sur les colonnes de son palais : « Le coq gaulois l'a

éveillé. » D'autres feignant de quereller leurs esclaves
pendant la nuit appelaient à grands cris Vindex. Enfin, pendant qu'il faisait lire dans le Sénat le discours
qu'il avait composé contre les révoltés, lorsque le lec-
teur prononça cette phrase : « Les coupables seront
châtiés et auront une fin digne de leurs crimes. » —
« Oui, César, tu l'auras, » s'écrièrent tous les sénateurs en l'interrompant.

Exaspéré par tous ces affronts, l'empereur méditait
d'horribles vengeances. Il pensa à rassembler les sénateurs dans un banquet et à les empoisonner tous à
la fois. Il voulait mettre une seconde fois le feu aux
quatre coins de Rome et lâcher les bêtes féroces pour
empêcher le peuple de combattre l'incendie. Mais il
n'avait déjà plus le pouvoir d'accomplir ces crimes.

En même temps, il se rappelait tous les songes et
les présages menaçants que les dieux lui avaient envoyés. Lui qui ne rêvait jamais, il s'était vu, peu après
le meurtre d'Agrippine, arracher en songe le gouver-
nail d'un navire qu'il conduisait. Une autre fois sa
femme Octavie lui était apparue, et l'avait traîné dans
un lieu ténébreux. Il s'était vu couvert de fourmis
ailées. Les portes du mausolée construit au Champ
de Mars s'ouvrirent d'elles-mêmes cette nuit ; et il en
sortit une voix qui appela : Néron ! Il se souvint
aussi que la dernière fois qu'il avait chanté au théâtre,
dans le rôle d'*Œdipe exilé,* il avait fini par ce vers :

Père, mère, épouse exigent ma mort.

La nouvelle de la révolte de toutes les armées lui
fut apportée pendant qu'il soupait. Il déchira la lettre

16

et renversa la table. Puis rencontrant deux coupes ciselées auxquelles il tenait beaucoup, il les brisa sur le sol. Il prit une boîte d'or qui renfermait du poison et s'enfuit dans les jardins où tant de chrétiens avaient péri. De là il envoya devant lui à Ostie ses plus fidèles affranchis pour y préparer des vaisseaux, et rentra au palais. Il proposa aux tribuns et aux centurions de sa garde de l'accompagner dans sa fuite. Les uns hésitèrent, les autres refusèrent ouvertement. L'un d'eux s'écria même : Est-ce un si grand malheur de mourir ?

Que faire ?—J'irai trouver en suppliant les Parthes, ou Galba, soupirait-il. — Un moment après il reprenait : Je me présenterai devant le peuple en habits de deuil. J'exciterai la pitié autant que je pourrai et j'implorerai le pardon du passé. Si je ne fléchis pas son ressentiment, je demanderai pour dernière grâce qu'on me laisse le gouvernement de l'Égypte.

Ce projet lui plut et il se mit à écrire le discours qu'il prononcerait :

Acté l'interrompit: Hélas ! avant que tu arrives à la tribune, ils te mettront en pièces.

Le jour s'écoula en délibérations. — « Je me déciderai demain, » ajouta-t-il. Il se coucha.

Acté l'éveilla au milieu de la nuit en lui disant :

— Les soldats qui sont de garde ont abandonné leur poste.

Il sauta de son lit.

— Courez chez tous mes amis ! Qu'ils viennent !

Pas un ne voulut se lever.

— Il faut donc que j'aille moi-même leur demander asile.

Toutes les portes restèrent fermées, et personne ne lui répondit. Il revint la tête basse dans sa chambre. Les sentinelles avaient pris la fuite, emportant jusqu'aux couvertures de son lit et sa boîte de poison.

— Faites venir un gladiateur, dit-il, et qu'il me tue.

On lui annonça qu'on n'en trouvait point.

— N'ai-je donc, reprit-il, ni ami ni ennemi?

Il partit en courant pour se jeter dans le Tibre. Son courage défaillit au bout d'un instant, et il retourna sur ses pas.

— Je voudrais passer, dit-il, quelques moments dans la retraite, pour recueillir mes esprits.

— J'ai une maison, dit l'affranchi Phaon, entre la voie Salaria et la voie Nomentana, à quatre milles d'ici.

— Courons ! ajouta l'empereur.

Il était nu-pieds, en tunique. Il jeta sur ses épaules une mante à capuchon de couleur passée, se couvrit la tête, se voila le visage d'un mouchoir et monta à cheval. Acté le suivit, avec Sporus et deux autres.

Au moment que Néron sortait de son palais, un éclair l'épouvanta, et il crut sentir trembler la terre. En passant devant le camp, il entendit les cris des soldats qui poussaient des imprécations contre lui. Des passants qu'ils rencontrèrent, dirent : Ces gens-là poursuivent Néron. Un peu plus loin, d'autres leur crièrent : A-t-on des nouvelles de Néron à la ville ?

L'odeur d'un cadavre étendu sur la route effraya son cheval qui se cabra. Le mouvement découvrit le visage de Néron. Un soldat prétorien qui se trouvait là le reconnut et le salua.

Au sentier qui menait à la maison de Phaon, il renvoya les chevaux, et avança péniblement par un sentier plein de roseaux, à travers des ronces et des buissons, et en étendant son manteau sous ses pieds. Arrivé derrière la maison, Phaon l'engagea à se cacher dans un trou d'où on avait tiré du sable.

— Non, répondit-il, je ne veux pas entrer vivant dans la terre.

Il attendit là, pendant qu'on pratiquait un passage dans la muraille, pour le faire entrer secrètement. Acté se tenait auprès de lui sans avoir la force de lui adresser une parole. On était au mois de juin, et la chaleur était déjà grande. Néron avait soif. Il puisa de l'eau dans une mare et but dans le creux de sa main, en disant : Quel breuvage pour Néron !

Il s'amusa ensuite à ôter de sa mante, déchirée par les ronces, les épines qui s'y étaient attachées. Enfin, quand l'ouverture fut creusée, il y passa en rampant sur ses mains. Il entra dans la première cellule. Il y avait un lit, formé d'une mauvaise paillasse. On la recouvrit d'un vieux manteau et il s'y jeta. Il avait faim, car il courait depuis minuit. On ne trouva qu'un morceau de pain malpropre. On le lui présenta. Il le repoussa, mais but un peu d'eau tiède.

Ses affranchis et la concubine elle-même le pressèrent de se dérober au plus vite aux outrages.

Il se mit à pleurer.

— Oui, répondit-il. Creusez ma fosse... Quel artiste on va perdre!

— Surtout, ajouta-t-il, brûlez mon corps tout entier; que l'on ne s'empare point de ma tête !

La fosse faite, il dit :

— Voyez si vous ne trouverez pas quelques morceaux de marbre, et apportez-les pour décorer mon sépulcre.

On obéit. Il pleurait toujours et répétait sa plainte.

— Maintenant préparez l'eau pour laver mon corps et du bois pour mon bûcher.

Il hésitait encore. Sur ces entrefaites, le coureur de Phaon apporta un billet. Néron le saisit et y lut que le Sénat l'avait déclaré ennemi public et qu'on le cherchait pour le faire périr selon l'ancienne loi.

— Quel genre de supplice, demanda-t-il, est-ce là ?

— On dépouille, répondit Epaphrodite, le condamné de tous ses habits, on lui serre le cou entre les dents d'une fourche et on le bâtonne jusqu'à ce qu'il expire.

Épouvanté, Néron tira deux poignards qu'il avait apportés, en essaya tour à tour la pointe et les remit au fourreau, en disant :

— Mon heure fatale n'est pas encore venue.

Les affranchis gardaient un silence glacé.

— Sporus, reprit Néron, commence les plaintes de la mort.

Un moment après, il ajouta :

— Qu'un de vous me donne l'exemple et m'encourage à embrasser la mort.

Puis s'exhortant lui-même, il essuyait ses larmes, et disait :

— C'est vraiment une honte pour moi et une lâcheté de vivre ! Cela n'est pas digne, non, n'est pas digne de Néron. Dans ces circonstances, il faut de la résolution. Allons, Néron, éveille-toi.

Pendant ces délais approchaient des cavaliers qui avaient ordre de l'emmener vivant. Quand il l'apprit, il récita en tremblant ce vers grec :

« Le galop des chevaux résonne à mes oreilles. »

Il reprit son poignard, d'une main palpitante. Son secrétaire Epaphrodite lui conduisit le bras et il s'enfonça le fer dans la gorge. Il était à demi-mort, lorsque survint un centurion qui, feignant de vouloir le sauver, appliquait son manteau sur la blessure.

« Trop tard ! » soupira Néron. Il ajouta encore : « Voilà donc la fidélité ! » Sur ce mot il expira. Ses yeux sortirent de leurs orbites et demeurèrent si fixes qu'ils effrayèrent les assistants.

— Allons solliciter la permission de l'ensevelir, dit Acté.

Ainsi mourut le premier des persécuteurs.

IX. — LE SIÉGE DE JÉRUSALEM

I

Marie, fille d'Éléazar, était montée à Jérusalem pour la fête des azymes avec Caleb, fils de Melchias, son mari. C'était au sortir des fêtes de ses noces ; riche, belle, aimée, tout semblait se parer à ses yeux ravis d'un aspect riant et lui envoyer le reflet du bonheur qui emplissait son cœur.

Le second jour comme elle descendait du temple, une voix rauque jeta subitement derrière elle ces cris sinistres :

— Ha! ha! ha!.. Voix de l'Orient, voix de l'Occident, voix des quatre vents du ciel!.. voix contre Jérusalem et contre le temple ; contre les nouveaux mariés et les nouvelles épouses! voix contre tout le peuple! ha! ha! ha!

Marie tourna la tête avec effroi et aperçut un misérable paysan, couvert de haillons, qui sanglotait. Elle se rapprocha en frissonnant de Caleb.

— C'est Jésus, fils d'Ananus, dit Caleb ; un fou qui

répète depuis trois années les mêmes lamentations. Il ne sait point d'autres paroles et rien n'a pu l'empêcher de les pousser. On l'a saisi, emprisonné, battu de verges. Il a continué de crier. Je m'étonne que sa voix ne se fatigue point.

Ils pressèrent leur marche. Jésus les suivit en jetant ses plaintes, jusqu'au seuil de la maison où ils étaient logés. La jeune femme demeura triste jusqu'à la nuit.

— Quelque grande calamité est sur nos têtes, dit-elle. On ne parle que de prodiges et de funestes présages. L'autre nuit, l'autel et tout le temple se sont trouvés pendant une demi-heure environnés de flammes. A la dernière fête des·tabernacles, la porte orientale du temple a rompu ses chaînes et s'est ouverte d'elle-même avant l'aurore. Les sacrificateurs ont senti le sol chanceler et une voix cria de l'intérieur: sortons d'ici !

— Le hasard et l'imagination ont peut-être beaucoup de part à ces phénomènes.

— Ce n'est pas ainsi que parle le rabbin Johanan, quand il demande: « O temple, pourquoi te fais-tu peur à toi-même? » Et ces chariots de guerre, et ces bataillons armés que tout le pays a vus rouler dans les airs et assiéger la ville sainte ?

— Il se prépare sans doute quelque chose d'extraordinaire ; la nature est en travail et va enfanter. Nous avons atteint et passé même le temps que les prophètes ont marqué pour l'avénement de Celui qui doit venir. Peut-être est-il déjà parmi nous. C'est pour nous tenir attentifs que le Seigneur envoie ces prodiges.

— Nos péchés ne l'ont-ils pas trop irrité? Nous ne pouvons plus supporter les justes. Je n'oublierai jamais la mort de Jacques Ophlia. J'étais au pied de la terrasse du temple quand on l'en a précipité. Il ne mourut point dans sa chute ; il se releva, et s'agenouilla. Il priait pour ses meurtriers, lorsqu'un misérable le tua à coups de maillet, mon père, qui était avec nous, leva les mains au ciel en disant : Encore un saint dont le sang est sur nous

— Jacques, dit le juste, s'était égaré en suivant Jésus de Nazareth et il égarait le peuple. D'ailleurs n'expions-nous pas assez cruellement les crimes de quelques-uns de nos frères ? Ne sommes-nous pas courbés sous le joug des infidèles, livrés à d'arrogants procurateurs, qui nous écrasent de rapines et d'exactions? La captivité de Babylone n'a duré que 70 ans et voici près d'un siècle que nous gémissons dans la servitude. Dieu se souviendra enfin de son peuple, et comme il a tiré nos pères de la terre d'Égypte, il nous affranchira aussi de l'esclavage des Romains. Qu'il vienne, le Messie promis à nos aïeux ! Il trouvera une nation nombreuse, une jeunesse vaillante et prête à le suivre à la conquête du monde.

Caleb habitait, au-delà du Jourdain un des bourgs de la Pérée. Il était toujours plein de tendresse pour sa jeune femme ; mais il s'éloignait souvent d'elle et passait en de longs voyages des journées et des semaines entières. En d'autres temps Marie n'en aurait point conçu d'alarmes. Caleb était vigoureux et habile à manier les armes. Mais l'agitation croissait de jour en jour dans toute la Judée. Elle craignit. A toutes ses questions, le fils de Melchias répondait évasivement et tâchait de lui inspirer une sécurité trompeuse. Enfin sur le point de partir avec lui, vers la fête des tabernacles, pour Jérusalem, elle lui dit :

— Pourquoi me caches-tu la vérité ? Tu sais que la fille d'Éléazar ne manque point de courage : ne crains pas de l'instruire. Les malheurs qui nous ont été annoncés ont-ils commencé à fondre sur nous ?

— Il n'est point possible que tu l'ignores plus longtemps, Marie ; car demain tu l'apprendrais en route. Sache donc que l'épée est hors du fourreau. La Judée est libre ; le sang des infidèles a lavé dans la ville sainte la trace de leurs pas.

— Il ne reste plus aucune espérance de paix ?

— Eh ! faut-il livrer à la fureur des idolâtres nos frères qui ont combattu pour notre délivrance ? Non, non ; nous obtiendrons la paix, après la victoire. L'odieux Florus s'est enfui honteusement devant l'indignation des Israélites, ainsi que l'étranger Hérode, l'esclave des Romains. La forteresse de Massada est prise et sa garnison idolâtre a péri. Trois mille cavaliers qu'avait envoyés le roi, s'étaient, par la connivence des pontifes et des plus riches citoyens, emparés de la ville haute ; les vaillants de Juda les ont combattus pendant sept jours, et enfin aidés par les soldats de Ménahem, fils de Judas le Galiléen, qui se sont glissés dans le temple avec ceux qui y portaient le bois, ils ont rejeté les troupes du roi dans le palais haut d'Hérode et brûlé le palais d'Agrippa et les archives

afin d'anéantir les titres des créanciers. Dès le lendemain ils ont assiégé la forteresse qui domine le temple
l'ont prise après trois jours et en ont encore égorgé la
garnison. Le meurtre de Ménahem n'a point arrêté
leurs succès. Car le capitaine du temple qui l'a fait
surprendre, s'est emparé des trois tours qui menacent
la ville, et a tué les soldats romains, au mépris même
de la foi jurée et de la sainteté du sabbat.

— Que le Seigneur nous soit en aide !.. Espèrent-ils
résister à la puissance des Romains qui sont maîtres
du monde ?

— Les Romains n'ont pas des armées plus nombreuses que celles de Sennachérib. Ils ne sont point
plus vaillants que les rois d'Antioche. Si Dieu combat
pour nous, il brisera leurs lances de fer et dissipera
leurs légions, comme la poussière des chemins.

— Que penses-tu faire ? nous n'avons pas les mêmes
intérêts que le peuple de Jérusalem...

— Me pardonnerais-tu, Marie, de ne songer qu'à moi
au milieu du péril général ? Non ; je triompherai avec
mes frères, ou je m'ensevelirai avec eux dans la ruine
de notre patrie. D'ailleurs la fuite n'est point possible ;
toutes les nations se soulèvent contre nous et il n'est
plus d'asile pour les Juifs sur la terre. Vingt mille de
nos frères ont été égorgés sans défense à Césarée ;
treize mille à Scythopolis. Ascalon, Tyr, Ptolémaïde
ont imité ces massacres. Le gouverneur d'Alexandrie.
Tibère-Alexandre, indigne fils du juif Philon, en a
fait périr plus de cinquante mille par le glaive des légionnaires et des soldats barbares. Le quartier qu'ils

habitaient n'est plus qu'un monceau de cadavres et de ruines fumantes. Malheur à qui resterait en ce moment indifférent à la cause du peuple ! Nous avons commencé à venger ces carnages ; nous avons rendu aux Syriens massacre pour massacre. Nous avons changé en désert quatorze de leurs villes ; j'ai moi-même aidé à prendre Anthédon et porté la torche dans les palais de Gaza.

La ville sainte n'avait plus son aspect ordinaire. La fête même avait perdu son caractère religieux. Les riches et les puissants, amis de la paix, déploraient la révolte ; mais le peuple frémissait d'enthousiasme et s'excitait à la guerre. On connaissait la prise et la destruction de Joppé et de Lydda, dont les Romains avaient tué tous les habitants. Il n'y avait donc point de traité à espérer ; il fallait vaincre ou périr.

Les jeunes gens s'exaltaient et juraient de combattre jusqu'à la mort.

L'ardeur guerrière gagnait jusqu'aux femmes qui animaient leurs maris et leurs enfants à venger la nation et à conquérir l'indépendance.

Sur ces entrefaites on apprit que les Romains approchaient et étaient campés à Gabaon, à moins de cinquante stades [1]. L'indignation s'empare des Juifs.

— Ne laissons pas, s'écrient-ils, pénétrer dans cette terre sainte l'abomination de la désolation ! Courons aux païens et exterminons-les au nom du Seigneur.

Chacun saisit à la hâte tout ce qui peut lui servir

[1] 9 kilomètre environ.

d'armes, des fourches, des haches, des bâtons. Plus de cinq cent mille hommes s'élancent à la fois, sans chef et sans ordre. Des femmes mêmes accompagnent leurs époux et veulent marcher à côté d'eux. Marie la première suit Caleb et porte son carquois.

A la vue de cette multitude qui couvre la plaine et les côteaux voisins, les légions se troublent. Les Juifs se précipitent à grands cris avec tant de furie qu'ils enfoncent les premiers rangs et forcent l'ennemi à se retirer, en abandonnant cinq cents morts et une partie de son bagage.

Les vainqueurs rentrèrent à Jérusalem au milieu de l'allégresse et des chants de victoire. « L'infidèle a fui, disaient-ils, devant les forts d'Israël. Il n'a pu soutenir les regards du lion de Juda. »

Le huitième jour de la fête le peuple leva ses tentes et se dispersa. Caleb repassa donc le Jourdain avec sa femme, comptant que la guerre ne recommencerait pas avant le printemps de l'année suivante, car on touchait à l'hiver, mais le lendemain du troisième sabbat, un messager vint appeler aux armes tous les hommes de courage. Le général romain Cestius, espérant surprendre les Juifs, était brusquement revenu sur ses pas et s'était approché jusqu'à sept stades [1] de Jérusalem. Caleb prit à peine le temps d'embrasser sa femme et partit.

Il fut obligé de faire le tour de la ville, parce que les Romains étaient campés au septentrion et occupaient deux faubourgs, qu'ils avaient livrés aux flammes. Les

____
[1] 1665 mètres environ.

défenseurs de Jérusalem avaient évacué les postes extérieurs et se tenaient renfermés dans le temple. Mais Cestius au lieu de les attaquer sur le champ attendit six jours. Des traîtres lui avaient offert de lui livrer une porte ; il n'osa se fier à leur foi. Il donna enfin l'assaut. Déjà, malgré une grêle de pierres et de traits les soldats joignaient leurs boucliers sur leurs têtes et couverts de cette carapace, commençaient à saper la muraille, quand le général fit sonner la retraite.

— Le Seigneur, s'écria Caleb, a frappé nos ennemis d'aveuglement et d'épouvante. Il les a livrés dans nos mains ! »

Les Juifs sortirent de leurs murailles et poursuivirent les Romains qui ne s'échappèrent des défilés qu'avec peine. Ils leur tuèrent plus de six mille hommes et leur enlevèrent leurs chariots et leurs machines de guerre qu'ils ramenèrent à Jérusalem.

Les femmes sortirent au devant d'eux en dansant et en chantant des cantiques, où elles disaient :

Jetez des fleurs sur les pas des braves ; ils ont brisé l'arc des infidèles et rompu les flèches des incirconcis.

L'hiver fut consacré aux préparatifs de la guerre. Les principaux chefs de l'insurrection, divisés entre eux par la jalousie, mais unis dans la haine des Romains déployaient une activité infatigable et soufflaient partout leur enthousiasme et leur énergie.

On relevait les murailles, on y ajoutait de nouveaux retranchements, on multipliait les moyens de défense. Les femmes, les enfants, les vieillards même, animés

du même feu, portaient les pierres et luttaient d'ardeur avec les ouvriers. A l'intérieur on forgeait des
piques, des épées, des traits ; les jeunes gens s'exerçaient sans relâche à combattre, à courir sous leurs
armes, à manœuvrer les machines enlevées à l'ennemi,
à en fabriquer de nouvelles, et à les rouler sur les hauteurs. La nuit ne suspendait point les travaux et les
forges ne s'éteignaient qu'à peine pendant les jours du
sabbat.

La défense du territoire fut partagée entre plusieurs
chefs. La Pérée échut à Manassé, qui choisit pour son
principal lieutenant le fils de Melchias.

Au delà du Jourdain il n'y avait point de villes. Ils
reconnurent les bourgs qui pouvaient être défendus et
les fortifièrent. Ils enrôlèrent tous les hommes en état
de porter les armes et les exercèrent.

Au printemps, Caleb fut envoyé à Césarée, pour
observer l'ennemi. Marie l'avait jusque-là suivi en
toutes ses courses ; elle ne voulut pas encore l'abandonner. Caleb essaya vainement de l'en détourner.

— Non, répondait-elle, je ne saurais vivre loin de toi.
Si tu cours des dangers, je les craindrai moins en les
partageant, et si tu meurs, je n'aurai pas le désespoir
de te survivre.

Le fils de Melchias feignit de céder et promit de
l'emmener avec lui. Mais il se leva secrètement au milieu de la nuit et partit à son insu.

Vespasien, le nouveau général des Romains, avait
concentré ses troupes à Césarée. Il se mit en marche
vers le milieu d'avril de l'an 67, à la tête de 60,000 lé-

gionnaires ou auxiliaires, et entra dans la Galilée. De Gadare qu'il prit d'assaut et brûla, il alla investir Jotapat, la plus forte place de Galilée, que défendait le commandant de la province, Josèphe, écrivain savant, habile docteur, et l'éloquent historien de cette grande guerre. Après quarante-cinq jours d'un siége opiniâtre, la ville fut surprise et tous les habitants passés au fil de l'épée. Josèphe passa pour mort et malgré les soupçons qu'avait donnés sa conduite antérieure, on prescrivit à Jérusalem un deuil de trente jours.

Caleb vit encore détruire Japha des montagnes et Garizim et vint à Jérusalem. Introduit dans le conseil suprême, il rendit compte de ce qu'il avait observé.

— Josèphe, fils de Mathias, dit-il, est un traître. Il n'a songé qu'à se ménager un refuge auprès des Romains. Il n'a usé de l'autorité que vous lui avez confiée que pour entraver les préparatifs et paralyser le zèle de ses lieutenants. Entraîné malgré lui à l'attaque de Séphoris, il a fait échouer nos armes au moment que nos frères étaient maîtres de la ville. Il engageait les défenseurs de Jotapat à se rendre. Forcé par eux à la résistance, il a tenté de les abandonner et de passer à l'ennemi. La place aurait tenu longtemps encore, malgré la disette, les fatigues et le manque d'eau ; mais un transfuge a indiqué aux ennemis l'heure et l'endroit où ils devaient surprendre les gardes. Josèphe n'est pas mort : il s'est rendu. Il vit et lèche les mains qui sont teintes du sang de ses frères. Il trahit la loi, il donne à un impur idolâtre le nom de Messie et lui fait honneur des saintes prophéties du vrai Dieu ! Voilà ce que je sais.

A ces mots tous les assistants déchirèrent leurs habits et s'écrièrent :

— Que la malédiction tombe sur Josèphe, fils de Mathias ! qu'il soit maudit, lui et sa postérité, et que son nom soit en exécration parmi nos enfants !

— Maintenant, reprit Caleb, voici le plan des infidèles. Ils vont dépeupler nos campagnes et anéantir nos cités l'une après l'autre : puis, quand la Judée ne sera plus qu'un désert, ils viendront exterminer ici les restes du peuple saint. N'attendons pas qu'ils assiégent Jérusalem ; mettons en campagne une armée intrépide, accoutumée à la tactique des Romains. Elle ne s'exposera point à une grande bataille, mais elle se tiendra sur les hauteurs, disputera le passage des torrents et des défilés, enlèvera les convois de l'ennemi, et ses faibles détachements. Elle lui rendra en détail le mal qu'il pourra nous faire dans les combats.

Il dit, mais on ne le crut pas.

Deux années s'écoulèrent avant que Marie pût remonter à Jérusalem. Enfin, vers la fête de Pâques de l'an 70 de notre ère, elle quitta les montagnes où elle s'était retirée et vint avec ce qui restait de sa famille. Elle avait le vêtement des veuves. Elle portait dans ses bras le fils de Caleb, encore à la mamelle. Le désespoir n'avait pas abattu cette femme intrépide. Elle avait composé sur son malheur un hymne qu'elle répétait en berçant son enfant.

« N'entonnez point les chants funèbres. ô filles de

Melchias ! Votre frère est tombé avec gloire ! ne plaignez point mon veuvage, ô mes amies ; car si mes yeux pleurent, mon âme est pleine d'orgueil.

Il est tombé avec les braves qui ont donné leur vie pour la loi du Seigneur. Son nom sera honoré parmi son peuple.

Si on vous demande qui était Caleb, fils de Melchias; dites qu'il n'était point en Israël d'homme plus beau, ni plus doux avec les siens, ni plus vaillant au combat.

Son arc était d'acier et ses flèches ne s'égaraient jamais ; l'éclair brillait dans son bouclier et avec son glaive volait la mort.

Filles d'Israël, redites ses combats, racontez sa gloire à vos enfants, la gloire qu'il a conquise en défendant son peuple.

Ville de Gadare, tu l'as vu disputer à l'ennemi tes murailles, que des traîtres avaient livrées. Il s'est retiré le dernier, quand la victoire fut devenue impossible.

Tu as été aussi témoin de sa valeur, ô bourg de Bethnabre, et tu aurais célébré son triomphe, si le Seigneur n'était pas irrité contre nous.

La défaite ne le découragea point. Il rallia ses compagnons. Les idolâtres ne purent égaler sa vitesse ; il atteignit le Jourdain longtemps avant eux.

Le Seigneur voulait livrer Israël aux mains de ses ennemis. Le fleuve se gonfla subitement et se changea en torrent impétueux.

Qui peut franchir le Jourdain lorsqu'enflé par les eaux des montagnes il mugit comme le taureau et soulève ses vagues jusqu'au sommet du Liban ?

Quelques-uns l'essayèrent, car les infidèles accouraient, et déjà sur les côteaux voisins on voyait luire l'airain de leurs casques.

Pleurez, filles d'Israël! Ce jour-là le Seigneur frappa Juda d'un grand désastre. Le Jourdain fut rougi du sang des braves. Quinze mille furent moissonnés par le fer des incirconcis.

Caleb rassembla les plus vaillants : ils s'ouvrirent passage avec l'épée au travers des légions bardées de fer et gagnèrent les montagnes.

Caleb les conduisit dans l'Idumée à Simon, fils de Givras, et lui dit : Voilà ce que j'ai pu sauver de la fureur de trois combats. C'est à toi de nous envoyer où nous devons mourir.

Dans l'Idumée qu'il gardait les ennemis ont passé mais n'ont pu s'arrêter. Caleb les précédait, ravageant la terre devant leurs pas. Simon les suivait à la piste, comme le tigre guettant et dévorant sa proie.

Ils n'ont succombé qu'après deux campagnes. Ils n'ont succombé que sous des forces dix fois plus nombreuses.

Citez la dernière bourgade emportée : c'est là que s'est brisé le glaive de Caleb, c'est là qu'il a été couché sur des monceaux d'infidèles qu'il avait tués.

Où étais-tu, fille d'Éléazar, pendant que ton bien-aimé gisait, percé de trente coups, et qu'il expirait en prononçant ton nom ?

Pourquoi n'accourais-tu pas verser l'huile sur ses trente plaies, pour le rendre à la vie, ou pour mourir à ses côtés ?

Il m'avait forcée de me cacher dans les cavernes des montagnes et pendant qu'il expirait je donnais la vie à son fils.

Le fils de Caleb est né parmi les bêtes sauvages ; il sera fort comme l'aigle et courageux comme le lion.

Grandis, enfant, grandis entre mes bras. Sois vaillant comme ton père. Comme lui, tu détesteras le joug des oppresseurs et tu vengeras ton peuple.

Ce n'était pas assez pour exterminer la nation maudite de la valeur des légions romaines. La colère divine l'avait livrée aux fureurs de la discorde et la guerre civile ensanglantait chaque jour les rues de Jérusalem.

Quelques-uns voulaient arrêter une lutte inutile et prévenir par la soumission les horreurs du siége. Mais ils étaient en petit nombre, décimés par les chefs de la résistance et réduits à se cacher. Les hommes jeunes et hardis, excités par les prêtres, avaient juré d'être libres ou de ne pas survivre à la ruine de leur patrie.

Ils étaient partagés en trois troupes, qui se faisaient la guerre entre elles. Les plus ardents, qui s'intitulaient *zélateurs,* occupaient l'intérieur du temple, où Jean, fils de Lévias, les tenait assiégés. Jean était établi dans les pourtours du temple et dans la ville haute. Le défenseur de l'Idumée, Simon, appelé à Jérusalem pour arrêter les excès de Jean, commandait la ville basse et les enceintes fortifiées.

Or le jour des azymes, les zélateurs ouvrirent au peuple les portes du temple. Les soldats de Jean cachant leurs armes sous leurs habits se glissèrent parmi la foule et forcèrent la retraite des zélateurs qui passèrent sous les ordres du fils de Lévias. Il n'y eut plus dès lors que deux partis, celui de Jean, formé de neuf mille guerriers et celui de Simon qui en comptait quinze mille.

Marie était montée à Jérusalem avec le reste du peuple, pour y célébrer la Pâque. Elle rendit visite au général qui avait suivi Caleb. Simon l'accueillit et fit devant ses capitaines l'éloge de Caleb de ce ton qui exaltait ses soldats et les faisait courir à la mort comme à une fête.

Au milieu de l'entretien, un officier s'approcha tout effaré de Simon et lui dit quelques mots à l'oreille.

Ne les attendions-nous pas ? répliqua le général. Puis, se tournant vers Marie, il continua tranquillement : — Femme de Caleb, demeure en ce quartier, et si ma protection t'est jamais nécessaire, n'hésite pas à heurter à la porte de Simon. — Et nous, prenons nos armes et courons aux remparts ; les infidèles viennent chercher leur première défaite.

Les révolutions qui avaient bouleversé l'empire romain et tour à tour élevé et précipité Galba après Néron, Othon après Galba et Vitellius après Othon, n'avaient point ralenti la guerre ; Vespasien, en prenant possession de l'autorité suprême, avait laissé à son fils aîné, Titus, le soin d'achever la ruine des Juifs.

Quatre campagnes avaient été consacrées à dévaster les provinces de la Judée. Toutes les places qui avaient résisté, étaient abaissées dans la poussière. Il ne restait plus debout que Jérusalem. Titus y amena quatre-vingt mille soldats pendant que tout ce qui restait de juifs y était rassemblé pour célébrer la fête de Pâque. Il campa sur la colline de Saül, et s'avança à la tête de six cents cavaliers pour reconnaître la place.

Simon qui l'observait, envoya une de ses cohortes pour enlever ce détachement. Titus n'échappa qu'après un combat opiniâtre.

Le lendemain une légion occupa le mont des Oliviers. A cette vue, Simon fait ouvrir la porte orientale. Ses guerriers s'élancent, franchissent la vallée de Cédron, grimpent sur la colline et fondent sur les Romains qui ne peuvent soutenir leur choc. Mais des cavaliers attaquent les Juifs par le flanc et les dispersent. En même temps la légion vaincue se rallie et retourne au combat. Les assiégés sont rejetés dans la vallée. Simon accourt avec un renfort ; il ranime ses troupes, les conduit et se précipite avec eux sur les infidèles. Les Romains plient encore, broyés comme par une machine de guerre D'autres légions surviennent et forcent les Israélites à la retraite.

Chaque jour vit renouveler ces luttes acharnées. Jean et Simon, tous deux grands capitaines, oubliaient leur rivalité et multipliaient de concert leurs attaques, tantôt au grand soleil, tantôt dans les ténèbres. Ce ne fut qu'après de nombreux échecs qu'ils se tinrent enfermés dans les retranchements.

La ville n'était pas entièrement investie. Quelques-uns d'entre les Juifs se hâtèrent de prendre la fuite. Mais Simon fit garder les portes. De son côté, Titus fit charger par ses archers et ses cavaliers ceux qui tentaient de s'échapper par les précipices, les souterrains et les égouts. .

Or depuis trois ans la dévastation parcourait les campagnes de la Judée. Les terres, mal cultivées, étaient demeurées presque stériles. Il eut été impossible d'amasser d'avance des provisions pour nourrir longtemps une si grande multitude. A peine avait-on assez de vivres pour les soldats.

Dès les premiers jours la disette se fit sentir. On ne trouvait plus, aux marchés ni blé, ni viandes, ni légumes. Ceux qui en avaient, les cachaient dans les endroits les plus secrets de leurs maisons ou les enfouissaient, comme des trésors, dans la terre. Les pauvres commencèrent à connaître la faim.

Marie n'avait point voulu s'éloigner, quand il était encore temps. Affligée, mais pleine d'une résignation farouche, elle était décidée à attendre le salut commun ou la ruine de tout le peuple.

Inspirée par l'instinct maternel, elle ajouta de bonne heure aux provisions qu'elle avait apportées pour son séjour toutes celles qu'elle put se procurer. Elle les enferma et les ménagea autant que le permit l'allaitement de son fils.

Simon avait ordonné de rassembler tous les vivres qui se trouvaient dans la place et d'en faire une économe et égale répartition entre toutes les familles. Les soldats fouillèrent donc les maisons, surtout les somptueuses demeures des riches. Ils enlevaient par la violence tout ce qu'ils pouvaient découvrir. Quand leurs recherches étaient inutiles, ils mettaient les habitants à la torture et les battaient jusqu'à la mort.

Cependant les Romains avaient aplani l'espace qui les séparait de la ville et allaient faire avancer leurs machines. Avant d'attaquer les remparts, Titus envoya Josèphe, le prisonnier de Jotapat, offrir la paix aux assiégés. Les Juifs accueillirent le héraut avec injure et à coups de pierres.

Sur leurs murailles ils avaient quarante machines qui lançaient des quartiers de roche et trois cents qui jetaient des traits. L'ennemi, de son côté, avait construit tous les engins qu'avait imaginés jusque-là le génie de la destruction.

Leurs balistes couvraient les remparts de leurs projectiles. Une de leurs catapultes lançait des pierres qui écrasaient des files entières de soldats. Simon posta des sentinelles pour en surveiller le jeu et avertir ceux qu'elle menaçait.

Les béliers finirent par ébranler la première muraille et, après sept jours de lutte, Simon fut rejeté dans la seconde enceinte.

Les Romains se trouvèrent arrêtés par la forteresse Antonia, flanquée de quatre tours, qui protégeait l'angle septentrional du temple. Ils employèrent dix-sept jours à préparer l'attaque ; mais au moment qu'ils mettaient leurs machines en jeu, le terrain secrètement miné s'effondra tout-à-coup sous leurs pas. Le surlendemain, pendant que Jean les amusait par une fausse manœuvre, Simon fit sortir par la porte opposée ses guerriers qui surprirent et incendièrent les machines de l'ennemi. En vain les légions accourent ; tel est l'acharnement des Juifs, qu'ils embrassent sur leurs poitrines les bois enflammés pour empêcher les Romains de les sauver.

Les infidèles se retirent en désordre dans leur camp. Les Juifs les y poursuivent. En même temps, Jean et Simon parcourent les rues, appellent aux armes tous les citoyens et les poussent au combat. Titus envoya à la hâte sa cavalerie qui les chargea en flanc, les rompit, et les contraignit à rentrer dans leurs murs.

Vains succès! malgré des prodiges de valeur, la forteresse devait bientôt succomber.

A l'intérieur la famine croissait de jour en jour. Ce n'était plus le froment ou le pain que se disputaient les habitants, c'étaient les plus vils aliments, les animaux les plus immondes et même les poignées d'herbes qu'ils avaient cueillies pendant la nuit au péril de leur vie hors de la ville. Une foule de malheureux défaillaient dans les rues et les places publiques et expiraient sans secours où ils étaient tombés. La faim éteignait dans tous les cœurs la pitié et les affections les plus sacrées. La guerre était à tous les foyers. Les frères, les époux en venaient aux mains pour un peu de nourriture La mère arrachait un reste d'aliment à son enfant qui se mourait sur son sein.

Il y en avait encore qui se glissaient hors des murailles. Titus, pour effrayer la ville, fit mettre en croix tous ceux qu'il prit. On en crucifiait jusqu'à cinq cents par jour. Les capitaines, loin de s'effrayer, appelaient le peuple sur les remparts et montrant ces cadavres: Voyez, disaient-ils, comme il fait bon se rendre aux Romains.

Grâce à sa prévoyance, Marie n'avait pas encore souffert. Mais une nuit, pendant qu'elle pétrissait un peu de farine avec de l'huile, des soldats heurtèrent violemment à sa maison. Elle jeta au plus vite sous la cendre la pâte qu'elle avait faite. Les soldats avaient enfoncé sa porte.

— Livre-nous tout ce que tu as de vivres, car ton visage annonce que tu ne manques de rien.

Comme elle refusait, il la frappèrent et la traînèrent par les cheveux. Elle eut beau les menacer de se plaindre à Simon, et implorer leur pitié. Ils lui répondirent par des ricanements féroces. Néanmoins elle était prête à souffrir tous les outrages pour conserver la nourriture de son fils. Mais un des soldats aperçut l'enfant, le saisit dans son berceau et le soulevant sur ses bras allait le briser contre la muraille. Marie se jeta au devant de lui.

— Ne le maltraite pas ! s'écria-t-elle, je vais te donner tout ce qui me reste.

Ils emportèrent la pâte qu'elle avait cachée sous la cendre, avec le peu de farine et d'huile qu'elle avait conservée, et s'enfuirent.

Pour bloquer plus étroitement la ville, Titus l'enferma d'un mur de circonvallation. Trois jours suffirent à terminer ce travail avec treize redoutes pour le défendre. Dès lors Jérusalem n'eut plus de communication avec le dehors que par les souterrains que les Romains fermèrent encore bientôt après.

La famine devint affreuse. Comme on ne pouvait plus sortir pour cueillir des herbes, on fouillait les égouts; on ramassait jusqu'à la fiente des animaux ; on s'arrachait le foin sec et les pailles, on les vendait au poids de l'or. On fit bouillir le vieux cuir et les courroies des boucliers, et il n'était chose si dégoûtante que l'on ne dévorât avidement.

La veuve de Caleb trouva à grand'peine une petite mesure d'orge qu'elle paya de tout son héritage. Le froment n'existait plus. Elle ne prit pas le temps de le moudre. Elle en fit griller quelques grains et les mangea à la hâte.

A la famine la peste joignit ses horreurs. Les maisons étaient pleines de femmes et d'enfants morts. Des familles entières périssaient à la fois. Les vieillards se traînaient à leurs portes pour y respirer, et s'y affaissaient, sans pouvoir se relever. Les jeunes gens, enflés, pâles comme des spectres, faisaient quelques pas dans la rue, puis tombaient d'épuisement.

Personne n'avait plus le courage d'enterrer les morts. Ceux qui l'essayaient expiraient souvent sur la fosse qu'ils avaient creusée. Quelques-uns se couchaient vivants dans les sépulcres et y attendaient la mort. Les yeux n'avaient plus de larmes : on n'entendait plus ni plaintes, ni gémissements, et la grande ville où s'étaient entassés près de dix-huit cent mille habitants, était devenue muette comme un immense tombeau.

En dix semaines de siége on avait emporté par une seule porte six cent mille cadavres d'indigents. Quand les fossoyeurs manquèrent, on jeta les cadavres par dessus les murailles dans les précipices. Puis on les entassa dans les maisons que l'on ferma.

Ces maux ni les échecs de leurs armes n'abattaient point l'obstination des chefs. Simon passait indifférent à toutes les souffrances du peuple, condamnant à la mort ceux qu'il soupçonnait d'intelligence avec l'ennemi. Il se forma un complot jusque parmi ses officiers. Mais il le découvrit et le punit.

De son côté, Jean pillait le temple du Seigneur et laissait gaspiller en orgies les offrandes qui y étaient amassées. Puis quand les zélateurs étaient ivres, ils parcouraient les rues couvertes de morts, et insultaient ou maltraitaient ceux qu'ils rencontraient.

Pour soutenir le courage des habitants, ils employaient des faux prophètes qui promettaient chaque jour le prochain avénement du Messie et l'extermination des infidèles. Les juifs les écoutaient et plus ils approchaient de leur ruine, plus ils se croyaient proches de leur délivrance.

Une nuit, pendant qu'une partie du peuple était rassemblée sous les parvis du temple, un vieillard éleva la voix et dit :

— Malheur à nous ! Le sang des justes est sur nos têtes et il faut que cette génération périsse.

Tous les yeux se tournèrent avec stupeur sur lui. Mais personne n'osa lui imposer silence et il poursuivit :

« J'ai vu crucifier le dernier et le plus grand des prophètes. Je n'avais que vingt ans à peine ; depuis ce jour je n'ai plus attendu que des malheurs.

« Il n'est point d'homme qui n'ait entendu prononcer son nom ; car il était puissant devant le Seigneur, et un grand nombre de nos frères l'ont regardé comme le Christ et le Messie.

« Mais les Pharisiens et les princes de nos prêtres, jaloux de ses œuvres et irrités de ses reproches, avaient résolu de le faire mourir. Ils corrompirent un des dis-ciples de Jésus et le misérable livra son maître pour quelques deniers.

« Quand le grand-prêtre tint Jésus en sa puissance, il le traduisit devant le sanhédrin. Mais l'accusé était saint et les faux témoins ne purent le confondre. On ne réussit pas non plus à le prendre par des questions captieuses, parce qu'il était prophète, et il fallut, pour le condamner, feindre qu'il avait blasphémé.

« Nous obéissions alors aux Romains, et la sentence, avant d'être exécutée, devait être confirmée par le pro-curateur. On traîna donc Jésus au prétoire de Pilate. L'impur idolâtre, plus juste que les enfants d'Israël, répugnait à faire tomber une tête innocente. Il recourut pour le sauver à tous les stratagèmes. La populace aveu-glée accueillit ses résistances par des vociférations tu-multueuses, demandant à grands cris la mort du juste.

« Pilate fit flageller Jésus, dans l'espoir que ce sup-plice satisferait la rage de ses ennemis. Aussitôt après l'exécution, il le présenta à la multitude.

« Les bourreaux l'avaient traité avec une cruauté barbare. Il avait au front une couronne d'épines enfon-cées dans les chairs et d'où le sang avait dégoutté en longs ruisseaux. Ses épaules, sa poitrine, tout son corps avait été meurtri par les plombs du fouet et ne formait plus qu'une plaie rouge et saignante. On lui avait par dérision mis à la main un roseau en guise de sceptre, et un lambeau de pourpre pendait à sa ceinture. Ses beaux yeux si doux étaient baissés et ses traits exprimaient encore la résignation.

La populace ne se laissa point toucher. Pareille au tigre dont la soif s'irrite à la vue du sang, elle salua le martyr par des huées, en rugissant : à la croix ! à la croix !

— Quel crime a-t-il donc commis ? murmura Pilate. Mais, comme les cris redoublaient, faible, n'osant résister à la multitude, il remonta sur son tribunal, se fit apporter de l'eau et se lava les mains en disant : Je suis innocent du sang de ce juste.

— Que son sang, vociféra la multitude, retombe sur nous et sur nos enfants !

J'étais au milieu du peuple. Je n'ai point prononcé ce vœu impie. Je savais que la colère du Seigneur l'exaucerait.

Pilate essaya encore de sauver Jésus. Il était d'usage, pour la fête de Pâque, de grâcier un criminel. Il chercha dans les prisons le plus noir scélérat et le plaçant à côté du prophète, il dit au peuple : choisissez !
— Le peuple préféra le brigand. Pilate alors abandonna Jésus.

On le flagella une seconde fois ; puis on le chargea d'une lourde croix. Les souffrances qu'il avait déjà endurées et le sang qu'il avait perdu l'avaient affaibli. Il traînait avec peine son fardeau. La sueur baignait son visage et ses genoux fléchissaient. Bientôt, haletant, épuisé, il trébucha et tomba la face contre terre.

Les soldats le ranimèrent à grands coups de fouet. Il se releva, et rassemblant ses forces, il se remit à marcher.

Une pauvre femme du peuple eut pitié de lui, et perçant la foule, elle s'approcha et lui essuya le visage avec un linge sur lequel ses traits demeurèrent empreints. Mais rien n'était capable d'attendrir la multitude qui le poursuivait toujours de ses clameurs. Un misérable artisan, en le voyant passer devant son échoppe, se leva et accourut aussi pour l'insulter. Le Seigneur fit retomber sur lui-même les malédictions qu'il rugissait. Poussé par un bras irrésistible, il sortit sur le champ de sa maison, et de la ville, et du pays, condamné, dit-on, à errer jusqu'au dernier jour, sans pouvoir s'arrêter nulle part.

Cependant Jésus était tombé une seconde fois. Quelques femmes qui se trouvaient sur son passage, touchées de compassion, ne pouvaient retenir leurs larmes. Le prophète s'en aperçut et les consola : — Ce n'est pas sur moi qu'il faut pleurer, leur dit-il, mais sur vous et sur votre ville. Un temps viendra où vous direz : heureuses les entrailles qui n'ont point enfanté ! En ces jours-là la mort vous enveloppera de toutes parts et dans l'abîme de vos maux, vous crierez aux montagnes : tombez sur nous !... Car si l'innocence est ainsi traitée, comment seront traités les coupables ?

On arriva au pied du Golgotha. Jésus n'avait plus la force de le gravir. On obligea un étranger à porter sa croix avec lui. J'ai vu enfoncer dans les mains du plus saint des enfants de Dieu et dans ses pieds des clous meurtriers. La douleur tordait ses membres ; lui, doux et généreux, ne laissait échapper ni une plainte ni un soupir.

La croix fut dressée. Le peuple et les soldats luttaient de fureur pour l'outrager et le maudire. A sa gauche et à sa droite on crucifia deux scélérats : l'un d'eux l'insulta encore dans son agonie. Et pour qu'il ne lui manquât aucune sorte de torture, à quelques pas de lui, pendant qu'il mourait, sa mère était debout, tout éplorée, avec les plus courageux de ses disciples.

Il eut soif ; on lui donna du vinaigre. Puis, il invoqua le Seigneur et demanda pardon pour ses bourreaux. Enfin il jeta un grand cri, et, laissant tomber sa tête sur sa poitrine, expira.

Ce fut un jour maudit, un jour de désolation et de deuil. Le voile du temple se déchira ; une éclipse miraculeuse couvrit la terre de ténèbres. Les sépulcres s'ouvrirent et plusieurs morts sortirent de leurs tombes et parcoururent les rues de Jérusalem... Voilà pourquoi la ville doit périr, avec ses murailles, avec ses défenseurs, avec ses habitants....

— Tes yeux ne verront pas ce malheur, répliqua un des lieutenants de Simon, en abattant d'un coup de hache la tête du vieillard.

Marie avait presque épuisé le peu d'orge qu'elle avait achetée. Elle prévoyait avec angoisse le jour où elle n'aurait plus aucune nourriture. Déjà les privations avaient tari son lait dans son sein, et son fils, maigre et souffrant, languissait entre ses bras.

Les soldats revinrent à sa maison, et, tirant leurs

épées, lui arrachèrent les grains d'orge qui lui restaient. En vain elle se jette à leurs pieds et leur offre en échange tous les joyaux qu'elle a conservés. Rien ne peut les fléchir. Ils emportent non-seulement l'orge, mais encore les bijoux et tout ce qu'ils trouvent chez elle de précieux.

Au moment qu'ils sortirent, Marie se mit à genoux devant eux.

— Tuez-moi, s'écrie-t-elle, monstres ! Que je ne voie pas mourir de faim mon pauvre enfant !

Ils ne l'écoutent pas, ils la repoussent brutalement et s'éloignent en riant. Marie se laissa tomber sur le sol et y demeura anéantie dans le plus affreux désespoir. Les pleurs de son fils la rappelèrent à l'existence. Elle courut au berceau, prit l'enfant et s'efforça de l'endormir.

Au point du jour elle se rendit à la maison de Simon. Le farouche capitaine ne la reçut point. Après une longue attente, elle regagna sa demeure, la tête baissée, en proie aux plus horribles pensées.

Elle trouva son enfant en larmes. Exténuée elle-même de besoin et d'inanition elle ne put apaiser les cris étouffés que lui arrachait la faim. Le délire entra dans sa tête et y fit germer les plus atroces projets. Tantôt elle songeait à fuir ; puis elle méditait de se précipiter du haut du toit ou de s'étrangler avec un lacet. Elle se levait, elle marchait à grands pas dans sa chambre, maudissant les soldats et le peuple et les Romains. Puis elle revenait à son fils qu'elle couvrait de caresses convulsives et de baisers fiévreux.

La nuit survint, l'insomnie aigrit encore son délire. Le spectre de la mort se dressa devant elle, horrible, épouvantable comme la faim. Elle quittait, elle reprenait son enfant, qui épuisé ne sentait plus ses souffrances, ou du moins n'en gémissait plus. Tout à coup une pensée affreuse entre dans la tête égarée de la malheureuse mère. Elle s'arme d'un couteau.

— Pauvre enfant, soupire-t-elle, il faut que tu meures: meurs donc et sauve-moi la vie.

Elle frappe, elle égorge son fils. Elle le coupe en deux parts et rallumant le feu, elle en fait rôtir une moitié et en mange.

Attirés par l'odeur de ce festin infernal, les soldats accourent. Elle ouvre, elle s'avance au devant d'eux, elle leur présente ce qui reste du corps de l'enfant.

— C'est mon fils, leur dit-elle. Je l'ai tué ; tenez, mangez-en avec moi.

Les soldats s'éloignèrent en frissonnant d'horreur.

Le lendemain, Marie entendant à sa porte un grand bruit sortit pour voir ce qui s'y passait. Une troupe de malheureux suivaient un prophète, qui, l'œil en feu, les cheveux en désordre, le visage égaré, criait par les rues :

— Les temps sont accomplis : le Messie va paraître et sauver son peuple. Que ceux qui veulent participer au salut montent dans le temple avec moi !

Marie se joignit à la foule et marcha vers le temple. Ils y entrèrent pêle-mêle et se mirent en prières.

Or, c'était le 10 août, le jour même où le temple

de Salomon avait été détruit par Nabuchodonosor.

Pendant que ces infortunés priaient, une fumée épaisse envahit l'édifice ; puis le feu prit aux boiseries qui revêtaient les murailles; en même temps ils voyaient luire aux portes les armures des soldats romains. Il s'éleva alors du milieu de cette multitude un bruit confus de plaintes, de sanglots, d'imprécations, de cris de rage et de désespoir. Cependant la flamme les enveloppait, ils s'enfuirent dans le sanctuaire.

Les Romains étaient arrivés, après des combats opiniâtres, au pied de la première enceinte du temple. Repoussés dans un premier assaut des terrasses qu'ils escaladaient, ils y mirent le feu et forcèrent les Juifs à se réfugier derrière la seconde enceinte. Dans le désordre, quelques légionnaires parviennent à la muraille intérieure, sous la fenêtre dorée. L'un d'eux saisit un tison ardent et soulevé par ses compagnons, le jette par l'ouverture. Les boiseries desséchées par le temps, prennent feu et le communiquent au temple. En vain Titus accourt et veut arrêter l'incendie. Sa voix n'est plus entendue. Les soldats, avides de pillage, attisent la flamme. Il faut que le temple condamné périsse et qu'il n'y reste point pierre sur pierre.

Simon et Jean avec leurs guerriers serrés autour d'eux, se frayèrent une route au travers des Romains et gagnèrent le mont Sion qu'ils défendirent encore plusieurs jours. Quant à la multitude enfermée dans le temple, elle périt tout entière par le glaive ennemi.

Les vainqueurs plantèrent devant la porte du sanctuaire leurs enseignes chargées d'idoles et insultèrent par des sacrifices à leurs faux-dieux le Dieu véritable qui avait triomphé par leurs mains.

Treize cent mille Juifs étaient morts pendant la guerre ; ceux qui survécurent furent tués ou vendus Simon et Jean refusèrent encore la paix que leur offrit Titus. Mais, contraints par la famine à rendre leurs armes, ils furent réservés pour le triomphe du vainqueur. Simon périt sous les verges ; Jean mourut en prison.

FIN DU TOME PREMIER

393 — Abbeville. — Imprimerie Briez, C. Paillart et Retaux.